JN208352

事例と条文で読み解く

税務のための

民法講義

LOGICA
ロギカ書房

はしがき

　税法の条文には、民法の規定を準用したり、民法の概念を借用したりしているものがあります。

　また、取引の税法上の取扱いが、民法上の法律関係に依拠するものもあります。

　このため、民法は「法律従事者の仕事」、税法は「税務従事者の仕事」という壁を無意識のうちに作ってしまうと、その壁は、税法を理解したり、使いこなす上での障害となりかねません。

　また、企業会計は、法的形式よりも経済的実態を重んじる傾向があることから、その知識や経験があるがゆえに、取引の法的評価よりも経済的実態のほうについ目が行ってしまうということもあるのではないでしょうか。

　筆者は、国税不服審判所において、審査請求事件の調査・審理に従事した経験がありますが、その現場では、裁判官の職にあった方を先頭に、事実認定や法的評価に多くの時間を割いていました。

　本書は、以上のことを踏まえて、国税通則法、所得税法、法人税法及び相続税法の各分野で必要となる民法の知識をコンパクトにまとめ、基礎から解説しています。その際、具体的なイメージを持って頂けるよう、事例やＱ＆Ａ（最高裁の判例や法務省の資格試験問題を参考に作成したもの）を題材に解説する形を基本としました。

　また、民法と税法の壁を取り払うことを意識して、民法の解説の直後に、関連する税法の規定や裁判例・裁決事例を掲載し、その解説を加えています。

＊　　　＊　　　＊

　ところで、民法については、(1)債権法について、121 年ぶりの「大改正」が行われ、2020 年 4 月 1 日から施行されるほか、(2)相続法についても、高齢化の進展などの社会経済情勢の変化を踏まえた改正が行われます。

　本書は、このいずれにも対応しています。

　まず、(1)債権法については、①改正民法の施行後も、現行民法と改正民法が

併存する状態がしばらく続くこと、②改正民法は、「121 年ぶりの大改正」といわれるものの、実際には、現行民法の下での判例法理や通説を明文化したものも多く、改正民法の理解には現行民法の理解が不可欠であることなどを踏まえて、まず、現行民法を解説した上で、改正民法（どこが変わるか、なぜ変わるか）を解説するという構成にしています。

次に、(2)相続法については、別途セクションを設けて、2018 年 7 月 6 日に可決・成立した改正法の概要を解説しているほか、同法の新旧対照条文を巻末に掲載しています。

なお、本書の意見にわたる部分は筆者の私見であり、デロイト トーマツ税理士法人の公式見解ではないことを申し添えます。

＊　　　＊　　　＊

本書の執筆に当たって、デロイト トーマツ税理士法人の稲見誠一税理士及び北村豊弁護士から指導・助言を頂きました。ここに記して謝意を表します。

最後になりましたが、本書の出版にあたっては、株式会社ロギカ書房の橋詰守氏に大変お世話になりました。心よりお礼を申し上げます。

2018 年 7 月

公認会計士・米国公認会計士　梅本　淳久

第2章　所得課税（法人・個人）

【参考資料】

民法の一部を改正する法律の施行に伴う関係法律の整備等に関する法律（抄）

民法及び家事事件手続法の一部を改正する法律（抄）

以下、民法の一部を改正する法律（平成 29 年法律第 44 号）による改正前の民法を「民法」又は「現行法」と、同改正後の民法を「改正法」という。

なお、改正法の施行期日は、平成 32 年（2020 年）4 月 1 日である。

1 法令は、特に断りのない限り、平成 30 年 1 月 1 日現在による。ただし、民法については、次の通りである。

　1）1つのセクションにおいて、「1 現行法」、「2 改正法」と分けている場合は、「1 現行法」においては、現行法に、「2 改正法」においては、改正法にそれぞれよっている。

① 錯 誤

1 現行法

　・・・。

2 改正法

　・・・。

3 税 法

　・・・。

　2）上記 1）のような区別をしていない場合は、特に断りのない限り、本書に記

載の範囲では、民法の一部を改正する法律（平成 29 年法律第 44 号）による改正の影響がないことから、現行法によっている。

---

③ 期間計算

① 民 法

・・・。

② 税 法

・・・。

3）「第3章　補　民法（相続関係）改正法」においては、民法及び家事事件手続法の一部を改正する法律（平成 30 年法律 72 号）による改正後の民法（以下「改正相続法」という。）によっている。

2　本書中に引用する主な法令・判例・文献等については、次の略語を用いた。
　　1）法令等（税法以外）
　　　　円滑化法………………………中小企業における経営の承継の円滑化に関する法律
　　　　円滑化規………………………中小企業における経営の承継の円滑化に関する法律施行規則
　　　　家事……………………………家事事件手続法
　　　　借地借家………………………借地借家法
　　　　住基法…………………………住民基本台帳法
　　　　商登法…………………………商業登記法
　　　　人事……………………………人事訴訟法
　　　　登記記録例……………………平成 28 年 6 月 8 日法務省民二第 386 号民事局長通達
　　2）法令等（税法）
　　　　通法……………………………国税通則法

所法······················所得税法
　　所通······················所得税基本通達
　　法法······················法人税法
　　法令······················法人税法施行令
　　法通······················法人税基本通達
　　相法······················相続税法
　　相規······················相続税法施行規則
　　相通······················相続税法基本通達
　　評通······················財産評価基本通達
　　登税······················登録免許税法
　　措法······················租税特別措置法
3）判決
　　大判······················大審院民事部判決
　　大連判····················大審院民事連合部判決
　　最判······················最高裁判所判決
　　東京高判··················東京高等裁判所判決
　　福岡高判··················福岡高等裁判所判決
　　宇都宮地判················宇都宮地方裁判所判決
　　長野地判··················長崎地方裁判所判決
　　京都地判··················京都地方裁判所判決
　　大阪地判··················大阪地方裁判所判決
4）判例集等
　　法務省HP················法務省ホームページ
　　財務省HP················財務省ホームページ
　　国税庁HP················国税庁ホームページ
　　審判所HP················国税不服審判所ホームページ
　　裁判所HP················裁判所ホームページ
　　民集······················最高裁判所民事判例集
　　集民······················最高裁判所裁判集民事
　　行裁例集··················行政事件裁判例集
　　訟月······················訟務月報
　　税資······················税務訴訟資料
5）文献等
　　部会資料··················法務省ホームページ「法制審議会民法（債権関係）

通則法

第1章

❶ 錯　誤

① 現行法

〈事例〉
　甲株式会社（以下「甲社」という。）の代表取締役であるＡは、同社の全株式を有していた。同社は、約25億円の預金債権を有し、約10億円の純資産を有していた。Ａが、この預金を引き出すことについて、妨げとなるような事情は存在しなかった。
　Ａは、Ｂからの提案に基づき、その所有する甲社の全株式を代金2億円でＣに売り渡す旨の契約を締結した。

　仮に、甲社を清算したとすれば、同社の全株式を所有するＡは、少なくとも約10億円については容易に現金化してこれを取得することができたはずである。
　そうであるにもかかわらず、Ａは、Ｂからの提案に基づき、甲社の全株式を代金2億円で売り渡した。Ａは、どのような主張が可能であろうか。
　1つは、本件の株式売買契約は、Ｂの詐欺によるものであるから、これを取り消すという主張である。
　そして、もう1つは、錯誤（勘違い）により無効である（現行法95）という主張である[1]。

> **現行法第95条（錯誤）**
> 　意思表示は、法律行為の要素に錯誤があったときは、無効とする。ただし、表意者に重大な過失があったときは、表意者は、自らその無効を主張することができない。

---

[1] 最判平成16年7月8日裁判所HP参照（平成15年（受）第1259号）

　すなわち、容易に現金化が可能な約10億円の純資産を有する会社の全株式を2億円で売却することは不自然であり、Aには、株式の価値について錯誤（勘違い）があったことがうかがわれる。

　そこで、Aは、「2億円で売ります」と言ったのは、錯誤（勘違い）により無効であると主張するのである。

––– Q&A –––

Q1：Aは、錯誤に陥って、Bに対して意思表示をしたが、Aに重大な過失があった。Aは、無効を主張することができるか？　また、Bは無効を主張することができるか？

A ：いずれもできない。

　　現行法第95条は、その但書において、錯誤による意思表示について、表意者（A）に重大な過失（著しい不注意）があったときは、表意者（A）は、その無効を主張することができないと規定している。また、同条は、表意者を保護するための規定であるから、原則として、相手方（B）もその無効を主張することはできない（最判昭40.9.10）。

Q2：Aは、Bから油絵を買い受けるに際し、Bに対して、それが真作に間違いないかどうかを確めたところ、Bが真作であることを保証すると述べたので、これを信じて買い受けたが、その作品は贋作であった。Aに対して債権を有するCは、その債権を保全するため、Aの意思表示の無効を主張することができるか？

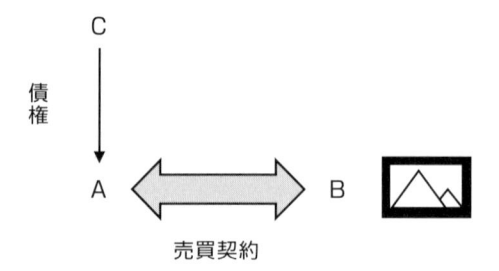

A：できる場合もある。

　　CがAに対する債権を保全するため必要がある場合において、Aが意思表示の瑕疵を認めているときは、A自らはその意思表示の無効を主張する意思がなくても、Cは、Aの意思表示の錯誤による無効を主張することが許される（最判昭45.3.26）。

Q3：意思表示の動機に錯誤があった場合、錯誤による無効を主張することができるか？

A：原則としてできない。

　　現行法第95条の「法律行為の要素に錯誤があったとき」とは、例えば、「誰が」「何を」「いくらで」買うかについて錯誤があったときがこれに当たり、動機の錯誤（意思通りの表示をしているが、その意思の形成過程で思い違いがあり、それに基づいて意思表示を行った場合）は原則としてこれに当たらない。

　　ただし、動機が明示されて意思表示の内容をなしており、その動機の錯誤がなかったならば、通常その意思表示をしなかったであろうと認められる程度の重要性が認められる場合には、錯誤による無効を主張することができる（最判昭29.11.26）。

2　改正法

改正法第95条（錯誤）

1　表示は、次に掲げる錯誤に基づくものであって、その錯誤が法律行為の目的意思及び取引上の社会通念に照らして重要なものであるときは、取り消すことができる。

一　意思表示に対応する意思を欠く錯誤

二　表意者が法律行為の基礎とした事情についてのその認識が真実に反する錯誤

2　前項第2号の規定による意思表示の取消しは、その事情が法律行為の基礎と

> されていることが表示されていたときに限り、することができる。
> 3 錯誤が表意者の重大な過失によるものであった場合には、次に掲げる場合を除き、第1項の規定による意思表示の取消しをすることができない。
> 一 相手方が表意者に錯誤があることを知り、又は重大な過失によって知らなかったとき。
> 二 相手方が表意者と同一の錯誤に陥っていたとき。
> 4 第1項の規定による意思表示の取消しは、善意でかつ過失がない第三者に対抗することができない。

改正ポイント1 「無効」は、原則的には、誰からも主張することができる。しかし、錯誤による意思表示の「無効」については、判例[2]は、表意者自身が錯誤による意思表示の無効を主張する意思を有していない場合は、原則として第三者がこの意思表示の無効を主張することはできないとしている。これは、むしろ「取消し」に近いものといえる。そこで、本条第1項は、錯誤の効果を「無効」から「取消可能」に改めるものである[3]。

改正ポイント2 現行法では、動機の錯誤が、同法第95条の「法律行為の要素に錯誤があったとき」に該当するかどうかが、条文上明らかではない。そこで、本条第1項第2号は、動機の錯誤に関して規定を新たに設けるものである[4]。

改正ポイント3 動機の錯誤がどのような場合に現行法第95条の「錯誤」として顧慮されるかに関して、判例には、動機が相手方に表示されることをも要件としているようにも読めるものがある一方で、動機の表示を問題とせずに法律行為の内容になっているかどうかを判断したものもある。本条第2項は、「その事情が法律行為の基礎とされていることが表示されていたときに限り」として、その要件を明らかにするものである[5]。

改正ポイント4 現行法上も、錯誤による意思表示をした表意者に重過失

---

[2] 最判昭和40年9月10日裁判所HP参照（昭和38年（オ）第1349号）
[3] 部会資料76A（1-2頁）
[4] 部会資料76A（3頁）
[5] 部会資料76A（3頁）

がある場合であっても、表意者が錯誤に陥っていることを相手方が知っていた場合や、相手方が同一の錯誤に陥っていた場合には、相手方には保護に値する信頼がないため、表意者は錯誤に基づいて意思表示の効力を否定することができるという見解が有力に主張されているところであり、本条第3項は、この点を条文上明確にするものである[6]。

3 税 法

> 最判昭和39年10月22日裁判所HP参照（昭和38年（オ）第499号）
>
> ・・・所得税法は、いわゆる申告納税制度を採用し（23条、26条参照）、且つ、納税義務者が確定申告書を提出した後において、申告書に記載した所得税額が適正に計算したときの所得税額に比し過少であることを知った場合には、更正の通知があるまで、当初の申告書に記載した内容を修正する旨の申告書を提出することができ（27条1項参照）。また、確定申告書に記載した所得税額が適正に計算したときの所得税額に比し過大であることを知った場合には、確定申告書の提出期限後1か月間を限り、当初の申告書に記載した内容の更正の請求をすることができる（同条6項参照）、と規定している。ところで、そもそも所得税法が右のごとく、申告納税制度を採用し、確定申告書記載事項の過誤の是正につき特別の規定を設けた所以は、所得税の課税標準等の決定については最もその間の事情に通じている納税義務者自身の申告に基づくものとし、その過誤の是正は法律が特に認めた場合に限る建前とすることが、租税債務を可及的速かに確定せしむべき国家財政上の要請に応ずるものであり、納税義務者に対しても過当な不利益を強いる虞れがないと認めたからにほかならない。従って、確定申告書の記載内容の過誤の是正については、その錯誤が客観的に明白且つ重大であって、前記所得税法の定めた方法以外にその是正を許さないならば、納税義務者の利益を著しく害すると認められる特段の事情がある場合でなければ、所論のように法定の方法によらないで記載内容の錯誤を主張することは、許されないものといわなければならない。

解説　本判決は、法定の方法（修正申告又は更正の請求）によらないで、確

---

6) 部会資料76A（4-5頁）

定申告書の記載内容の誤りの是正について、錯誤による無効を主張すること
は、特段の事情がない限り、許されないとするものである。

❷ 意思表示の効力発生時期

⟦1⟧ 現行法

〈事例〉

　Aは、×年×月×日、甲株式会社の事務室において同社の代表取締役Bの娘Cに対し、延滞賃料の支払催告書を交付したが、Bは当日出社しておらず、Cは、Bの印を勝手に押して受け取り、机の引出しに入れておいた。

　民法上、意思表示は、その通知が相手方に「到達した」ときから効力を生ずるのが原則である（到達主義）。

　それでは、本事例において、支払催告書は「到達した」といえるだろうか？

現行法第97条（隔地者に対する意思表示）

1　隔地者に対する意思表示は、その通知が相手方に到達した時からその効力を生ずる。

2　隔地者に対する意思表示は、表意者が通知を発した後に死亡し、又は行為能力を喪失したときであっても、そのためにその効力を妨げられない。

　結論は、催告書は「到達した」といえる。隔地者間の意思表示に準ずべき本件の催告は、現行法第97条により甲株式会社に到達することによってその効力を生ずべきものであり、ここに「到達」とは、同社の代表取締役Bが受領し、又は了知することまでは必要ではなく、意思表示の書面がBの勢力範囲（支配圏）内に置かれることをもって足りるものと解すべきだからである[7]。

【参考】

　契約の承諾の意思表示については、その通知を発したときに成立するとされ（現行法526①）、発信主義が採用されている。

---

[7] 最判昭和36年4月20日裁判所HP参照（昭和33年（オ）第315号）

現行法第526条（隔地者間の契約の成立時期）

1 隔地者間の契約は、承諾の通知を発した時に成立する。
2 （略）

---

2 改正法

改正法第97条（意思表示の効力発生時期等）

1 意思表示は、その通知が相手方に到達した時からその効力を生ずる。
2 相手方が正当な理由なく意思表示の通知が到達することを妨げたときは、その通知は、通常到達すべきであった時に到達したものとみなす。
3 意思表示は、表意者が通知を発した後に死亡し、意思能力を喪失し、又は行為能力の制限を受けたときであっても、そのためにその効力を妨げられない。

改正ポイント1 現行法第97条は「隔地者」（発信と到達との間に時間的な隔たりのある者）に対する意思表示の効力発生時期について規定するが、隔地者以外の者に対する意思表示の効力発生時期については規定が設けられていない。しかし、相手方が了知可能な状態に置かれれば足り、現実の了知までは要しないという到達主義の考え方は、隔地者に対する意思表示に限らず、相手方に対する意思表示一般に妥当すると考えられる。そこで、本条第1項は、現行法第97条第1項の「隔地者に対する意思表示」を「意思表示」に改めている[8]。

改正ポイント2 判例には、意思表示が相手方の勢力範囲（支配圏）内に置かれるという客観的状態によって「到達」の有無を判断したものが多いが、判例の中には、不在配達通知書を受け取った相手方が内容証明郵便を受領しなかったために留置期間の経過により差出人に還付されたという事案で到達を認めたもの[9]など、意思表示が相手方の勢力範囲（支配圏）内に置かれるという客観的状態が生じていなくても、相手方の態様を考慮して「到達」があったと

---

[8] 部会資料66A（6-7頁）
[9] 最判平成10年6月11日裁判所HP参照（平成9年（オ）第685号）

扱われた事案がある。そこで、本条第2項は、(1)相手方が故意に到達を妨げたこと、(2)そのことについて正当な理由がないことを要件として、到達を擬制することとするものである[10]。

3　税　法

国税通則法第 22 条（郵送等に係る納税申告書等の提出時期）

　納税申告書（当該申告書に添付すべき書類その他当該申告書の提出に関連して提出するものとされている書類を含む。）その他国税庁長官が定める書類が郵便又は信書便により提出された場合には、その郵便物又は信書便物の通信日付印により表示された日（その表示がないとき、又はその表示が明瞭でないときは、その郵便物又は信書便物について通常要する送付日数を基準とした場合にその日に相当するものと認められる日）にその提出がされたものとみなす。

解説　税務当局に提出される税務関係書類の効力の発生時期の一般原則は、到達主義によっているが、納税者と税務官庁との地理的間隔の差異に基づく不公平を是正等するため、(1)納税申告書、(2)納税申告書に添付すべき書類等、(3)更正の請求書（通法 23 ⑦）、課税標準申告書（通法 31 ②）、再調査の請求書及び審査請求書（通法 77 ④）、(4)所得税や法人税の青色申告承認申請書や減価償却資産の償却方法の届出書、消費税の課税事業者選択届出書など、後続の手続に影響を及ぼすおそれのない書類として、国税庁長官が定めるものについては、発信主義によっている[11]。

---

10)　部会資料 66A（8-9 頁）
11)　財務省 HP「平成 18 年度　税制改正の解説」（657-658 頁）、「国税通則法第 22 条に規定する国税庁長官が定める書類を定める件」（平成 18 年国税庁告示第 7 号）

3 期間計算

1 民 法

民法第1編第6章に「期間の計算」についての規定があり、法令、裁判上の命令、法律行為に異なる定めがある場合を除いて、期間の計算方法は、同章の規定に従うこととされている（民法138）。

> **民法第138条（期間の計算の通則）**
> 　期間の計算方法は、法令若しくは裁判上の命令に特別の定めがある場合又は法律行為に別段の定めがある場合を除き、この章の規定に従う。

1 期間の起算

まず、「○時△分から×時間」といったときには、○時△分から×時間をカウントする（民法139）。

> **民法第139条（期間の起算）**
> 　時間によって期間を定めたときは、その期間は、即時から起算する。

次に、○月△日の日中に「○月△日から×日間」といったときには、○月△日から×日を起算するのではなく、○月△日の翌日から×日をカウントするのが原則である。これを「初日不算入の原則」という（民法140）。

例えば、7月1日の日中に、「7月1日から10日間」といったときには、10日間は、7月2日からカウントする。

7/1 7/2

　ただし、「○月△日午前0時から×日間」という趣旨であるときは、○月△日から×日間をカウントする（民法140但書）。初日が午前0時から始まるときは、初日も1日（24時間）としてカウントできるからである。

　例えば、7月1日の日中に、「7月10日から10日間」といったときには、10日間は、7月10日からカウントする。

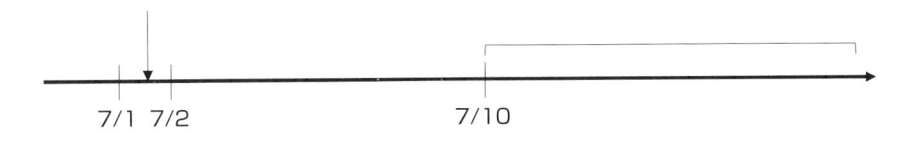

民法第140条
　日、週、月又は年によって期間を定めたときは、期間の初日は、算入しない。ただし、その期間が午前0時から始まるときは、この限りでない。

2　期間の満了

「×日間」の期間が満了するのは、その末日の午後12時である（民法141）。

　例えば、7月1日の日中に、「7月1日から10日間」といったときには、7月2日からカウントし、7月11日の午後12時に10日間の期間が満了する。

民法第141条（期間の満了）
前条の場合には、期間は、その末日の終了をもって満了する。

　なお、期間の末日が日曜日、祝日などの休日に当たるときは、その日に取引をしない慣習がある場合に限り、期間の満了日は、その翌日に延長される（民法142）。

> **民法第142条**
>
> 　期間の末日が日曜日、国民の祝日に関する法律（昭和23年法律第178号）に規定する休日その他の休日に当たるときは、その日に取引をしない慣習がある場合に限り、期間は、その翌日に満了する。

　また、「○月△日から×週間」、「○月△日から×か月間」、「○月△日から×年間」といったとき（初日不算入とする。）には、その期間は、暦に従って計算し、その起算日に応当する日の前日に満了する（民法143①②）。

　例えば、7月1日の日中に、「7月1日から1か月」といったときには、7月2日からカウントし、その応当日（8月2日）の前日（8月1日）の午後12時に1か月間の期間が満了する。

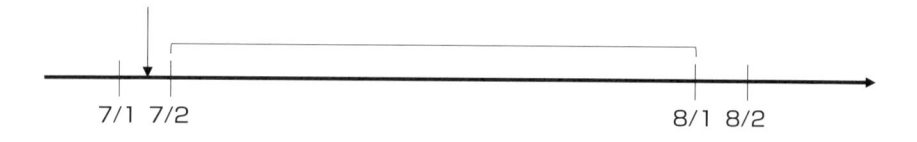

　ただし、平成30年1月30日の日中に、「平成30年1月30日から1か月」といったときには、平成30年1月31日からカウントすると、その応当日（平成30年2月31日）がないこととなるので、この場合は、その月の末日（平成30年2月28日）の午後12時に満了する（民法143②但書）。

> **民法第143条（暦による期間の計算）**
>
> 1　週、月又は年によって期間を定めたときは、その期間は、暦に従って計算する。
> 2　週、月又は年の初めから期間を起算しないときは、その期間は、最後の週、月又は年においてその起算日に応当する日の前日に満了する。ただし、月又は

> 年によって期間を定めた場合において、最後の月に応当する日がないときは、
> その月の末日に満了する。

2　税 法

国税通則法第 10 条（期間の計算及び期限の特例）

1　国税に関する法律において日、月又は年をもって定める期間の計算は、次に
定めるところによる。
　一　期間の初日は、算入しない。ただし、その期間が午前 0 時から始まるとき、
　　又は国税に関する法律に別段の定めがあるときは、この限りでない。
　二　期間を定めるのに月又は年をもってしたときは、暦に従う。
　三　前号の場合において、月又は年の始めから期間を起算しないときは、その
　　期間は、最後の月又は年においてその起算日に応当する日の前日に満了する。
　　ただし、最後の月にその応当する日がないときは、その月の末日に満了する。
2　国税に関する法律に定める申告、申請、請求、届出その他書類の提出、通知、
納付又は徴収に関する期限（時をもって定める期限その他の政令で定める期限
を除く。）が日曜日、国民の祝日に関する法律（昭和 23 年法律第 178 号）に規
定する休日その他一般の休日又は政令で定める日に当たるときは、これらの日
の翌日をもってその期限とみなす。

解説　国税に関する法律における期間の計算について、民法の期間計算に
関する規定と同趣旨の規定を設けている。また、国税に関する法律に定める期
限について、民法第 142 条の趣旨を踏まえて、特例を設けている。なお、国税
通則法の制定前は、国税徴収法第 4 条が、民法の規定を準用する旨規定してい
た。

> **国税通則法施行前の国税徴収法**
> **（期間の計算及び期限の特例）**
> **第 4 条**　国税に関する法律に定める期間の計算については、民法（明治 29 年
> 　法律第 89 号）第 139 条から第 143 条まで（期間）に定めるところによる。
> 　2　国税に関する法律に定める国税の申告、申請、納付又は徴収に関する期限
> 　　（前項の規定の適用がある期限その他政令で定める期限を除く。）が民法第

142 条（期間の満了の特例）に規定する休日に該当するときは、その国税に
関する法律の規定にかかわらず、その休日の翌日をその期限とみなす。

❹　時　効

1 － 1　現行法（取得時効）

〈事例〉
　平成 10 年 4 月 1 日、Aは、所有の意思をもって、平穏かつ公然にB所有の甲土地の占有を開始した。
　平成 30 年 7 月 1 日、Aは、Bに対し、「時効によりあなたの土地の所有権を取得しました」と主張して、時効援用の意思表示をするとともに、BからAへの所有権移転登記を請求した。

　他人の物だと知っていたとしても、これを 20 年間、自分の物だという意思をもって占有していると、その物は時効によって自分の物になる（現行法 162 ①）。これを取得時効という。

　この 20 年間という期間は、その物が自分の物だと過失なく誤信していた場合には、10 年間に短縮される（民法 162 ②）。

　本事例では、Aが、甲土地を他人の物だと知っていたかどうかは明らかでないが、占有期間は「20 年間」を超え、「所有の意思をもって、平穏に、かつ、公然と他人の物を占有した」との要件（現行法 162 ①）も満たしているので、甲土地の所有権を時効により取得することができる。

現行法第 162 条（所有権の取得時効）
1　20 年間、所有の意思をもって、平穏に、かつ、公然と他人の物を占有した者は、その所有権を取得する。
2　10 年間、所有の意思をもって、平穏に、かつ、公然と他人の物を占有した者は、その占有の開始の時に、善意であり、かつ、過失がなかったときは、その所有権を取得する。

　ここで、現行法第 162 条について詳しくみてみると、「所有の意思をもって」

とされているので、所有の意思がない賃借人（借りている人）が占有を続けても、所有権を時効により取得することはできない。賃借人が、内心において所有の意思をもっているにすぎない場合も同様である。

　ただし、賃借人が賃貸人に対して所有の意思があることを表示すると、「所有の意思をもって」の要件に該当し得る（現行法 185）。

現行法第 185 条（占有の性質の変更）

　権原の性質上占有者に所有の意思がないものとされる場合には、その占有者が、自己に占有をさせた者に対して所有の意思があることを表示し、又は新たな権原により更に所有の意思をもって占有を始めるのでなければ、占有の性質は、変わらない。

　また、現行法第 162 条の「所有の意思をもって」という要件は、同法第 186条第 1 項によって推定される。

現行法第 186 条（占有の態様等に関する推定）

1　占有者は、所有の意思をもって、善意で、平穏に、かつ、公然と占有をするものと推定する。
2　前後の両時点において占有をした証拠があるときは、占有は、その間継続したものと推定する。

　ただし、この所有の意思の推定が覆される場合として、次の判例がある。

◇　占有者がその性質上所有の意思のないものとされる権原に基づき占有を取得した事実が証明されるか、又は占有者が占有中、真の所有者であれば通常はとらない態度を示し、若しくは所有者であれば当然とるべき行動に出なかったなど、外形的客観的にみて占有者が他人の所有権を排斥して占有する意思を有していなかったものと解される事情が証明されるときは、占有者の内心の意思のいかんを問わず、その所有の意思を否定しなければならない[12]

　ところで、実際に、所有権を時効により取得するかどうかは、本人の意思に委ねられている（現行法 145）。すなわち、本人が「時効により取得します」と

---

[12] 最判昭和 58 年 3 月 24 日裁判所 HP 参照（昭和 57 年（オ）第 548 号）

の意思表示をしない限り、所有権が移転することはない。

現行法第 145 条（時効の援用）

　時効は、当事者が援用しなければ、裁判所がこれによって裁判をすることができない。

　本事例では、Aは、「時効によりあなたの土地の所有権を取得しました」として、時効を援用しているので、所有権を取得することができる。

　なお、Bが任意に登記に応じれば、共同申請による登記を、Bが応じなければ、判決による登記（単独申請）を申請することとなる。

　この登記申請後の登記記録は、次の通りである。

権利部（甲区）（所有権に関する事項）			
順位番号	登記の目的	受付年月日・受付番号	権利者その他の事項
1	所有権保存	平成○年○月○日第○号	所有者（住所省略）B
2	所有権移転	平成○年○月○日第○号	原因　平成 10 年 4 月 1 日時効取得 所有者（住所省略）A

　ここで、時効取得の原因日付が「平成 10 年 4 月 1 日」になっているのは、時効の効力は、その起算日にさかのぼるとされているからである（現行法144）。

現行法第 144 条（時効の効力）

　時効の効力は、その起算日にさかのぼる。

────────── Q&A ──────────

Q1：取得時効が成立するためには、時効期間中、占有が継続していることが必要か？　また、侵奪行為によって目的物の占有が失われた場合、時効の中断を止めるために、何か方法はあるか？

A ：取得時効が成立するためには、時効期間中、占有が継続していることが必要である。また、占有は、占有者が占有物の所持を失うことに

よって消滅し、時効は中断する（時効のカウントは「ゼロ」に戻る）が、占有者が、占有回収の訴えを提起して勝訴し、現実にその物の占有を回復したときは、その現実に占有しなかった間も占有を失わず占有が継続していたものと擬制されるので、時効の中断を止めることができる（最判昭44.12.2）。

Q2：A所有の甲土地について、Bが占有を継続したことにより、取得時効が完成した。その後、Cが、売買によりAから甲土地の所有権を取得し、登記を経た。Bは、Cに対して、時効による甲土地の所有権の取得を対抗することができるか？

A ：できない。

Bの登記とCの登記は、いわば「早い者勝ち」の関係にあるので、Bは、登記なくしては、時効による所有権の取得を対抗することができない（最判昭33.8.28）。

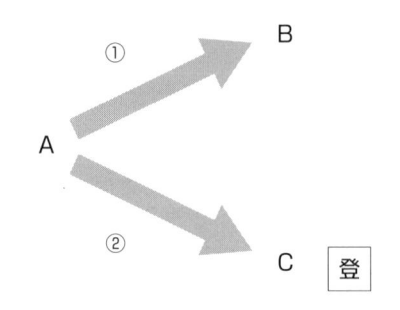

1 － 2 　現行法（消滅時効）

〈事例〉

　Aは、その所有する甲土地をBに売り渡し、売買代金の支払期限を平成20年4月1日と定めた。

　Aは、売買代金の支払いがないことから、平成30年3月1日、Bに対し、

内容証明郵便により、売買代金の支払いを求めた。

　債権を行使できるにもかかわらず、10 年間、これを行使せず放置すると、その債権は時効により消滅する（現行法 167 ①）。これを消滅時効という。

> **現行法第 167 条（債権等の消滅時効）**
> 1　債権は、10 年間行使しないときは、消滅する。
> 2　債権又は所有権以外の財産権は、20 年間行使しないときは、消滅する。

　ここで、「10 年間」をいつからカウントするか（起算点）が問題となるが、現行法第 166 条第 1 項は、「権利を行使することができる時」が起算点であるとしている。
　具体的には、次の通りである。

債務の内容	消滅時効の起算点
確定期限の定めのある債権	期限の到来時
不確定期限付き債権	期限の到来時
期限の定めのない債権	債権の成立時
契約に基づく債務の不履行による損害賠償請求権	本来の債務の履行を請求し得る時

　本事例の売買代金債権は、確定期限（平成 20 年 4 月 1 日）の定めのある債権に該当するから、その期限の到来から間もなく 10 年が経過し、時効により消滅しそうな状況にある。
　そこで、A は、平成 30 年 3 月 1 日、売買代金の支払いを求めたものと考えられるが、この行為が現行法第 147 条第 1 号の「請求」に該当し、時効が中断する（時効のカウントが「ゼロ」に戻る）のではないかとも考えられる。

> **現行法第 147 条（時効の中断事由）**
> 　時効は、次に掲げる事由によって中断する。
> 　一　請求
> 　二　差押え、仮差押え又は仮処分

| 三　承認 |

　しかし、請求書の送付には、一時的に時効完成を阻止する（時効のカウントを止める）効力しかない。

　この効力は暫定的なもので、6か月以内に裁判上の請求等をすることによってはじめて、確定的な時効中断の効力が認められる（現行法153）。

現行法第153条（催告）

　催告は、6箇月以内に、裁判上の請求、支払督促の申立て、和解の申立て、民事調停法若しくは家事事件手続法による調停の申立て、破産手続参加、再生手続参加、更生手続参加、差押え、仮差押え又は仮処分をしなければ、時効の中断の効力を生じない。

　裁判上の請求をすると、時効は中断し（カウントが「ゼロ」に戻り）、裁判が確定した時から、新たに時効の進行が始まる（カウントが「ゼロ」から再開する）ので（現行法157②）、債権が時効消滅する事態を避けることができる。

現行法第157条（中断後の時効の進行）

　1　中断した時効は、その中断の事由が終了した時から、新たにその進行を始める。

　2　裁判上の請求によって中断した時効は、裁判が確定した時から、新たにその進行を始める。

【参考】

1　用益物権（地上権・永小作権・地役権）も消滅時効にかかるが、消滅時効期間は20年である（現行法167②）。

2　所有権は消滅時効にかからない（消滅しない）が、[1]-1の通り、20年間又は10年間占有した者によって時効取得される（奪われる）ことはある。

3　現行法第170条から第174条までに、職業別の様々な短期消滅時効の規定が設けられている。その内容は、次の通りである[13]。

---

13) 部会資料78A（15頁）

条文			時効期間
170条	1号	医師、助産師又は薬剤師の診療、助産又は調剤に関する債権	3年
	2号	工事の設計、施工又は監理を業とする者の工事に関する債権	
171条		弁護士、弁護士法人、公証人の書類返還債務	
172条	1号	弁護士、弁護士法人又は公証人の職務に関する債権	
173条	1号	生産者、卸売商人又は小売商人が売却した産物又は商品の代価に係る債権	2年
	2号	自己の技能を用い、注文を受けて、物を製作し又は自己の仕事場で他人のために仕事をすることを業とする者の仕事に関する債権	
	3号	学芸又は技能の教育を行う者が生徒の教育、衣食又は寄宿の代価について有する債権	
174条	1号	月又はこれより短い時期によって定めた使用人の給料に係る債権	1年
	2号	自己の労力の提供又は演芸を業とする者の報酬又はその供給した物の代価に係る債権	
	3号	運送賃に係る債権	
	4号	旅館、料理店、飲食店、貸席又は娯楽場の宿泊料、飲食料、席料、入場料、消費物の代価又は立替金に係る債権	
	5号	動産の損料に係る債権	

―――――――――――――――― Q&A ――――――――――――――――

Q1：Aは、Bから土地を買い受けたが、所有権移転登記が未了のまま20年が経過した。Aが、Bに対し、BからAへの所有権移転登記を請求した場合、Bは、登記請求権の消滅時効を援用することができるか？

A ：できない。

　所有権は消滅時効にかからないが、所有権に基づく登記請求権も消滅時効にかからない。

Q2：Aは、Bに対して債務を負っているが、Aは、その債務の消滅時効の完成後に、Bに対して「債務は分割してお支払いします」との申出を

した。その際、Aは、消滅時効が完成していることを知らなかったが、その後、時効を援用することはできるか？

A：できない。

本問の債務者の申出は、時効の中断事由の「承認」に当たる（現行法147三）。そして、時効の完成後、債務者（A）が債務の承認をすることは、時効による債務消滅の主張と相容れない行為であり、相手方（B）においても債務者（A）はもはや時効の援用をしない趣旨であると考えるであろうから、その後においては債務者（A）に時効の援用を認めないものと解するのが、信義則に照らし、相当であるとするのが判例（最判昭41.4.20）である。

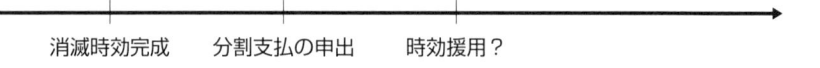

消滅時効完成　　　分割支払の申出　　　時効援用？

Q3：Aは、Bに対して債務を負っているが、Aは、その債務の消滅時効の完成後に、Bに対して債務を承認した。その後、さらに消滅時効の期間が経過した場合、Aは、消滅時効を援用することができるか？

A：できる。

当初、消滅時効の完成後であるにもかかわらず、債務者が債務を承認したので、その時点において、債務者は、時効を援用することができない。もっとも、時効は「ゼロ」からカウントを再開し（現行法157①）、さらに消滅時効の期間が経過した後に、債務者が時効を援用すると、債務は時効により消滅する。

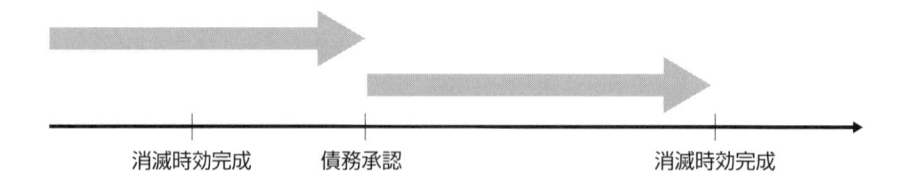

消滅時効完成　　　債務承認　　　　　　　　消滅時効完成

2　改正法

　現行法は、時効の完成が妨げられるという効力（現行法153）と、それまで
に進行した時効が全く効力を失い、新たな時効が進行を始めるという効力（現
行法157）を、いずれも「中断」という同一の用語で表現しているが、改正法
では、両者の概念を区別して、前者を「時効の完成猶予」と、後者を「時効の
更新」と表現している[14]。

　現行法における「時効の中断事由」と改正法における「時効の完成猶予・更
新事由」の対応関係は、次の通りである。

現行法		改正法
請求 (147 一)	裁判上の請求 (149)	裁判上の請求等による時効の 完成猶予及び更新 (147)
	支払督促の申立て (150)	
	和解又は調停の 申立て (151)	
	破産手続参加等 (152)	
差押え、仮差押え 又は仮処分 (147 二)	差押え、仮差押え 又は仮処分 (154)	強制執行等による時効の 完成猶予及び更新 (148)
		仮差押え等による時効の完成猶予 (149)
承認 (147 三)	承認 (156)	承認による時効の更新 (152)

改正法第147条（裁判上の請求等による時効の完成猶予及び更新）
1　次に掲げる事由がある場合には、その事由が終了する（確定判決又は確定判

---

[14] 部会資料69A（17頁）

　決と同一の効力を有するものによって権利が確定することなくその事由が終了した場合にあっては、その終了の時から6箇月を経過する）までの間は、時効は、完成しない。
一　裁判上の請求
二　支払督促
三　民事訴訟法第275条第1項の和解又は民事調停法（昭和26年法律第222号）若しくは家事事件手続法（平成23年法律第52号）による調停
四　破産手続参加、再生手続参加又は更生手続参加
2　前項の場合において、確定判決又は確定判決と同一の効力を有するものによって権利が確定したときは、時効は、同項各号に掲げる事由が終了した時から新たにその進行を始める。

　┌─────────┐
　│ 改正ポイント │　現行法は、催告及び承認を除く時効の中断事由について、手
　└─────────┘
続の申立て等により時効が中断すると規定しながら、他方で、一定の事由により手続が途中で終了した場合には、さかのぼって時効中断の効力が生じないとしている（現行法149～152、154）。

　文理解釈上、後者の場合には、時効中断の効力が初めから生じなかったことになるはずであるが、判例[15]は、「破産の申立がのちに取り下げられた場合でも、破産手続上権利行使の意思が表示されていたことにより継続してなされていたものと見るべき『催告』としての効力は消滅せず、取下後6か月内に他の強力な中断事由に訴えることにより、消滅時効を確定的に中断することができるものと解するのを相当とする」として、いわゆる「裁判上の催告」としての効力を認めている。

　本条第1項は、このような判例法理を明文化するものである[16]。

改正法第150条（催告による時効の完成猶予）

1　催告があったときは、その時から6箇月を経過するまでの間は、時効は、完成しない。
2　催告によって時効の完成が猶予されている間にされた再度の催告は、前項の

---

[15]　最判昭和45年9月10日裁判所HP参照（昭和45年（オ）第85号）
[16]　部会資料69A（16頁）

　規定による時効の完成猶予の効力を有しない。

  改正ポイント 　現行法上、「催告」は、6か月以内に、裁判上の請求等をし
なければ、時効の中断の効力を生じないものであり、時効の完成間際において
一時的に時効完成を阻止するものにすぎないことから、本条第1項は、「催告」
については、時効の「更新事由」とせず、「完成猶予事由」として再構成する
ものである[17]。

改正法第 151 条（協議を行う旨の合意による時効の完成猶予）

1　権利についての協議を行う旨の合意が書面でされたときは、次に掲げる時の
　いずれか早い時までの間は、時効は、完成しない。
　一　その合意があった時から1年を経過した時
　二　その合意において当事者が協議を行う期間（1年に満たないものに限る。）
　　を定めたときは、その期間を経過した時
　三　当事者の一方から相手方に対して協議の続行を拒絶する旨の通知が書面で
　　されたときは、その通知の時から6箇月を経過した時
2～5　（略）

  改正ポイント 　現行法上、当事者間で権利に関する協議を行う旨の合意があ
る場合において、時効の完成を阻止するためにとることのできる措置が、特に
規定されていない。そのため、協議の継続中であっても、時効の完成が間際と
なった場合には、その完成を阻止するためだけに時効中断の措置をとらざるを
得ないという問題がある。そこで、本条第1項は、協議の継続中は、時効が完
成しないとするものである[18]。

改正法第 152 条（承認による時効の更新）

1　時効は、権利の承認があったときは、その時から新たにその進行を始める。
2　前項の承認をするには、相手方の権利についての処分につき行為能力の制限
　を受けていないこと又は権限があることを要しない。

---

[17] 部会資料 69A（19 頁）
[18] 部会資料 69A（21 頁）

[改正ポイント] 　現行法上、承認によって時効は中断し（現行法 147 三）、中断
した時効は、承認があったときから、新たにその進行を始める（現行法 157 ①）
ものと解釈されている。本条第1項は、この解釈を明文化するものである[19]。

> **改正法第 166 条（債権等の消滅時効）**
> 1　債権は、次に掲げる場合には、時効によって消滅する。
> 　一　債権者が権利を行使することができることを知った時から5年間行使しな
> 　　いとき。
> 　二　権利を行使することができる時から 10 年間行使しないとき。
> 2　債権又は所有権以外の財産権は、権利を行使することができる時から 20 年間
> 　行使しないときは、時効によって消滅する。
> 3　前二項の規定は、始期付権利又は停止条件付権利の目的物を占有する第三者
> 　のために、その占有の開始の時から取得時効が進行することを妨げない。ただ
> 　し、権利者は、その時効を更新するため、いつでも占有者の承認を求めること
> 　ができる。

[改正ポイント] 　本条第1項第1号は、債権の消滅時効について、現行法の
「権利を行使することができる時」から 10 年間という客観的起算点と時効期間
を維持した上で、「債権者が権利を行使することができることを知った時」か
ら5年間という主観的起算点と時効期間を導入するものである[20]。もっとも、
債権とは、特定の人（債務者）に対して特定の給付を請求することができる権
利であるから、「権利を行使することができることを知った」には、債務者を
知ることも含まれていると考えられる[21]。

　なお、「・・・を知った時」から消滅時効期間が進行するという規律は、現
行法にもあり、同法第 724 条は、「不法行為による損害賠償の請求権は、被害
者又はその法定代理人が損害及び加害者を知った時から3年間行使しないとき
は、時効によって消滅する。不法行為の時から 20 年を経過したときも、同様
とする」と規定している。

---

[19] 部会資料 69A（20 頁）
[20] 部会資料 69A（2 頁）
[21] 部会資料 80-2（1 頁）

改正法第 170 条から第 174 条まで

　　削除

> 改正ポイント　　現行法第 170 条から第 174 条までの職業別の短期消滅時効等の規定については、時代の変化によって職業や契約内容が多様化し、列挙されたものに隣接する類型の職種等が生じたことにより、短期消滅時効の適用を受ける債権であるか否かの判断が困難となっているという問題がある。また、列挙されている債権は、現行法の制定当時、比較的低額で、短期決済が通常であり、証拠の不発行・不保存の慣習があると考えられていた代表的な債権であるが、現代社会においては、このような趣旨が妥当すると思われる債権は列挙されたもの以外にも多く存在し、逆に、列挙された債権の中に必ずしもこのような趣旨が当てはまらないものも生じてきている。このような問題点を踏まえ、現行法第 170 条から第 174 条までを削除するものである[22]。

③　税 法

国税通則法第 72 条（国税の徴収権の消滅時効）

1　国税の徴収を目的とする国の権利（以下この節において「国税の徴収権」という。）は、その国税の法定納期限（第 70 条第 3 項の規定による更正若しくは賦課決定、前条第 1 項第 1 号の規定による更正決定等又は同項第 3 号の規定による更正若しくは賦課決定により納付すべきものについては、これらの規定に規定する更正又は裁決等があった日とし、還付請求申告書に係る還付金の額に相当する税額が過大であることにより納付すべきもの及び国税の滞納処分費については、これらにつき徴収権を行使することができる日とし、過怠税については、その納税義務の成立の日とする。次条第 3 項において同じ。）から 5 年間行使しないことによって、時効により消滅する。

2　国税の徴収権の時効については、その援用を要せず、また、その利益を放棄することができないものとする。

3　国税の徴収権の時効については、この節に別段の定めがあるものを除き、民

---

22) 部会資料 69A（7 - 8 頁）

　法の規定を準用する。

解説　国税の徴収権の消滅時効については、(1)消滅時効期間が5年であること、(2)（納税者による）時効の援用を要しないこと、(3)（納税者が）時効の利益を放棄することができないこと、が民法上の取扱いと異なる。

国税通則法第73条（時効の中断及び停止）

1　国税の徴収権の時効は、次の各号に掲げる処分に係る部分の国税については、その処分の効力が生じた時に中断し、当該各号に掲げる期間を経過した時から更に進行する。
　　一　更正又は決定　その更正又は決定により納付すべき国税の第35条第2項第2号（更正又は決定による納付）の規定による納期限までの期間
　　二　過少申告加算税、無申告加算税又は重加算税（第68条第1項、第2項又は第4項（同条第1項又は第2項の重加算税に係る部分に限る。）（重加算税）の重加算税に限る。）に係る賦課決定　その賦課決定により納付すべきこれらの国税の第35条第3項の規定による納期限までの期間
　　三　納税に関する告知　その告知に指定された納付に関する期限までの期間
　　四　督促　督促状又は督促のための納付催告書を発した日から起算して10日を経過した日（同日前に国税徴収法第47条第2項（差押えの要件）の規定により差押えがされた場合には、そのされた日）までの期間
　　五　交付要求　その交付要求がされている期間（国税徴収法第82条第2項（交付要求）の通知がされていない期間があるときは、その期間を除く。）
2～5　（略）

解説　国税の徴収権の消滅時効は、民法の中断事由によって中断するほか（通法72③）、本条第1項に掲げる中断事由によっても中断する。

　なお、民法の一部を改正する法律の施行に伴う関係法律の整備等に関する法律（整備法）第135条による改正後の国税通則法第73条第1項柱書は、「国税の徴収権の時効は、次の各号に掲げる処分に係る部分の国税については、当該各号に定める期間は完成せず、その期間を経過した時から新たにその進行を始める」と規定する。

⑤　債権者代位権

1　現行法

〈事例〉

　Aは、Bに対して、50万円の金銭債権（以下「α債権」という。）を、Bは、Cに対して、100万円の金銭債権（以下「β債権」という。）をそれぞれ有している。

　Bは、無資力であるにもかかわらず、β債権の取立てをしない。

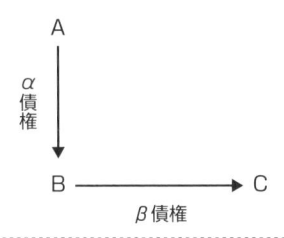

　債権者（A）は、自己の債権（α債権）の満足を得るため、債務者（B）の権利（β債権）を、債務者（B）に代わって行使することができる（現行法423）。この権利を「債権者代位権」という。

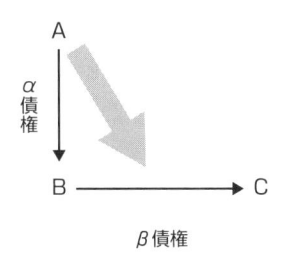

現行法第423条（債権者代位権）

1　債権者は、自己の債権を保全するため、債務者に属する権利を行使することができる。ただし、債務者の一身に専属する権利は、この限りでない。

2　債権者は、その債権の期限が到来しない間は、裁判上の代位によらなければ、前項の権利を行使することができない。ただし、保存行為は、この限りでない。

　債権者（A）が、債務者（B）の債権（β債権）を代位行使するためには、原則として、自己の債権（α債権）の弁済期が到来していることが必要である。詳細は、次の通りである（現行法423②）。

		保存行為（注）	保存行為以外
α債権の弁済期	前		裁判所の許可を得て代位行使できる
	後	代位行使できる	

（注）例えば、β債権の消滅時効の完成間際に時効を中断する行為がこれに当たる。

　また、債権者（A）が、債務者（B）の債権（β債権）を代位行使するためには、原則として、債務者（B）が無資力であることを要する[23]。

　この点、本事例では、「Bは、無資力であるにもかかわらず」との前提が付されているので、この要件を満たしている。

　なお、本事例において、債権者（A）は、第三債務者（C）に対して、直接自己に金銭を支払うよう請求することもできるが[24]、自己の債権額（50万円）の範囲内に限られる[25]。

【参考】

　債権者の債権が金銭債権でない場合には、債務者が無資力である必要はない[26]。例えば、A名義の不動産がAからB、BからCへと譲渡された場合に、Cが、Bに対する登記請求権を保全するため、BのAに対する登記請求権を代位行使するような場合である。

---

[23]　大判明治39年11月21日（民録12輯1537頁）
[24]　大判昭和10年3月12日（民集14巻482頁）
[25]　最判昭和44年6月24日裁判所HP参照（昭和41年（オ）第981号）
[26]　大判明治43年7月6日（民録16輯537頁）

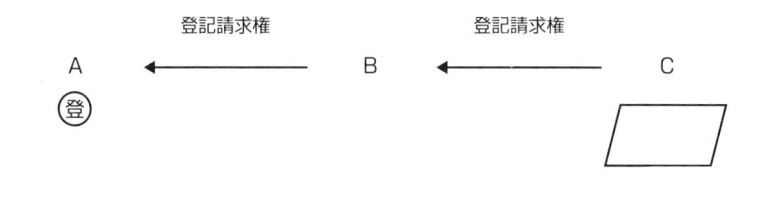

───── Q&A ─────

Q1：Aは、Bに対して債権を有し、Bは、Cに対して債権を有している。
　　Bが自ら権利を行使している場合であっても、その権利の行使が不十
　　分、不適当であるような場合には、Aは、重ねて債権者代位権を行使
　　することができるか？

A ：できない。
　　判例（最判昭 28.12.14）は、「債権者代位権の行使は、債務者が自ら権
　　利を行使しない場合に限り許されるものと解すべきである」とする。

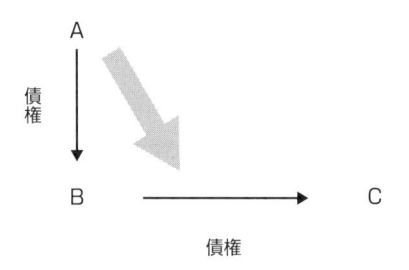

Q2：Aは、Bに対して債権を有し、Bは、Cに対して債務を負っている。
　　Aは、BがCに対して負う債務について、Bに代わってその消滅時効
　　を援用することができるか？

A ：できる。
　　現行法第 423 条第 1 項に当てはめると、「債権者（A）は、自己の債権
　　（AのBに対する債権）を保全するため、債務者（B）に属する権利（時
　　効援用権）を行使することができる」。

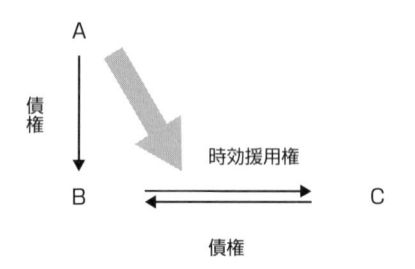

Q3：Aは、Bから建物を賃借しているが、Cがその建物を不法占拠している。Aは、Bに代位して、Cに対し、直接自己に対してその明渡しをするよう請求することができるか？

A ：できる。

　　判例（最判昭29.9.24）は、「建物の賃借人が、・・・賃貸人たる建物所有者に代位して建物の不法占拠者に対しその明渡を請求する場合においては、直接自己に対してその明渡をなすべきことを請求することができる」とする。

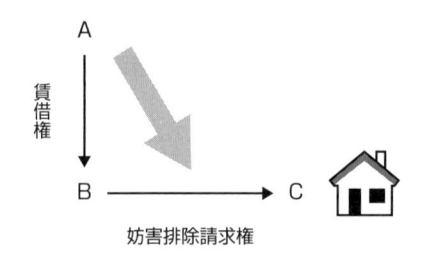

2 改正法

改正法第423条（債権者代位権の要件）

1　債権者は、自己の債権を保全するため必要があるときは、債務者に属する権利（以下「被代位権利」という。）を行使することができる。ただし、債務者の一身に専属する権利及び差押えを禁じられた権利は、この限りでない。

2　債権者は、その債権の期限が到来しない間は、被代位権利を行使することができない。ただし、保存行為は、この限りでない。

3　債権者は、その債権が強制執行により実現することのできないものであるときは、被代位権利を行使することができない。

> 改正ポイント　現行法第 423 条第 2 項本文は、被保全債権の履行期が到来していない場合であっても、裁判上の代位の許可を受ければ、債権者代位権を行使することができる旨を定めているが、裁判上の代位の許可の制度は、その利用例が極めて少ないことなどを踏まえ、「裁判上の代位によらなければ」という文言を削除するなどした上で、本条第 2 項本文とするものである[27]。

改正法第 423 条の 2 （代位行使の範囲）

債権者は、被代位権利を行使する場合において、被代位権利の目的が可分であるときは、自己の債権の額の限度においてのみ、被代位権利を行使することができる。

> 改正ポイント　現行法は、債務者に属する権利をどの範囲で行使できるかについて、特段の規律を定めていないが、判例[28]は、金銭債権の代位行使に関する事案において、被保全債権の額の範囲でのみこれを行使できるとしている。本条は、この判例法理を明文化するものである[29]。

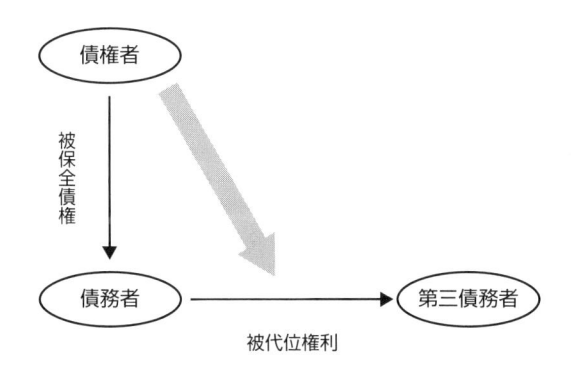

---

[27]　部会資料 73A（27-28 頁）

[28]　最判昭和 44 年 6 月 24 日裁判所 HP 参照（昭和 41 年（オ）第 981 号）

[29]　部会資料 73A（29 頁）

改正法第 423 条の 3 （債権者への支払又は引渡し）

　債権者は、被代位権利を行使する場合において、被代位権利が金銭の支払又は動産の引渡しを目的とするものであるときは、相手方に対し、その支払又は引渡しを自己に対してすることを求めることができる。この場合において、相手方が債権者に対してその支払又は引渡しをしたときは、被代位権利は、これによって消滅する。

改正ポイント　現行法は、債権者が、債務者に属する権利の目的物を直接自己に引き渡すよう求めることができるかについて、特段の規律を定めていないが、判例[30]は、金銭債権の代位行使に関する事案において、代位債権者による直接の引渡請求を認めるとしている。本条は、この判例法理を明文化するものである[31]。

3　税　法

国税通則法第 42 条（債権者代位権及び詐害行為取消権）

　民法第 423 条（債権者代位権）及び第 424 条（詐害行為取消権）の規定は、国税の徴収に関して準用する。

解説　国税債権について、債権者である国に債権者代位権及び詐害行為取消権を認めるものである。

---

[30] 大判昭和 10 年 3 月 12 日（民集 14 巻 482 頁）
[31] 部会資料 73A（30 頁）

6 詐害行為取消権

1 現行法

〈事例〉
　甲株式会社に対し、Aは 3,000 万円、Bは 2,000 万円の金銭債権を有している。甲株式会社は、債務超過の状態にある。
　甲株式会社は、Aを害することを知りながら、Bと通謀し、Bだけに優先的に債権の満足を得させる意図のもとに、債務の弁済をした。

　債権者（A）は、債務者（甲株式会社）が債権者（A）を害することを知ってした法律行為（弁済）の取消しを裁判所に請求することができる（現行法424）[32]。この権利を「詐害行為取消権」という。

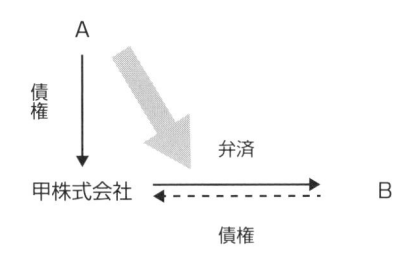

現行法第 424 条（詐害行為取消権）
1　債権者は、債務者が債権者を害することを知ってした法律行為の取消しを裁判所に請求することができる。ただし、その行為によって利益を受けた者又は転得者がその行為又は転得の時において債権者を害すべき事実を知らなかったときは、この限りでない。
2　前項の規定は、財産権を目的としない法律行為については、適用しない。

---

[32] 最判昭和 48 年 11 月 30 日裁判所 HP 参照（昭和 48 年（オ）第 235 号）

⑴被保全債権（Aの甲株式会社に対する債権）の弁済期が到来している必要があるかどうか、⑵債務者（甲株式会社）の無資力が要件であるかどうかについて、債権者代位権と比較すると、次の通りである。

	詐害行為取消権	債権者代位権
被保全債権の弁済期の到来	必要ではない[33]	（原則） 　必要である （例外） 　保存行為、裁判上の代位にあっては、必要ではない
債務者の無資力	要件である（注）	（金銭債権の場合） 　要件である （金銭債権以外の場合） 　要件ではない

（注）債務者が現時点において資力を回復しているときは詐害行為取消権を行使することができないとする判例[34]や、詐害行為の後に資力を回復して詐害状態を脱したときは詐害行為取消権を行使することができないとする判例[35]がある。

　なお、取引の安全を図るため、詐害行為取消権には、一般の取消権の消滅時効期間（5年）よりも短い消滅時効期間が定められている（現行法 426）。

> **現行法第 426 条（詐害行為取消権の期間の制限）**
> 　第 424 条の規定による取消権は、債権者が取消しの原因を知った時から 2 年間行使しないときは、時効によって消滅する。行為の時から 20 年を経過したときも、同様とする。

―――――――――――――― Q&A ――――――――――――――

Q1：Aは、Bに対して、500 万円の金銭債権を有している。Bは、Cに対して、3,000 万円相当の建物を贈与した。この贈与が詐害行為に当たる場合、Aは、贈与の全部を取り消すことができるか？

A ：できる。

---

[33] 大判大正 9 年 12 月 27 日（民録 26 輯 2096 頁）
[34] 大判大正 15 年 11 月 13 日（民集 5 巻 798 頁）
[35] 大判昭和 12 年 2 月 18 日（民集 16 巻 120 頁）

贈与の目的物（建物）は不可分なので、債権額を超えた贈与の全部を取り消すことができる（最判昭30.10.11）。

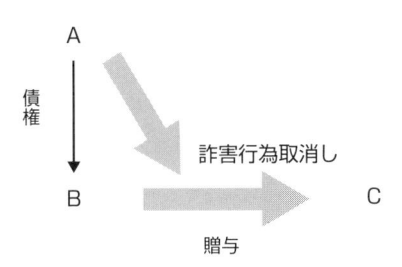

Q2： Aは、Bに対して、500万円の金銭債権を有しているが、この債権の発生前に、Bは、Cに対して、3,000万円相当の建物を贈与していた。BからCへの所有権移転登記が、AからBに対する債権の発生後になされた場合、Aは、贈与を取り消すことができるか？

A ： できない。
　　本問の状況は、AがBに対して金銭を貸し付ける時点では、Bは、既に建物を贈与し、無資力になっていたという状況である。これは、無資力者に金銭を貸し付けたのと変わりはなく、貸付前に行われた贈与が、詐害行為として取消の対象となるものではない。所有権移転登記が未了であって、貸付後に登記手続を行ったとしても、登記手続が詐害行為となるものでもない（最判昭55.1.24）。

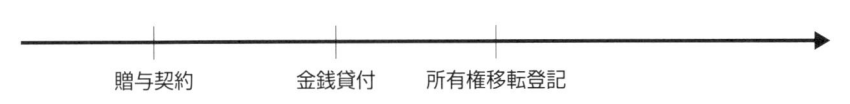

2 改正法

改正法第 424 条 (詐害行為取消請求)

1　債権者は、債務者が債権者を害することを知ってした行為の取消しを裁判所に請求することができる。ただし、その行為によって利益を受けた者（以下この款において「受益者」という。）がその行為の時において債権者を害することを知らなかったときは、この限りでない。
2　前項の規定は、財産権を目的としない行為については、適用しない。
3　債権者は、その債権が第 1 項に規定する行為の前の原因に基づいて生じたものである場合に限り、同項の規定による請求（以下「詐害行為取消請求」という。）をすることができる。
4　債権者は、その債権が強制執行により実現することのできないものであるときは、詐害行為取消請求をすることができない。

<u>改正ポイント</u>　現行法第 424 条は、被保全債権が詐害行為の後に発生したものであっても詐害行為取消権を行使することができるかについて、特段の規律を定めていない。この点、判例は、被保全債権は詐害行為の前に発生したものであることを要するとしているが[36]、被保全債権に係る遅延損害金については、詐害行為の後に発生したものであっても被保全債権に含まれるとしている[37]。また、判例は、将来の婚姻費用の支払いに関する債権について、その支払いを決定した調停又は審判の前提たる事実関係の存続がかなりの蓋然性をもって予測される限度で、これを被保全債権とする詐害行為取消権の行使をすることができるとしている[38]。本条第 3 項の「その債権が第 1 項に規定する行為の前の原因に基づいて生じたものである場合に限り」との文言は、上記判例法理を明文化するものである[39]。

---

[36] 大判大正 6 年 1 月 30 日（民録 23 輯 1624 頁）、最判昭和 33 年 2 月 21 日裁判所 HP 参照（昭和 32 年（オ）第 401 号）
[37] 最判昭和 35 年 4 月 26 日裁判所 HP 参照（昭和 32 年（オ）第 362 号）
[38] 最判昭和 46 年 9 月 21 日裁判所 HP 参照（昭和 43 年（オ）第 1215 号）
[39] 部会資料 73A（38-39 頁）

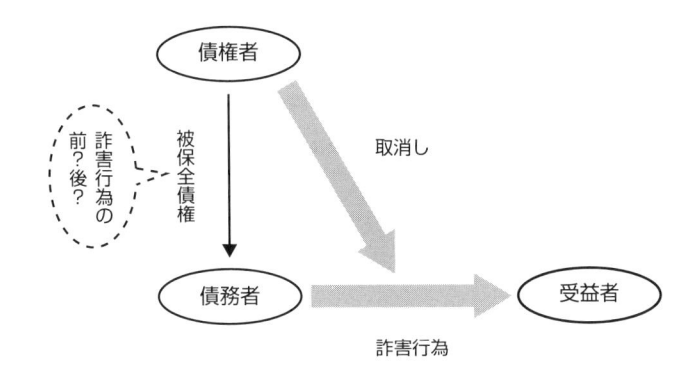

改正法第 424 条の 6 （財産の返還又は価額の償還の請求）

1　債権者は、受益者に対する詐害行為取消請求において、債務者がした行為の取消しとともに、その行為によって受益者に移転した財産の返還を請求することができる。受益者がその財産の返還をすることが困難であるときは、債権者は、その価額の償還を請求することができる。

2　（略）

`改正ポイント1`　現行法第 424 条第 1 項は、「法律行為の取消しを裁判所に請求することができる」とのみ定めているが、判例は、詐害行為取消訴訟においては、詐害行為の取消しに加えて、逸出財産の返還を請求することができるとしている[40]。本条第 1 項前段の「その行為によって受益者に移転した財産の返還を請求することができる」との文言は、この判例法理を明文化するものである[41]。

`改正ポイント2`　現行法では、逸出財産の返還の方法として、現物返還と価額償還のいずれの請求をすることができるかについて、特段の規律は定められていないが、判例は、原則として現物返還を請求し、現物返還が困難であるときは価額償還を請求することができるとしている[42]。本条第 1 項後段は、この判例法理を明文化するものである[43]。

---

[40]　大連判明治 44 年 3 月 24 日（民録 17 輯 117 頁）

[41]　部会資料 73A（50-51 頁）

[42]　大判昭和 7 年 9 月 15 日（民集 11 巻 1841 頁）

改正法第424条の8（詐害行為の取消しの範囲）

　1　債権者は、詐害行為取消請求をする場合において、債務者がした行為の目的が可分であるときは、自己の債権の額の限度においてのみ、その行為の取消しを請求することができる。
　2　債権者が第424条の6第1項後段又は第2項後段の規定により価額の償還を請求する場合についても、前項と同様とする。

改正ポイント　　現行法第424条は、詐害行為をどの範囲で取り消すことができるかについて、特段の規律を定めていないが、判例は、詐害行為の目的である財産が可分であり、かつ、被保全債権の額がその財産の価額に満たないときは、被保全債権の額の限度においてのみ詐害行為を取り消すことができるとしている[44]。本条第1項の「自己の債権の額の限度においてのみ」との文言は、この判例法理を明文化するものである[45]。

改正法第426条

　詐害行為取消請求に係る訴えは、債務者が債権者を害することを知って行為をしたことを債権者が知った時から2年を経過したときは、提起することができない。行為の時から10年を経過したときも、同様とする。

改正ポイント　　現行法第426条前段は、詐害行為取消権の行使期間について、債権者が「取消しの原因」を知った時から2年で消滅時効にかかる旨を定めているが、判例は、現行法第426条前段の時効期間は、「債務者が債権者を害することを知って法律行為をした事実」を債権者が知った時から起算されるとしている[46]。本条前段の「債務者が債権者を害することを知って行為をしたことを債権者が知った時から」との文言は、この判例法理を明文化するものである[47]。

---

43) 部会資料73A（51頁）
44) 大判明治36年12月7日（民録9輯1339頁）、大判大正9年12月24日（民録26輯2024頁）、最判昭和30年10月11日裁判所HP参照（昭和28年（オ）第1034号）
45) 部会資料73A（52-53頁）
46) 最判昭和47年4月13日裁判所HP参照（昭和46年（オ）第1035号）
47) 部会資料73A（63頁）

3　税　法

国税通則法第42条（債権者代位権及び詐害行為取消権）
民法第423条（債権者代位権）及び第424条（詐害行為取消権）の規定は、国税の徴収に関して準用する。

解説　国税債権について、債権者である国に債権者代位権及び詐害行為取消権を認めるものである。

⬤7　連帯債務

1　現行法

〈事例〉

　A、B及びCは、Xに対して30万円を支払うことを内容とする連帯債務を負っている。A、B及びCの負担部分は、平等である。

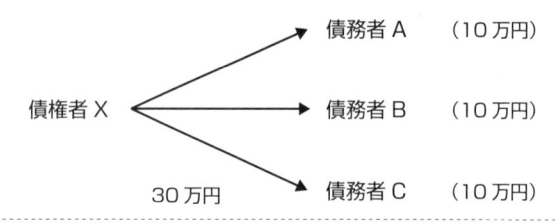

1　履行の請求

　本事例において、Xは、(1)Aに対して30万円を請求することも、(2)Aに対して10万円を請求することも、(3)A、B及びCのそれぞれに対して30万円を請求することもできる（現行法432）。

現行法第432条（履行の請求）

　数人が連帯債務を負担するときは、債権者は、その連帯債務者の1人に対し、又は同時に若しくは順次にすべての連帯債務者に対し、全部又は一部の履行を請求することができる。

2　連帯債務者の1人についての法律行為の無効等

　未成年者が法定代理人（親権者）の同意を得ずに借入契約を締結した場合、その契約を取り消すことができる。本事例において、Cが未成年者であったとして、借入契約が取り消された場合であっても、A及びBの債務は、その効力

を妨げられない（現行法433）。

現行法第433条（連帯債務者の1人についての法律行為の無効等）
　連帯債務者の1人について法律行為の無効又は取消しの原因があっても、他の連帯債務者の債務は、その効力を妨げられない。

3　連帯債務者の1人に対する履行の請求

　本事例において、XがAに対して債務の履行を請求すると、B及びCに対しても、その効力を生じるため、XのA、B及びCに対する債権の消滅時効が中断する（現行法434、147一）。

現行法第434条（連帯債務者の1人に対する履行の請求）
　連帯債務者の1人に対する履行の請求は、他の連帯債務者に対しても、その効力を生ずる。

4　連帯債務者の1人に対する免除

　本事例において、XがAに対して債務の免除をした場合、B及びCは、Aの負担部分（10万円）について債務を免れるので、Xは、B及びCに対し、20万円の限度で連帯債務の履行を請求することができる（現行法437）。

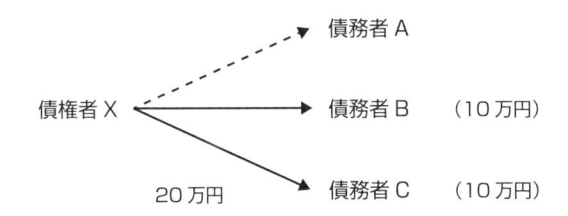

現行法第437条（連帯債務者の1人に対する免除）
　連帯債務者の1人に対してした債務の免除は、その連帯債務者の負担部分についてのみ、他の連帯債務者の利益のためにも、その効力を生ずる。

---

5 連帯債務者の1人についての時効の完成

本事例において、Aのために消滅時効が完成した場合、B及びCは、Aの負担部分（10万円）について債務を免れるので、Xは、B及びCに対し、20万円の限度で連帯債務の履行を請求することができる（現行法439）。

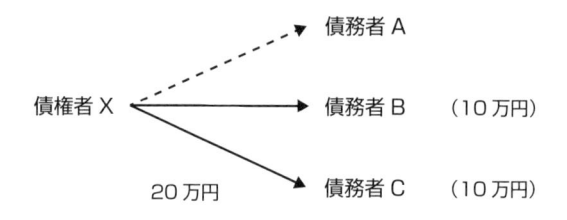

> 現行法第439条（連帯債務者の1人についての時効の完成）
> 　連帯債務者の1人のために時効が完成したときは、その連帯債務者の負担部分については、他の連帯債務者も、その義務を免れる。

6 相対的効力の原則

現行法第434条から第439条までに規定する場合以外は、連帯債務者の1人の事情は、他の連帯債務者に影響を及ぼさない。例えば、Aが消滅時効の完成前に債務を承認した場合、Aの債務について、消滅時効が中断するが、B及びCの債務について、消滅時効は中断しない（現行法440）。

> 現行法第440条（相対的効力の原則）
> 　第434条から前条までに規定する場合を除き、連帯債務者の1人について生じた事由は、他の連帯債務者に対してその効力を生じない。

7 連帯債務者についての破産手続の開始

本事例において、A、B及びCの全員が破産手続開始の決定を受けたときは、Xは、その債権の全額（30万円）について、A、B及びCの各破産財団の配当に加入することができる（現行法441）。

> 現行法第441条（連帯債務者についての破産手続の開始）

> 連帯債務者の全員又はそのうちの数人が破産手続開始の決定を受けたときは、債権者は、その債権の全額について各破産財団の配当に加入することができる。

8　連帯債務者間の求償権

AがXに対して30万円を弁済した場合、Aは、B及びCに対してそれぞれの負担部分（10万円）の支払いを求めることができる（現行法442）。B及びCは、本来、10万円ずつ負担すべきところ、Aの弁済によって、その負担を免れているからである。

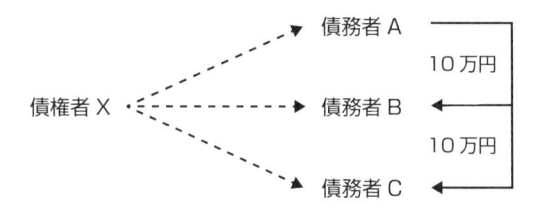

現行法第442条（連帯債務者間の求償権）

1　連帯債務者の1人が弁済をし、その他自己の財産をもって共同の免責を得たときは、その連帯債務者は、他の連帯債務者に対し、各自の負担部分について求償権を有する。
2　前項の規定による求償は、弁済その他免責があった日以後の法定利息及び避けることができなかった費用その他の損害の賠償を包含する。

9　通知を怠った連帯債務者の求償の制限

本事例において、Cが、Xに対して10万円の反対債権を有していたとする。

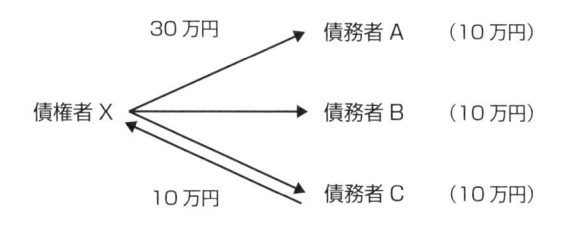

Aが、Xから履行の請求を受けて30万円を弁済した場合、現行法第442条

によれば、Aは、B及びCに対してそれぞれの負担部分（10万円）の支払いを求めることができるはずである。

　しかし、弁済に先立って、Cに通知をしなかったときは、Cに対する求償が制限される。

　すなわち、Cは、Aから弁済前に通知を受けていれば、Xに対して、反対債権による相殺を主張したかもしれない。Cにとっては、債権を回収しつつ、債務を一部消滅させる機会となったはずである。Aは、そのような機会を奪った以上、Cに対して負担部分（10万円）の支払いを求めても、Cから、「Xに対する反対債権で相殺します」と主張されてしまうと、Cからは支払いを受けられなくなるのである（現行法443）。

　なお、この結果、Aは、Cが有していたXに対する債権を取得し、自らXに対して請求をすることになる。

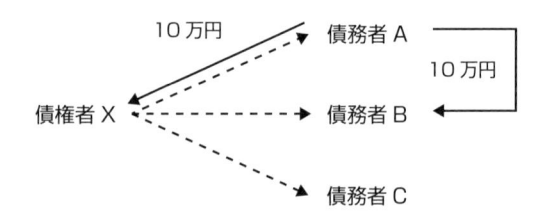

現行法第443条（通知を怠った連帯債務者の求償の制限）

1　連帯債務者の1人が債権者から履行の請求を受けたことを他の連帯債務者に通知しないで弁済をし、その他自己の財産をもって共同の免責を得た場合において、他の連帯債務者は、債権者に対抗することができる事由を有していたときは、その負担部分について、その事由をもってその免責を得た連帯債務者に対抗することができる。この場合において、相殺をもってその免責を得た連帯債務者に対抗したときは、過失のある連帯債務者は、債権者に対し、相殺によって消滅すべきであった債務の履行を請求することができる。

2　連帯債務者の1人が弁済をし、その他自己の財産をもって共同の免責を得たことを他の連帯債務者に通知することを怠ったため、他の連帯債務者が善意で弁済をし、その他有償の行為をもって免責を得たときは、その免責を得た連帯債務者は、自己の弁済その他免責のためにした行為を有効であったものとみなすことができる。

10　償還をする資力のない者の負担部分の分担

　AがXに対して 30 万円を弁済した場合、Aは、B及びCに対してそれぞれの負担部分（10 万円）に限って支払いを求めることができるはずであるが、Cが無資力であったときは、A及びBは、Cの負担部分（10 万円）を分割して負担する（現行法 444）。

　すなわち、Aは、Bに対して、Bの負担部分（10 万円）に加えて、無資力者Cの負担部分（10 万円）のうちBが分担して負担する部分（5 万円）の支払いを請求することができる。

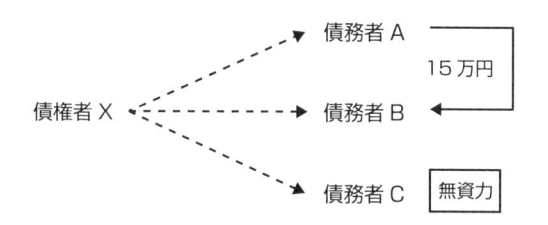

> 現行法第 444 条（償還をする資力のない者の負担部分の分担）
> 　連帯債務者の中に償還をする資力のない者があるときは、その償還をすることができない部分は、求償者及び他の資力のある者の間で、各自の負担部分に応じて分割して負担する。ただし、求償者に過失があるときは、他の連帯債務者に対して分担を請求することができない。

2　改正法

　現行法第 432 条から第 434 条まで、第 437 条及び第 439 条から第 444 条までの規定の改正の概要は、次の通りである。

現行法	改正の概要	新条項
第 432 条（履行の請求）	改　正	第 436 条
第 433 条（連帯債務者の 1 人についての法律行為の無効等）	繰下げ	第 437 条
第 434 条（連帯債務者の 1 人に対する履行の請求）	削　除	

第437条（連帯債務者の1人に対する免除）	削　除	
第439条（連帯債務者の1人についての時効の完成）	削　除	
第440条（相対的効力の原則）	改　正	第441条
第441条（連帯債務者についての破産手続の開始）	削　除	
第442条（連帯債務者についての破産手続の開始）	改　正	第442条
第443条（通知を怠った連帯債務者の求償の制限）	改　正	第443条
第444条（償還をする資力のない者の負担部分の分担）	改　正	第444条

1　現行法第434条の削除

現行法第434条は、「連帯債務者の1人に対する履行の請求は、他の連帯債務者に対しても、その効力を生ずる」と規定している。これはもっぱら債権の効力を強化することを目的とするが、履行の請求を受けていない連帯債務者にとっては、自分の知らない間に履行遅滞に陥っていたり、消滅時効が中断していたりするなど、不利益が大きい点で問題があるとの指摘がある。そこで、当事者間に特段の合意がない場合、請求は相対的効力のみを有するという立場をとり、現行法第434条を削除するものである[48]。

2　現行法第437条の削除

現行法第437条は、「連帯債務者の1人に対してした債務の免除は、その連帯債務者の負担部分についてのみ、他の連帯債務者の利益のためにも、その効力を生ずる」と規定している。この規定に対しては、債権者が連帯債務者の1人に対して債務の免除をする場合には、債権者は単にその連帯債務者に対しては請求しないという意思を有しているにすぎず、他の連帯債務者に対してまで債務の免除をするという意思は有していないのが通常であり、連帯債務者の1人に対する債務の免除が他の債務者に対する効力を有するという同条の内容は、債権者の通常の意思に反して債権の効力を弱めるものであるとして批判されている。そこで、現行法第437条を削除するものである[49]。

3　現行法第439条の削除

　現行法第439条は、「連帯債務者の1人のために時効が完成したときは、その連帯債務者の負担部分については、他の連帯債務者も、その義務を免れる」と規定している。この規定に対しては、債権者が、連帯債務者のうちの資力のある者から弁済を受けるつもりで、この者に対する債権が消滅時効にかかることを防いでいる場合に、他の債務者に対する債権が時効によって消滅することによって、この者に対する債権もその影響を受けるのは疑問であるとの批判がある。そこで、現行法第439条を削除するものである[50]。

4　現行法第441条の削除

　現行法第441条は、「連帯債務者の全員又はそのうちの数人が破産手続開始の決定を受けたときは、債権者は、その債権の全額について各破産財団の配当に加入することができる」と規定しているが、この規定が実際に適用されることはない。連帯債務者の数人について破産手続開始決定があった場合の手続については、破産法第104条第1項においても規定されており、同規定が適用されるからである。そこで、現行法第441条を削除するものである[51]。

> **破産法第104条（全部の履行をする義務を負う者が数人ある場合等の手続参加）**
> 1　数人が各自全部の履行をする義務を負う場合において、その全員又はそのうちの数人若しくは1人について破産手続開始の決定があったときは、債権者は、破産手続開始の時において有する債権の全額についてそれぞれの破産手続に参加することができる。
> 2～5　（略）

---

49) 部会資料67A（7頁）
50) 部会資料67A（10頁）
51) 部会資料67A（14頁）

5 現行法第 432 条、第 440 条及び第 442 条から第 444 条までの改正

改正法第 436 条（連帯債務者に対する履行の請求）

　債務の目的がその性質上可分である場合において、法令の規定又は当事者の意思表示によって数人が連帯して債務を負担するときは、債権者は、その連帯債務者の 1 人に対し、又は同時に若しくは順次に全ての連帯債務者に対し、全部又は一部の履行を請求することができる。

　改正ポイント　　現行法第 432 条は、「数人が連帯債務を負担するときは、債権者は、その連帯債務者の 1 人に対し、又は同時に若しくは順次にすべての連帯債務者に対し、全部又は一部の履行を請求することができる」と規定しているが、数人の債務者がどのような場合に連帯債務を負担することになるかは明らかにしていない。この点、複数の債務者が同一の給付を目的とする債務を負担する場合に、その給付内容が性質上不可分であるときには不可分債務が成立するから、連帯債務が成立するのは、複数の債務者が、その目的が性質上可分な債務を負担するときである。また、連帯債務は、一般に、法律行為又は法律の規定によって成立するとされる。本条の「債務の目的がその性質上可分である場合において、法令の規定又は当事者の意思表示によって」との文言は、以上の一般的な理解を明文化するものである[52]。

改正法第 441 条（相対的効力の原則）

　第 438 条、第 439 条第 1 項及び前条に規定する場合を除き、連帯債務者の 1 人について生じた事由は、他の連帯債務者に対してその効力を生じない。ただし、債権者及び他の連帯債務者の 1 人が別段の意思を表示したときは、当該他の連帯債務者に対する効力は、その意思に従う。

　改正ポイント　　現行法第 440 条は、「第 434 条から前条までに規定する場合を除き、連帯債務者の 1 人について生じた事由は、他の連帯債務者に対してその効力を生じない」として、相対的効力の原則を規定しているが、例外として

---

[52] 部会資料 67A（1-2 頁）

多くの絶対的効力事由（他の連帯債務者にも効力が及ぶ事由）が定められている。この点については、現行法第440条は任意規定であり、改正により絶対的効力事由から相対的効力への転換がされている事由（履行の請求、免除、時効の完成）も含めて、当事者の合意によって、原則として相対的効力しか有しない事由に絶対的効力を付与することができるとするのが相当である。そこで、本条但書は、当事者の合意によって、原則として相対的効力しか有しない事由に絶対的効力を付与することができるとするものである[53]。

改正法第442条（連帯債務者間の求償権）

1　連帯債務者の1人が弁済をし、その他自己の財産をもって共同の免責を得たときは、その連帯債務者は、その免責を得た額が自己の負担部分を超えるかどうかにかかわらず、他の連帯債務者に対し、その免責を得るために支出した財産の額（その財産の額が共同の免責を得た額を超える場合にあっては、その免責を得た額）のうち各自の負担部分に応じた額の求償権を有する。
2　前項の規定による求償は、弁済その他免責があった日以後の法定利息及び避けることができなかった費用その他の損害の賠償を包含する。

改正ポイント　現行法第442条第1項は、「連帯債務者の1人が弁済をし、その他自己の財産をもって共同の免責を得たときは、その連帯債務者は、他の連帯債務者に対し、各自の負担部分について求償権を有する」と規定している。しかし、連帯債務者の1人が一部弁済をした場合に、それが自己の負担部分に満たないときであっても求償権が発生するのか、それとも自己の負担部分を超えて弁済したときにはじめて求償することができるのかについて、判例の考え方は分かれている。この点、連帯債務者の1人がその負担部分を超えて共同の免責を得ない限り求償をすることができないとすると、他の連帯債務者の無資力のリスクを負担することになって公平でないことから、本条第1項は、「その免責を得た額が自己の負担部分を超えるかどうかにかかわらず」との文言を追加するものである[54]。

[53] 部会資料67A（12-13頁）
[54] 部会資料67A（15-16頁）

改正法第443条（通知を怠った連帯債務者の求償の制限）

1 他の連帯債務者があることを知りながら、連帯債務者の1人が共同の免責を得ることを他の連帯債務者に通知しないで弁済をし、その他自己の財産をもって共同の免責を得た場合において、他の連帯債務者は、債権者に対抗することができる事由を有していたときは、その負担部分について、その事由をもってその免責を得た連帯債務者に対抗することができる。この場合において、相殺をもってその免責を得た連帯債務者に対抗したときは、その連帯債務者は、債権者に対し、相殺によって消滅すべきであった債務の履行を請求することができる。

2 弁済をし、その他自己の財産をもって共同の免責を得た連帯債務者が、他の連帯債務者があることを知りながらその免責を得たことを他の連帯債務者に通知することを怠ったため、他の連帯債務者が善意で弁済その他自己の財産をもって免責を得るための行為をしたときは、当該他の連帯債務者は、その免責を得るための行為を有効であったものとみなすことができる。

　改正ポイント　現行法第443条第1項前段は、「連帯債務者の1人が債権者から履行の請求を受けたことを他の連帯債務者に通知しないで弁済をし、その他自己の財産をもって共同の免責を得た場合において、他の連帯債務者は、債権者に対抗することができる事由を有していたときは、その負担部分について、その事由をもってその免責を得た連帯債務者に対抗することができる」と規定している。この規定は、「債権者から履行の請求を受けたこと」を他の連帯債務者に通知しなかったことを要件としているが、債権者から履行の請求を受けたことは必ずしも必要ではなく、連帯債務者の1人が弁済等をする旨の通知をしなかったことが重要であるので、本条第1項前段は、「債権者から履行の請求を受けたこと」という文言を削り、「連帯債務者の1人が共同の免責を得ること（を他の連帯債務者に通知しないで）」とするものである。また、連帯債務者が知らないうちに他の連帯債務者が生じているような場合にまで、事前通知を怠ったことによる不利益を課されることのないよう、本条第1項の冒頭に「他の連帯債務者があることを知りながら」との文言を付け加えるものである[55]。

---

55) 部会資料67B（5頁）

改正法第 444 条（償還をする資力のない者の負担部分の分担）

1　連帯債務者の中に償還をする資力のない者があるときは、その償還をすることができない部分は、求償者及び他の資力のある者の間で、各自の負担部分に応じて分割して負担する。

2　前項に規定する場合において、求償者及び他の資力のある者がいずれも負担部分を有しない者であるときは、その償還をすることができない部分は、求償者及び他の資力のある者の間で、等しい割合で分割して負担する。

3　前二項の規定にかかわらず、償還を受けることができないことについて求償者に過失があるときは、他の連帯債務者に対して分担を請求することができない。

───

　改正ポイント　　現行法第 444 条本文は、「連帯債務者の中に償還をする資力のない者があるときは、その償還をすることができない部分は、求償者及び他の資力のある者の間で、各自の負担部分に応じて分割して負担する」と規定しているが、「求償者及び他の資力のある者」のすべてが負担部分を有しない場合には、その償還をすることができない部分をどのように分担するかは同条からは明確でない。この場合について、判例[56]は、公平の観念に基づき、求償者及び他の有資力者に平等に分担させるのが同条の法意であるとしている。そこで、本条第 2 項は、このことを明示するものである[57]。

───

56) 大判大正 3 年 10 月 13 日（民録 20 輯 751 頁）
57) 部会資料 67A（18 頁）

3 税 法

国税通則法第 8 条（国税の連帯納付義務についての民法の準用）

　国税に関する法律の規定により国税を連帯して納付する義務については、民法第 432 条から第 434 条まで、第 437 条及び第 439 条から第 444 条まで（連帯債務の効力等）の規定を準用する。

解説　共有物等に係る国税の連帯納付義務（通法 9）、登記等を受ける者が 2 人以上ある場合の登録免許税の連帯納付義務（登税 3）などについて、民法の連帯債務の規定を準用することとされている。ただし、連帯債務の規定のうち、現行法第 435 条《連帯債務者の 1 人との間の更改》、第 436 条《連帯債務者の 1 人による相殺等》、第 438 条《連帯債務者の 1 人との間の混同》及び第 445 条《連帯の免除と弁済をする資力のない者の負担部分の分担》は、その性質上、準用されていない。

　なお、民法の一部を改正する法律の施行に伴う関係法律の整備等に関する法律（整備法）第 135 条による改正後の国税通則法第 8 条は、「国税に関する法律の規定により国税を連帯して納付する義務については、民法第 436 条、第 437 条及び第 441 条から第 445 条まで（連帯債務の効力等）の規定を準用する」と規定している。連帯債務の規定のうち、改正法第 438 条《連帯債務者の 1 人との間の更改》、第 439 条《連帯債務者の 1 人による相殺等》及び第 440 条《連帯債務者の 1 人との間の混同》が準用されていない点は同様である（現行法第 445 条は削除されている。）。

国税通則法第 9 条（共有物等に係る国税の連帯納付義務）

　共有物、共同事業又は当該事業に属する財産に係る国税は、その納税者が連帯して納付する義務を負う。

解説　共有物に関する負担については、民法第 253 条第 1 項が、「各共有者は、その持分に応じ、管理の費用を支払い、その他共有物に関する負担を負

う」と規定しているのに対して、本条は、「共有物・・・に係る国税は、その納税者が連帯して納付する義務を負う」として、共有者が連帯納付義務を負う旨規定している。したがって、共有者は、債務の負担に関する特約があることを理由として国税の納付を免れることはできない[58]。

---

[58] 精解（196頁）

8　弁　済

1　現行法

〈事例〉
　Aは、Bに対して30万円の借入債務（以下「α債務」という。）と60万円の借入債務（以下「β債務」という。）を負っている。Aは、Bに30万円を弁済したが、その弁済を充当すべき債務の指定をしなかった。

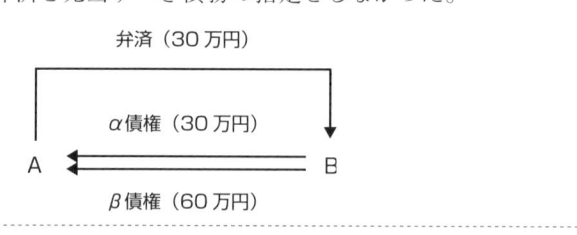

　Aは、Bに対して複数の金銭債務を負担しているが、弁済した金額がすべての債務を消滅させるのに足りないので、Aは、弁済にあたって、これをα債務に充当するか、β債務に充当するかを指定することができたはずである（現行法488①）。

　しかし、Aは、この指定をしなかったので、この場合、Bが、弁済の受領のときに、それをα債務に充当するか、β債務に充当するかを指定することができる（現行法488②）。

現行法第488条（弁済の充当の指定）

1　債務者が同一の債権者に対して同種の給付を目的とする数個の債務を負担する場合において、弁済として提供した給付がすべての債務を消滅させるのに足りないときは、弁済をする者は、給付の時に、その弁済を充当すべき債務を指定することができる。

2　弁済をする者が前項の規定による指定をしないときは、弁済を受領する者は、その受領の時に、その弁済を充当すべき債務を指定することができる。ただし、

> 弁済をする者がその充当に対して直ちに異議を述べたときは、この限りでない。
> 3　前二項の場合における弁済の充当の指定は、相手方に対する意思表示によってする。

　ただし、Bの指定に対して、Aが直ちに異議を述べたときは、Bの指定によらず（現行法488②但書）、現行法第489条の規定に従って充当が行われる。

> **現行法第489条（法定充当）**
> 　弁済をする者及び弁済を受領する者がいずれも前条の規定による弁済の充当の指定をしないときは、次の各号の定めるところに従い、その弁済を充当する。
> 　一　債務の中に弁済期にあるものと弁済期にないものとがあるときは、弁済期にあるものに先に充当する。
> 　二　すべての債務が弁済期にあるとき、又は弁済期にないときは、債務者のために弁済の利益が多いものに先に充当する。
> 　三　債務者のために弁済の利益が相等しいときは、弁済期が先に到来したもの又は先に到来すべきものに先に充当する。
> 　四　前二号に掲げる事項が相等しい債務の弁済は、各債務の額に応じて充当する。

　例えば、α 債務が弁済期にあり、β 債務が弁済期にないとすると、α 債務に先に充当する（現行法489一）。

　また、α 債務及び β 債務がともに弁済期にない場合において、α 債務が利息付き、β 債務が無利息であるときは、α 債務に先に充当する（現行法489二）。

　なお、元本、利息及び費用を支払うべき場合において、弁済をする者がその債務の全部を消滅させるのに足りない給付をしたときの充当については、次の規定がある。

> **現行法第491条（元本、利息及び費用を支払うべき場合の充当）**
> 1　債務者が1個又は数個の債務について元本のほか利息及び費用を支払うべき場合において、弁済をする者がその債務の全部を消滅させるのに足りない給付をしたときは、これを順次に費用、利息及び元本に充当しなければならない。
> 2　第489条の規定は、前項の場合について準用する。

　この規定によれば、数個の債務について元本のほかに費用及び利息を支払うべき場合において、その債務の全部を消滅させるのに足りない給付をしたときは、まず費用、次に利息、最後に元本に順次これを充当すべきであるが（現行法491①）、それら数個の債務の費用相互間、利息相互間、元本相互間における充当の方法については、現行法第489条が準用される（現行法491②）[59]。そして、費用、利息、元本の順序については、弁済期にあるか否かや、弁済の利益の多少を問わないとするのが判例である[60]。

2 　改正法

　現行法第488条、第489条及び第491条の規定の改正の概要は、次の通りである。

現行法	改正の概要	新条項
第488条《弁済の充当の指定》第1項	改　正	第488条第1項
第488条《弁済の充当の指定》第2項	－	第488条第2項
第488条《弁済の充当の指定》第3項	－	第488条第3項
第489条《法定充当》	繰上げ	第488条第4項
第490条《数個の給付をすべき場合の充当》	繰下げ	第491条
第491条《元本、利息及び費用を支払うべき場合の充当》第1項	繰上げ	第489条第1項
第491条《元本、利息及び費用を支払うべき場合の充当》第2項	改　正	第489条第2項
－	新　設	第490条

改正法第488条（同種の給付を目的とする数個の債務がある場合の充当）
1　債務者が同一の債権者に対して同種の給付を目的とする数個の債務を負担す

---

[59] 最判昭和46年3月30日裁判所HP参照（昭和45年（オ）第322号）
[60] 大決大正4年2月17日（民録21輯115頁）、最判昭和29年7月16日裁判所HP参照（昭和27年（オ）第700号）

る場合において、弁済として提供した給付が全ての債務を消滅させるのに足りないとき（次条第1項に規定する場合を除く。）は、弁済をする者は、給付の時に、その弁済を充当すべき債務を指定することができる。

2　弁済をする者が前項の規定による指定をしないときは、弁済を受領する者は、その受領の時に、その弁済を充当すべき債務を指定することができる。ただし、弁済をする者がその充当に対して直ちに異議を述べたときは、この限りでない。

3　前二項の場合における弁済の充当の指定は、相手方に対する意思表示によってする。

4　弁済をする者及び弁済を受領する者がいずれも第1項又は第2項の規定による指定をしないときは、次の各号の定めるところに従い、その弁済を充当する。

一　債務の中に弁済期にあるものと弁済期にないものとがあるときは、弁済期にあるものに先に充当する。

二　全ての債務が弁済期にあるとき、又は弁済期にないときは、債務者のために弁済の利益が多いものに先に充当する。

三　債務者のために弁済の利益が相等しいときは、弁済期が先に到来したもの又は先に到来すべきものに先に充当する。

四　前二号に掲げる事項が相等しい債務の弁済は、各債務の額に応じて充当する。

<u>改正ポイント</u>　債務者が同一の債権者に対して同種の給付を内容とする数個の債務を負担する場合において、そのうち1個又は数個の債務について元本のほか利息及び費用を支払うべきときは、現行法第491条《元本、利息及び費用を支払うべき場合の充当》と同法第488条《弁済の充当の指定》のいずれが優先して適用されるかという点が現行法の条文上必ずしも明らかではないが、判例は、この場合に同法第488条は適用されないとしている[61]。本条第1項の「次条第1項に規定する場合を除く」との文言は、このことを条文上明らかにするものである[62]。

　なお、弁済の充当が問題となるのは、以下のいずれかに該当する場合であって、弁済をする者がその債務の全部を消滅させるのに足りない給付をしたとき

---

[61]　大判大正6年3月31日（民録23輯591頁）
[62]　部会資料70 A（35頁）

であるが[63]、本条が適用されるのは、下記①に該当する場合である。

① 債務者が同一の債権者に対して同種の給付を内容とする数個の債務を負担する場合（下記③に該当する場合を除く。）

② 債務者が1個の債務について元本のほか利息及び費用を支払うべき場合（下記③に該当する場合を除く。）

③ 債務者が同一の債権者に対して同種の給付を内容とする数個の債務を負担する場合において、そのうち1個又は数個の債務について元本のほか利息及び費用を支払うべきとき

> **改正法第489条（元本、利息及び費用を支払うべき場合の充当）**
>
> 1 債務者が1個又は数個の債務について元本のほか利息及び費用を支払うべき場合（債務者が数個の債務を負担する場合にあっては、同一の債権者に対して同種の給付を目的とする数個の債務を負担するときに限る。）において、弁済をする者がその債務の全部を消滅させるのに足りない給付をしたときは、これを順次に費用、利息及び元本に充当しなければならない。
>
> 2 前条の規定は、前項の場合において、費用、利息又は元本のいずれかの全てを消滅させるのに足りない給付をしたときについて準用する。

改正ポイント 残額がある費用、利息又は元本の間の充当の順序に関して、現行法第491条第2項は、第489条（法定充当）のみを準用し、第488条（指定充当）を準用していない。しかし、この場合に限って指定充当を否定すべき理由はなく、指定充当を認めるほうが、むしろ当事者の意思に合致するとの指摘がある。そこで、本条第2項は、法定充当（改正法488④）だけでなく、指定充当（改正法488①〜③）を認めるものである[64]。

なお、弁済の充当が問題となるのは、以下のいずれかに該当する場合であって、弁済をする者がその債務の全部を消滅させるのに足りない給付をしたときであるが[65]、本条が適用されるのは、下記②及び③に該当する場合である。

① 債務者が同一の債権者に対して同種の給付を内容とする数個の債務を負担

---

[63] 部会資料70A（35頁）

[64] 部会資料70A（35-36頁）

[65] 部会資料70A（35頁）

する場合（下記③に該当する場合を除く。）

②　債務者が1個の債務について元本のほか利息及び費用を支払うべき場合
（下記③に該当する場合を除く。）

③　債務者が同一の債権者に対して同種の給付を内容とする数個の債務を負担
する場合において、そのうち1個又は数個の債務について元本のほか利息及
び費用を支払うべきとき

改正法第490条（合意による弁済の充当）

　前二条の規定にかかわらず、弁済をする者と弁済を受領する者との間に弁済の
充当の順序に関する合意があるときは、その順序に従い、その弁済を充当する。

　　改正ポイント　　改正法第488条及び第489条の規定にかかわらず、当事者間
に充当に関する合意がある場合には、その合意に従う旨の規定を新たに設ける
ものである。

3　税　法

国税通則法基本通達第34条関係3（弁済充当の順位）

　納付すべき国税の一部が納付された場合の弁済充当は、国税に関する法律に別
段の定めがあるものを除き、民法第488条から第490条まで（弁済充当）に定め
るところに準ずるものとする。

　　解説　　本通達によれば、例えば、2以上の納付すべき国税がある場合にお
いて、その一部が納付されたときは、納税者は、そのいずれに充当するかを指
定することができ、納税者が充当の指定をしないときは、税務署長等が充当の
指定をすることができるものと解される[66]。

　なお、本通達にいう別段の定めとして、次のものがある。

　　国税通則法
　　（一部納付が行なわれた場合の延滞税の額の計算等）

---

66) 精解（432頁）

第 62 条　（略）

2　第 60 条第 3 項（延滞税の納付）の規定により延滞税をあわせて納付すべき場合において、納税者の納付した金額がその延滞税の額の計算の基礎となる国税の額に達するまでは、その納付した金額は、まずその計算の基礎となる国税に充てられたものとする。

（利子税）

第 64 条　（略）

2　（略）

3　第 60 条第 4 項（延滞税の属する税目）、第 62 条（一部納付が行なわれた場合の延滞税の額の計算等）並びに前条第 2 項及び第 6 項の規定は、利子税について準用する。

❾　供　託

1　現行法

〈事例〉

　Aは、Bから土地を賃借している。地代は、月額 10 万円である。

　Aは、Bに地代 10 万円を提供したが、Bは、「今月から、12 万円に値上げします」と言って、受領を拒否した。

　供託とは、金銭や有価証券などを供託所に提出してその管理を委ね（供託法1）、最終的には供託所がその金銭等をある人に取得させることによって、一定の法律上の目的を達成しようとするための制度であり、地代・家賃の弁済のため供託をすることができる場合として、⑴支払日に地代・家賃を持参したが、地代・家賃の値上げや土地・建物の明渡要求などの理由で受領を拒否された場合（民法 494 前段）、⑵地主・家主と争いが続いていて、予め地代・家賃の受領を拒否され、地代・家賃を持参しても受け取ってもらえないことが明らかな場合（民法 494 前段）[67]、⑶受取人（地主・家主）が行方不明の場合（民法494 前段）、⑷地主・家主であると称する複数の者から地代・家賃の支払請求を受け、いずれの者に支払ってよいか分からない場合又は地主・家主が死亡し、その相続人が誰であるか不明の場合（民法 494 後段）などがある[68]。

　本事例は、上記⑴に該当し、Aは、10 万円を供託所に供託することにより、債務を消滅させることができる（昭 38.5.18 民甲第 1505 号）。

　一方、Bは、10 万円について還付請求権を取得し、供託所に対して払渡請求をすることができる。また、訴訟の結果、地代の増額請求が認められた場合には、Aに差額を請求することができる。

---

[67]　大判大正 11 年 10 月 25 日（民集 1 巻 616 頁）
[68]　法務省 HP「供託手続」

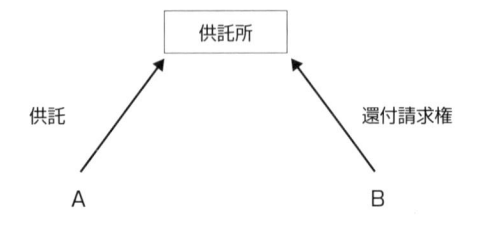

> **現行法第494条（供託）**
>
> 　債権者が弁済の受領を拒み、又はこれを受領することができないときは、弁済をすることができる者（以下この目において「弁済者」という。）は、債権者のために弁済の目的物を供託してその債務を免れることができる。弁済者が過失なく債権者を確知することができないときも、同様とする。

2　改正法

> **改正法第494条（供託）**
>
> 1　弁済者は、次に掲げる場合には、債権者のために弁済の目的物を供託することができる。この場合においては、弁済者が供託をした時に、その債権は、消滅する。
> 　一　弁済の提供をした場合において、債権者がその受領を拒んだとき。
> 　二　債権者が弁済を受領することができないとき。
> 2　弁済者が債権者を確知することができないときも、前項と同様とする。ただし、弁済者に過失があるときは、この限りでない。

　改正ポイント　　現行法第494条は、債権者の受領拒絶を原因とする供託の要件として、債務者がそれに先立って弁済の提供をしたことが必要かどうかについて、条文上明示していないが、判例は、債権者の受領拒絶を原因として供託をするためには、供託に先立って、弁済の提供をすることが必要であるとしている[69]。本条第1項第1号の「弁済の提供をした場合において」との文言は、

---

[69] 大判大正10年4月30日（民録27輯832頁）

この判例法理を明文化するものである[70]。

3 税 法

国税通則法第 121 条（供託）

　民法第 494 条（供託）並びに第 495 条第 1 項及び第 3 項（供託の方法）の規定は、国税に関する法律の規定により納税者その他の者に金銭その他の物件を交付し、又は引き渡すべき場合について準用する。

解説　供託は、法令に供託を義務付け又は許容する規定がなければすることができないところ、本条は、これを定めた法令の規定の 1 つである[71]。例えば、納税者に国税の還付金を交付すべき場合に、民法上の要件の下、国は、供託をすることができる。

　なお、本条が準用する民法第 495 条第 1 項及び第 3 項の規定は、次の通りであり、これらの条項については、民法の一部を改正する法律（債権法改正）による改正はない。

民法
（供託の方法）
第 495 条　前条の規定による供託は、債務の履行地の供託所にしなければならない。
2　（略）
3　前条の規定により供託をした者は、遅滞なく、債権者に供託の通知をしなければならない。

---

[70] 部会資料 70A（39 頁）
[71] 法務省 HP「供託根拠法令一覧」

10 不当利得

1 民 法

〈事例〉
　A及びBは、AB各持分2分の1の割合で甲土地を共有している。
　Bは、甲土地を単独で占有することができる権原がないのに、単独で甲土
地を占有している。

　Bが、共有物である甲土地を単独で占有することができる権原がない本事例
においては、Aは、Bの占有によりAの持分に応じた使用が妨げられていると
して、Bに対して、持分割合に応じて占有部分に係る地代相当額の不当利得金
ないし損害賠償金の支払いを請求することができる[72]。
　Bの負う不当利得金の支払義務を「不当利得の返還義務」という（民法
703）。

民法第703条（不当利得の返還義務）
　法律上の原因なく他人の財産又は労務によって利益を受け、そのために他人に
損失を及ぼした者（以下この章において「受益者」という。）は、その利益の存す
る限度において、これを返還する義務を負う。

──────────── Q&A ────────────

Q1：Aは、債務が存在しないにもかかわらず、その事実を知りながら、債
　　務の弁済として、Bに対して支払いをした。Aは、その支払ったもの
　　の返還を請求することができるか？
A　：できない。

---

[72] 最判平成12年4月7日裁判所HP参照（平成9年（オ）第1876号）

　Aは、債務が存在しないにもかかわらず、弁済したのであるから、その弁済には法律上の原因がなく、不当利得としてBに対してその返還を請求することができるはずである（民法703）。しかし、民法第705条は、「債務の弁済として給付をした者は、その時において債務の存在しないことを知っていたときは、その給付したものの返還を請求することができない」と規定している。したがって、弁済のときにおいて債務の存在しないことを知っていたAは、弁済したものの返還を請求することができない。

Q2：Aは、Bに対して債務を負っている。Aは、その債務が弁済期にないにもかかわらず、錯誤により弁済期にあると誤信して、自己の債務の弁済として支払をした。Aは、その支払ったものの返還を請求することができるか？

　A ：できない。
　　　民法第706条は、「債務者は、弁済期にない債務の弁済として給付をしたときは、その給付したものの返還を請求することができない」と規定している。債務は存在するが、弁済期になかったというだけであるから、弁済が「法律上の原因なく」なされたとはいえないからである。

［2］　税　法

最判昭和49年3月8日裁判所HP参照（昭和43年（オ）第314号）

　所得税法は、具体的な租税債権及びその数額が法規の定める課税要件の充足と税額計算方法によって自動的に確定するものとはしないで、課税所得及び税額の決定ないし是正を課税庁の認定判断にかからしめているのであるから、かような制度のもとでは、債権の後発的貸倒れの場合にも、貸倒れの存否及び数額についてまず課税庁が判断し、その債権確定時の属する年度における実所得が貸倒れにより回収不能となった額だけ存在しなかったものとして改めて課税所得及び税額を算定し、それに応じて先の課税処分の全部又は一部を取り消したうえ、既に徴税後であればその部分の税額相当額を納税者に返還するという措置をとることが

最も事理に即した是正の方法というべく（前記昭和37年法律第44号による改正後の所得税法10条の6、27条の2参照）、課税庁としては、貸倒れの事実が判明した以上、かかる是正措置をとるべきことが法律上期待され、かつ、要請されているものといわなければならない。

しかしながら、旧所得税法には、課税庁が右のごとき是正措置をとらない場合に納税者にその是正措置を請求する権利を認めた規定がなかったこと、また、所得税法が前記のように課税所得と税額の決定を課税庁の認定判断にかからしめた理由が専ら徴税の技術性や複雑性にあることにかんがみるときは、貸倒れの発生とその数額が格別の認定判断をまつまでもなく客観的に明白で、課税庁に前記の認定判断権を留保する合理的必要性が認められないような場合にまで、課税庁自身による前記の是正措置が講ぜられないかぎり納税者が先の課税処分に基づく租税の収納を甘受しなければならないとすることは、著しく不当であって、正義公平の原則にもとるものというべきである。それゆえ、このような場合には、課税庁による是正措置がなくても、課税庁又は国は、納税者に対し、その貸倒れにかかる金額の限度においてもはや当該課税処分の効力を主張することができないものとなり、したがって、右課税処分に基づいて租税を徴収しえないことはもちろん、既に徴収したものは、法律上の原因を欠く利得としてこれを納税者に返還すべきものと解するのが相当である。

解説　雑所得として課税の対象とされた金銭債権が、後日貸倒れによって回収不能となった場合には、国は、貸倒額に対応する徴収済みの税額につき不当利得として納税者に返還する義務を負うことがあり得るとする判例である。ただし、その後の税制改正により、本事案のような場合において、納税者は、後発的事由による更正の請求によって救済を受けることができるから（所法152、64）、それとは別に、不当利得として返還を請求することは認められないと解される[73]。

---

[73] 最判昭和53年3月16日裁判所HP参照（昭和52年（オ）第987号）

所得課税（法人・個人）

第2章

1　行為能力

1　民　法

　民法は、①未成年者、②成年被後見人、③被保佐人及び④被補助人を制限行為能力者とし、制限行為能力者が単独でした法律行為（例えば、契約）は、一定の要件の下で、取り消すことができるとしている。

　以下、②成年被後見人、③被保佐人及び④被補助人について、順次解説する。

1　成年被後見人

　成年被後見人は、「事理弁識能力がない常況」にある者である。

　本人、配偶者、4親等内の親族などが、家庭裁判所に対して後見開始の審判の申立てをすることができ（民法7）、家庭裁判所は、後見開始の審判をするには、原則として、成年被後見人となるべき者の精神の状況につき鑑定をしなければならないこととされている（家事119①）。

民法第7条（後見開始の審判）

　精神上の障害により事理を弁識する能力を欠く常況にある者については、家庭裁判所は、本人、配偶者、4親等内の親族、未成年後見人、未成年後見監督人、保佐人、保佐監督人、補助人、補助監督人又は検察官の請求により、後見開始の審判をすることができる。

　成年被後見人は、自ら法律行為をすることができないのが原則である。

　法定代理人（成年後見人）によってするしかなく、成年被後見人がした法律行為は、取り消すことができる（民法9本文）。

　ただし、日用品の購入など日常生活に関する行為については、成年被後見人が自らすることができる（民法9但書）。

民法第9条（成年被後見人の法律行為）

　成年被後見人の法律行為は、取り消すことができる。ただし、日用品の購入その他日常生活に関する行為については、この限りでない。

2　被保佐人

　被保佐人は、「事理弁識能力が著しく不十分」である者である。

　本人、配偶者、4親等内の親族などが、家庭裁判所に対して保佐開始の審判の申立てをすることができ（民法11）、家庭裁判所は、保佐開始の審判をするには、原則として、被保佐人となるべき者の精神の状況につき鑑定をしなければならないこととされている（家事133、119①）。

民法第11条（保佐開始の審判）

　精神上の障害により事理を弁識する能力が著しく不十分である者については、家庭裁判所は、本人、配偶者、4親等内の親族、後見人、後見監督人、補助人、補助監督人又は検察官の請求により、保佐開始の審判をすることができる。ただし、第7条に規定する原因がある者については、この限りでない。

　被保佐人は、自ら法律行為をすることができ、特定の法律行為については、保佐人の同意を得ることを要するという制限に服する。

　具体的には、被保佐人が民法第13条第1項に掲げる行為をするには、保佐人の同意が必要である（民法13①）。

民法第13条（保佐人の同意を要する行為等）

1　被保佐人が次に掲げる行為をするには、その保佐人の同意を得なければならない。ただし、第9条ただし書に規定する行為については、この限りでない。

一　元本を領収し、又は利用すること。

二　借財又は保証をすること。

三　不動産その他重要な財産に関する権利の得喪を目的とする行為をすること。

四　訴訟行為をすること。

五　贈与、和解又は仲裁合意（仲裁法（平成15年法律第138号）第2条第1項に規定する仲裁合意をいう。）をすること。

六　相続の承認若しくは放棄又は遺産の分割をすること。

　七　贈与の申込みを拒絶し、遺贈を放棄し、負担付贈与の申込みを承諾し、又
　　は負担付遺贈を承認すること。
　八　新築、改築、増築又は大修繕をすること。
　九　第602条に定める期間を超える賃貸借をすること。
2〜4　（略）

　なお、民法の一部を改正する法律（債権法改正）によって、民法第13条第1
項には、「十　前各号に掲げる行為を制限行為能力者（未成年者、成年被後見
人、被保佐人及び第17条第1項の審判を受けた被補助人をいう。以下同じ。）の法
定代理人としてすること」が追加される。

3　被補助人

　補助人は、「事理弁識能力が不十分」である者である。
　本人、配偶者、4親等内の親族などが、家庭裁判所に対して補助開始の審判
の申立てをすることができ（ただし、本人以外の者の請求により補助開始の審判
をするには、本人の同意が必要である。）（民法15①②）、家庭裁判所は、補助開
始の審判をするには、被補助人となるべき者の精神の状況につき医師等の意見
を聴かなければならないこととされている（家事138）。

> **民法第15条（補助開始の審判）**
> 1　精神上の障害により事理を弁識する能力が不十分である者については、家庭
> 　裁判所は、本人、配偶者、4親等内の親族、後見人、後見監督人、保佐人、保
> 　佐監督人又は検察官の請求により、補助開始の審判をすることができる。ただ
> 　し、第7条又は第11条本文に規定する原因がある者については、この限りでな
> 　い。
> 2　本人以外の者の請求により補助開始の審判をするには、本人の同意がなけれ
> 　ばならない。
> 3　補助開始の審判は、第17条第1項の審判又は第876条の9第1項の審判とと
> 　もにしなければならない。

　補助開始の審判は、補助人の同意を要する旨の審判（民法17①）又は補助人
に代理権を付与する旨の審判（民法876の9①）とともにしなければならない

こととされている（民法 15 ③）。

　このうち、補助人の同意を要する旨の審判においては、民法第 13 条第 1 項に規定する行為（被保佐人が保佐人の同意を得なければならないとされる行為）の一部に限って、補助人の同意を得なければならないものとすることができ（民法 17 ①但書）、被補助人が、補助人の同意を得なければならないにもかかわらず、その同意等を得ないでした行為は、取り消すことができる（民法 17 ④）。

民法第 17 条（補助人の同意を要する旨の審判等）

1　家庭裁判所は、第 15 条第 1 項本文に規定する者又は補助人若しくは補助監督人の請求により、被補助人が特定の法律行為をするにはその補助人の同意を得なければならない旨の審判をすることができる。ただし、その審判によりその同意を得なければならないものとすることができる行為は、第 13 条第 1 項に規定する行為の一部に限る。

2　本人以外の者の請求により前項の審判をするには、本人の同意がなければならない。

3　補助人の同意を得なければならない行為について、補助人が被補助人の利益を害するおそれがないにもかかわらず同意をしないときは、家庭裁判所は、被補助人の請求により、補助人の同意に代わる許可を与えることができる。

4　補助人の同意を得なければならない行為であって、その同意又はこれに代わる許可を得ないでしたものは、取り消すことができる。

──────────────── Q&A ────────────────

Q1：法人は、成年後見人となることができるか？

A ：できる。

　　民法第 843 条第 4 項は、「成年後見人を選任するには、・・・成年後見人となる者が法人であるときは、その事業の種類及び内容並びにその法人及びその代表者と成年被後見人との利害関係の有無・・・を考慮しなければならない」と規定している。

Q2：成年被後見人が、あらかじめ成年後見人の同意を得た上で、法律行為を行った。成年被後見人は、当該法律行為を取り消すことができる

　　か？　なお、当該法律行為は、日常生活に関する行為ではないものと
　　する。

A：できる。

　　成年被後見人は、自ら法律行為をすることができない。成年被後見人
　　がした日常生活に関する行為以外の法律行為は、成年後見人の同意を
　　得ていた場合であっても、取り消すことができる。

2 　税　法

所得税法施行令第 10 条（障害者及び特別障害者の範囲）

1　法第 2 条第 1 項第 28 号（障害者の意義）に規定する政令で定める者は、次に
　掲げる者とする。

一　精神上の障害により事理を弁識する能力を欠く常況にある者又は児童相談
　　所、知的障害者更生相談所（知的障害者福祉法（昭和 35 年法律第 37 号）第
　　9 条第 6 項（更生援護の実施者）に規定する知的障害者更生相談所をいう。
　　次項第 1 号及び第 31 条の 2 第 14 号（障害者等の範囲）において同じ。）、精
　　神保健福祉センター（精神保健及び精神障害者福祉に関する法律（昭和 25 年
　　法律第 123 号）第 6 条第 1 項（精神保健福祉センター）に規定する精神保健
　　福祉センターをいう。次項第 1 号において同じ。）若しくは精神保健指定医の
　　判定により知的障害者とされた者

二～七　（略）

2　（略）

解説　本条第 1 項第 1 号の「精神上の障害により事理を弁識する能力を欠
く常況にある者」との文言について、成年被後見人がこれに該当し、成年被後
見人は、所得税法上、特別障害者として障害者控除の適用があると解してよい
かとの文書照会に対して、名古屋国税局審理課長は、「貴見のとおりで差し支
えありません」と回答している[1]。

---

[1] 平成 24 年 8 月 31 日付名古屋国税局文書回答事例「成年被後見人の特別障害者控除の適用について」

② 法 人

1 民 法

1 法人の設立・能力

　法人とは、自然人以外のもので、権利義務の帰属主体となり得るものをいう。

　自然人については、民法第3条第1項が、「私権の享有は、出生に始まる」と規定しているのに対して、法人については、組成した事業体が当然に権利能力を獲得するなどといった規定は存在しない。

　この点、民法第33条第1項は、法人が法律の規定によってのみ成立する旨規定している。

民法第33条（法人の成立等）
1　法人は、この法律その他の法律の規定によらなければ、成立しない。
2　学術、技芸、慈善、祭祀、宗教その他の公益を目的とする法人、営利事業を営むことを目的とする法人その他の法人の設立、組織、運営及び管理については、この法律その他の法律の定めるところによる。

　例えば、会社法第3条は「会社は、法人とする」と規定し、同法第49条及び第579条は、それぞれ次の通り規定している。

会社法第49条（株式会社の成立）
　株式会社は、その本店の所在地において設立の登記をすることによって成立する。

会社法第579条（持分会社の成立）
　持分会社は、その本店の所在地において設立の登記をすることによって成立す

る。

　このように、会社にあっては、法律の定める一定の要件を備えることによって法人の成立が認められるが、一方で、主務官庁の認可によって法人の成立が認められるもの（例えば、社会福祉法人）や、所轄庁の認証によって法人格が付与されるもの（例えば、ＮＰＯ法人）などもある。

　また、自然人は、原則として、その権利能力が制限されることはないのに対して、法人は、法令や定款所定の目的によって、その権利能力が制限される（民法34）。

民法第34条（法人の能力）
　法人は、法令の規定に従い、定款その他の基本約款で定められた目的の範囲内において、権利を有し、義務を負う。

　例えば、法令による制限については、(1)会社法第331条第1項第1号によれば、法人は、取締役となることができず、また、(2)銀行法第12条の4によれば、銀行は、持分会社の無限責任社員又は業務を執行する社員となることができない。

　一方、定款所定の目的による制限については、定款の記載事項を比較的柔軟に解釈しようとするのが判例の傾向である。

◇　会社の定款はその会社の目的とするところの事業並びにその事業の経営に関する条項を定むる根本の規約を包含するものにして冗漫を避け簡潔を旨とするをもって単にその大綱を掲げ細目に渉らざるを常とす。ゆえに定款の条項に則り会社の目的たる事業の性質範囲を定むるに当たりては定款中に具体的に記載せる文言の本来の意義のみを標準としてこれを決することを得ず。かえってその記載事項より推理演繹し得べき事項はたとえ定款中において具体的にこれを指示さざるもなおその記載事項中に包含せらるるものと推断することを妨げざるものとす。したがって定款中においてこれに相当する文言をもって記載せられざる事項といえども定款中に記載せる目的事項中に自ら包含せられたるものと認められ得べきものは会社の目的の一部を成すべきものなるのみならず会社の目的を達するに必要なる事項は定款中に記載せざるもその目的の範囲内における会社の業務たるの性質を有するものとす[2]。

◇ X社団の定款に定められた目的は、不動産、その他財産を保存し、これが運用利殖を計ることにあるが、このことからして、直ちに、同社団の財産である建物を売却することが、同社団の目的の範囲外の行為であると断定することは正当でない。財産の運用利殖を計るためには、時に既有財産を売却することもあり得ることであるからである[3]。

2 外国法人

　外国法人とは、内国法人（日本法によって設立され、日本に住所を有するもの）でない法人をいい[4]、(1)外国、(2)外国の行政区画、(3)外国会社及び(4)法律又は条約の規定により認許された外国法人が、外国法人として認められる（民法35①）。

　認許された外国法人は、外国人が享有することのできない権利及び法律又は条約中に特別の規定がある権利を除いて、日本法人と同一の権利能力を有する（民法35②）。

> **民法第35条（外国法人）**
> 1　外国法人は、国、国の行政区画及び外国会社を除き、その成立を認許しない。ただし、法律又は条約の規定により認許された外国法人は、この限りでない。
> 2　前項の規定により認許された外国法人は、日本において成立する同種の法人と同一の私権を有する。ただし、外国人が享有することのできない権利及び法律又は条約中に特別の規定がある権利については、この限りでない。

　なお、「外国会社」とは、外国の法令に準拠して設立された法人その他の外国の団体であって、会社と同種のもの又は会社に類似するものをいい（会社法②二）、外国会社が、日本において取引を継続してしようとするときは、日本における代表者を定め（会社法817①）、外国会社の登記をしなければならない（会社法818①、933①）。

　また、「条約の規定により認許された外国法人」としては、世界保健機関

---

[2] 大判大正元年12月25日（民録18輯1078頁）
[3] 最判昭和27年2月15日裁判所HP参照（昭和24年（オ）第64号）
[4] 我妻・有泉（148頁）

（WHO）、世界貿易機関（WTO）などがある[5]。

3　法人の登記

　法人の登記に関する通則が、民法第 36 条に規定されている。

民法第 36 条（登記）

　法人及び外国法人は、この法律その他の法令の定めるところにより、登記をするものとする。

　民法の規定により登記をするものとされている法人としては、法律又は条約の規定により認許された外国法人がある。

民法第 37 条（外国法人の登記）

1　外国法人（第 35 条第 1 項ただし書に規定する外国法人に限る。以下この条において同じ。）が日本に事務所を設けたときは、3 週間以内に、その事務所の所在地において、次に掲げる事項を登記しなければならない。
　一　外国法人の設立の準拠法
　二　目的
　三　名称
　四　事務所の所在場所
　五　存続期間を定めたときは、その定め
　六　代表者の氏名及び住所
2　前項各号に掲げる事項に変更を生じたときは、3 週間以内に、変更の登記をしなければならない。この場合において、登記前にあっては、その変更をもって第三者に対抗することができない。
3　代表者の職務の執行を停止し、若しくはその職務を代行する者を選任する仮処分命令又はその仮処分命令を変更し、若しくは取り消す決定がされたときは、その登記をしなければならない。この場合においては、前項後段の規定を準用する。
4　前二項の規定により登記すべき事項が外国において生じたときは、登記の期間は、その通知が到達した日から起算する。

---

[5] 我妻・有泉（149 頁）

> 5　外国法人が初めて日本に事務所を設けたときは、その事務所の所在地において登記するまでは、第三者は、その法人の成立を否認することができる。
> 6　外国法人が事務所を移転したときは、旧所在地においては3週間以内に移転の登記をし、新所在地においては4週間以内に第1項各号に掲げる事項を登記しなければならない。
> 7　同一の登記所の管轄区域内において事務所を移転したときは、その移転を登記すれば足りる。
> 8　外国法人の代表者が、この条に規定する登記を怠ったときは、50万円以下の過料に処する。

　また、民法以外の法令の規定により登記をするものとされている法人として、例えば、株式会社、合名会社、合資会社、合同会社及び外国会社（商登法6五～九）については、会社法の規定により登記すべき事項を、商業登記法の定めるところに従い、登記するものとされている（会社法907）。

２　税法

> **法人税法第2条（定義）**
>
> 　この法律において、次の各号に掲げる用語の意義は、当該各号に定めるところによる。
> 　一・二　（略）
> 　三　内国法人　国内に本店又は主たる事務所を有する法人をいう。
> 　四　外国法人　内国法人以外の法人をいう。
> 　八　人格のない社団等　法人でない社団又は財団で代表者又は管理人の定めがあるものをいう。
> 　九～四十四　（略）

解説　外国法人とは、内国法人以外の法人をいうこととされ、内国法人とは、国内に本店又は主たる事務所を有する法人をいうこととされているが、「法人」そのものについての定義はない。この点、判例は、外国法に基づいて設立された組織体が所得税法第2条第1項第7号及び法人税法第2条第4号に定める外国法人に該当するか否かを判断するに当たっては、まず、⑴当該組織

体に係る設立根拠法令の規定の文言や法制の仕組みから、当該組織体が当該外国の法令において日本法上の法人に相当する法的地位を付与されていること又は付与されていないことが疑義のない程度に明白であるか否かを検討することとなり、これができない場合には、次に、(2)当該組織体が権利義務の帰属主体であると認められるか否かを検討して判断すべきものであると判示した[6]。

法人税法第3条（人格のない社団等に対するこの法律の適用）

　人格のない社団等は、法人とみなして、この法律（別表第2を除く。）の規定を適用する。

解説　人格のない社団等は、単なる構成員等の集合体ではなく、団体等として活動を行うものであるから（法通1-1-1）、法人税法上は、法人とみなされ、納税主体とされている。

　なお、同趣旨の規定が、所得税法第4条にある。

法人税基本通達1-1-4（人格のない社団等の本店又は主たる事務所の所在地）

　人格のない社団等の本店又は主たる事務所の所在地は、次に掲げる場合に応じ、次による。
　(1)　定款、寄附行為、規則又は規約（以下1-1-4において「定款等」という。）に本店又は主たる事務所の所在地の定めがある場合　その定款等に定められている所在地
　(2)　(1)以外の場合　その事業の本拠として代表者又は管理人が駐在し、当該人格のない社団等の行う業務が企画され経理が総括されている場所（当該場所が転々と移転する場合には、代表者又は管理人の住所）

解説　人格のない社団等は、登記をするものとされておらず（cf. 民法36）、その「本店又は主たる事務所の所在地」が登記上明らかではないので、(1)定款等に定めがある場合には、その定めるところにより、(2)定款等に定めがない場合には、その事業の本拠地をもって、「本店又は主たる事務所の所在地」を定めるとするものである。

---

[6] 最判平成27年7月17日裁判所HP参照（平成25年（行ヒ）第166号）

3　無効及び取消し

1　現行法

〈事例〉

　Xは、賭博によって負うことになった金銭給付義務の履行のために、Aに小切手を交付した。この小切手は、Bが振り出したものである。

　AとBとの間で、この小切手金の支払いに関して和解契約が成立し、BからAに対して金50万円を支払う旨を約した。

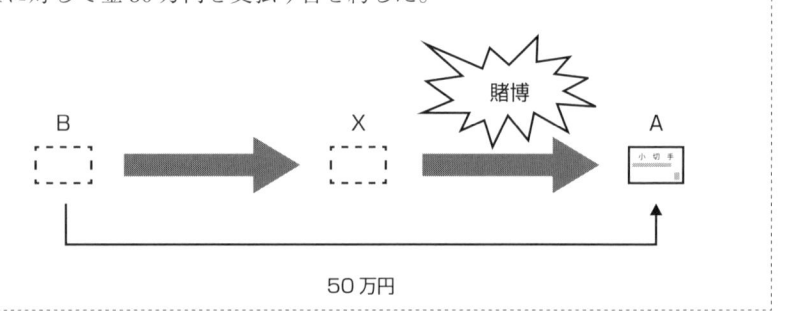

　本事例は、賭博による債務の履行のために、B振出の小切手の交付を受けたAが、Bとの間で小切手金の支払いに関し和解契約を締結したというものである。

　このような和解契約は、実質上、Aに賭博による金銭給付を得させることを目的とするものであるから、公序良俗違反により無効である[7]。

　もっとも、A又はBが「和解契約は無効だ」と主張しなければ、同契約が無効になることはないとも考えられる。

　しかし、無効な行為は、当然に無効であって、誰かが主張するまで、その効力が否定されないというものではない（この点は、取り消すことのできる行為が、

---

[7] 最判昭和46年4月9日裁判所HP参照（昭和46年（オ）第134号）

取り消すまでは一応有効であり、誰かが取消しを主張してはじめて、その効力が否定されるのとは異なる。）。

　また、民法第 119 条は、その但書において、「当事者がその行為の無効であることを知って追認をしたときは、新たな行為をしたものとみなす」と規定していることから、本事例で、A 又は B が和解契約を追認すれば、同契約は追認によって有効になるとも考えられる。

現行法第 119 条（無効な行為の追認）

　無効な行為は、追認によっても、その効力を生じない。ただし、当事者がその行為の無効であることを知って追認をしたときは、新たな行為をしたものとみなす。

　しかし、公序良俗違反により無効である行為が、追認によって有効になるものではなく、本事例に民法第 119 条但書の適用はない。

　民法第 119 条但書の適用があるのは、表意者を保護するためにその行為を無効としているような場合である。

　例えば、意思無能力者のした法律行為は無効であるが、その後、その者が意思能力を有するに至り、自らその法律行為を追認するのであれば、その行為を無効としてその者を保護する必要はないから、追認の時からその行為は有効となる。

〈事例〉

　B は、絵画『甲』が C の真作ではないことを知りながら、甲が C の真作であると A に告げ、A は、これを信じて甲を購入した。

　A は、甲の売買契約を詐欺により取り消すことが考えられる。

　詐欺の被害に遭って契約を締結した場合でも、その契約は、一応有効であり、詐欺の被害に遭った本人のほか、その代理人や相続人などが取消しを主張すると、初めから無効になる（民法 120 ②、121）（この点は、無効な行為が、当然に無効であって、誰かが主張するまで、その効力が否定されないというものでは

ないのとは異なる。）。

現行法第 120 条（取消権者）

1　（略）

2　詐欺又は強迫によって取り消すことができる行為は、瑕疵ある意思表示をした者又はその代理人若しくは承継人に限り、取り消すことができる。

現行法第 121 条（取消しの効果）

　取り消された行為は、初めから無効であったものとみなす。ただし、制限行為能力者は、その行為によって現に利益を受けている限度において、返還の義務を負う。

　もっとも、取り消すことのできる行為であっても、本人やその代理人等はこれを追認することができ、追認によって、以後、取り消すことのできない確定的なものとなる（民法 122）。

　この取り消すことのできる行為の追認は、「当初の行為」を取り消すことのできる状態から取り消すことのできない状態にするものである（この点、無効な行為の追認が、「新たな行為」をしたものとみなされるのとは異なる。）。

現行法第 122 条（取り消すことができる行為の追認）

　取り消すことができる行為は、第 120 条に規定する者が追認したときは、以後、取り消すことができない。ただし、追認によって第三者の権利を害することはできない。

　ただし、詐欺によって取り消すことができる行為の追認は、詐欺の事実に気付いていないような状態ではできない（民法 124 ①）。

　本事例において、Aは、真作だと騙されて絵画を購入したが、騙されたままの状態で「追認」しても、それは「追認」とはいえないということである。

現行法第 124 条（追認の要件）

1　追認は、取消しの原因となっていた状況が消滅した後にしなければ、その効力を生じない。

2・3　（略）

　なお、取消権には期間の制限があり、いつまで経っても取り消すことができるというものではない。

　本事例において、Aが詐欺の事実に気付いた時（追認をすることができる時）から5年が経過した後は、Aは売買契約を取り消すことができず、売買契約の締結から20年が経過した後に、Aが初めて詐欺の事実に気付いた場合であっても、Aは売買契約を取り消すことができない（民法126）。

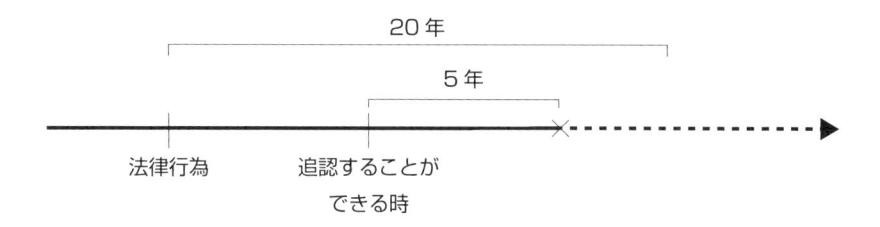

現行法第 126 条（取消権の期間の制限）
　取消権は、追認をすることができる時から5年間行使しないときは、時効によって消滅する。行為の時から20年を経過したときも、同様とする。

──────── Q&A ────────

Q：Aは、Bの詐欺により、Bとの間でA所有の不動産を売り渡す旨の契約を締結した。Aが売買契約を取り消す前に、善意の（詐欺の事実を知らない）第三者のCが、その不動産を譲り受けて登記を備えた。Aは、売買契約の取消しをCに対抗することができるか？

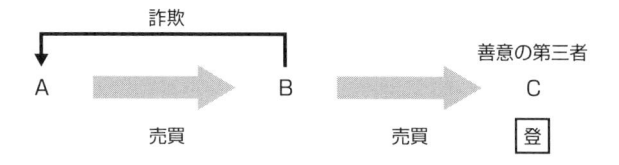

A：できない。

現行法第 96 条第 3 項は、「詐欺による意思表示の取消しは、善意の第三者に対抗することができない」と規定し、詐欺の被害者よりも取引の安全が優先される。なお、改正法第 96 条第 3 項では、第三者が善意であること（詐欺の事実を知らなかったこと）だけではなく、知らなかったことについて過失がないことも要件とされている。

2 改正法

改正法第 121 条の 2 （原状回復の義務）

1 無効な行為に基づく債務の履行として給付を受けた者は、相手方を原状に復させる義務を負う。

2 前項の規定にかかわらず、無効な無償行為に基づく債務の履行として給付を受けた者は、給付を受けた当時その行為が無効であること（給付を受けた後に前条の規定により初めから無効であったものとみなされた行為にあっては、給付を受けた当時その行為が取り消すことができるものであること）を知らなかったときは、その行為によって現に利益を受けている限度において、返還の義務を負う。

3 （略）

改正ポイント1 法律行為が無効である場合は、相互に相手方をその法律行為が存在しなかったのと同様の状態に復させることが原則になる。これは、有効な契約に基づいて給付がされたが、その後、その契約が解除された場合の給付の巻き戻しと類似した法律関係である。そこで、本条第 1 項は、現行法第 545 条《解除の効果》第 1 項と同様に、「相手方を原状に復させる義務を負う」という表現を用いている[8]（なお、現行法第 545 条第 1 項については、民法の一部を改正する法律（債権法改正）による改正はない。）。

改正ポイント2 給付の原因となった法律行為が無効又は取消可能であることを知らない給付受領者は、受領した給付が自分の財産に属すると考えているから、受領した物が滅失するなどして利得が消滅したにもかかわらず、常に

---

[8] 部会資料 66A（36 頁）

（果実を含めた）原状回復義務を負うとすると、不測の損害を与えることになる。そこで、本条第2項は、給付受領者が、給付の原因となった法律行為が無効又は取消可能であることを知らなかったときは、その返還義務を現存する利益に限定することとしている[9]。

改正法第122条（取り消すことができる行為の追認）

　取り消すことができる行為は、第120条に規定する者が追認したときは、以後、取り消すことができない。

改正ポイント　現行法第122条はその但書において、「追認によって第三者の権利を害することはできない」と規定している。しかし、追認は、不確定ながら有効と扱われている法律行為を確定的に有効とするものであって、第三者の権利を害するとはいえないから、但書は、適用場面がなく不要な規定であるして、これを削除している[10]。

改正法第124条（追認の要件）

1　取り消すことができる行為の追認は、取消しの原因となっていた状況が消滅し、かつ、取消権を有することを知った後にしなければ、その効力を生じない。
2　（略）

改正ポイント　判例は、取り消すことができる法律行為の追認は取消権の放棄を意味するものであるから、追認をするには、法律行為が取り消すことができるものであることを知っていることが必要であるとしている[11]。本条第1項にこの判例法理が明文化されている[12]。

[9] 部会資料66A（38頁）
[10] 部会資料66A（39頁）
[11] 大判大正5年12月28日（民録22輯2529頁）
[12] 部会資料66A（40頁）

3 税 法

所得税法施行令274条（更正の請求の特例の対象となる事実）

　法第152条（各種所得の金額に異動を生じた場合の更正の請求の特例）に規定する政令で定める事実は、次に掲げる事実とする。

　一　確定申告書を提出し、又は決定を受けた居住者の当該申告書又は決定に係る年分の各種所得の金額（事業所得の金額並びに事業から生じた不動産所得の金額及び山林所得の金額を除く。次号において同じ。）の計算の基礎となった事実のうちに含まれていた無効な行為により生じた経済的成果がその行為の無効であることに基因して失われたこと。

　二　前号に掲げる者の当該年分の各種所得の金額の計算の基礎となった事実のうちに含まれていた取り消すことのできる行為が取り消されたこと。

解説　所得税の確定申告をした後に、(1)事業所得、(2)不動産所得及び(3)山林所得 ((2)及び(3)については、事業から生じたものに限る。) 以外の各種所得の金額の計算の基礎となった事実のうち、無効な行為について、その行為の無効であることに基因してその経済的成果が失われたこと、又は、取り消すことのできる行為について、取り消されたことにより、税額等が過大となったときは、これらの事実が生じた日の翌日から2か月以内に限り、更正の請求をすることができることとされている（所法152）。

法人税基本通達1-2-7（設立無効等の判決を受けた場合の清算）

　法人が設立無効又は設立取消しの判決により会社法又は一般社団法人及び一般財団法人に関する法律（以下1-2-9において「一般法人法」という。）の規定に従って清算をする場合には、当該判決の確定の日において解散したものとする。

解説　民法上、無効な行為は、初めから無効であって、取り消された行為も、初めから無効であったものとみなされるが、設立無効又は設立取消しの判決には、遡及効がないとされている（会社法839、834一・十八・十九）。本通達は、このことを踏まえた取扱いである。

法人税基本通達 2-2-16（前期損益修正）

　当該事業年度前の各事業年度（その事業年度が連結事業年度に該当する場合には、当該連結事業年度）においてその収益の額を益金の額に算入した資産の販売又は譲渡、役務の提供その他の取引について当該事業年度において契約の解除又は取消し、値引き、返品等の事実が生じた場合でも、これらの事実に基づいて生じた損失の額は、当該事業年度の損金の額に算入するのであるから留意する。

解説　取り消された行為は、初めから無効であったものとみなすのが民法上の取扱いであるが、法人税法上は、期間損益計算の下、契約の取消しの効果を遡及させないことを明らかにするものである。

 物権の設定及び移転

1　民 法

〈事例〉

　Aは、5月15日、Bとの間で、A所有の甲建物を 1,000 万円でBに売り渡す旨の契約を締結した。

　Bは、6月10日、Aに売買代金 1,000 万円を支払い、その翌日、所有権移転の登記をした。

　なお、売買契約には、所有権移転の時期についての特約はない。

　物権の移転は、当事者の意思のみで効力を生じ、登記や引渡しをすることを要しない（民法 176）。

民法第 176 条（物権の設定及び移転）

　物権の設定及び移転は、当事者の意思表示のみによって、その効力を生ずる。

　この点に関して、次の判例がある。

◇　売主の所有に属する特定物を目的とする売買においては、特にその所有権の移転が将来なされるべき約旨に出たものでないかぎり、買主に対し直ちに所有権移転の効力を生ずるものと解するを相当とする[13]。

　本事例では、所有権移転の時期についての特約はないことから、5月15日に所有権が移転しているものと解される。

〈事例〉

　Aは、5月15日、Bとの間で、A所有の甲建物を 1,000 万円でBに売り

---

[13]　最判昭和 33 年 6 月 20 日裁判所 HP 参照（昭和 31 年（オ）第 1084 号）

渡す旨の契約を締結した。

　Bは、6月10日、Aに売買代金1,000万円を支払い、その翌日、所有権移転の登記をした。

　なお、売買契約には、代金を完済し、所有権移転登記をするまでは、所有権を買主に移転しない旨の特約がある。

　本事例に関して、次の判例がある。

◇　売買契約が、代金の完済、所有権移転登記手続の完了までは、なおその所有権を買主に移転しない趣旨であった場合はそれに従うのであって、常に売買契約締結と同時に売買物件の所有権が買主に移転するものと解さなければならないものではない[14]。

　本事例では、代金を完済し、所有権移転登記をするまでは、所有権を買主に移転しない旨の特約があることから、これに従うことになる。

〈事例〉

　Aは、A所有の自動車をBに賃貸し、Bに引き渡した。

　その後、Aは、Cにこの自動車を譲渡したが、Cは、まだ引渡しを受けていない。

　なお、道路運送車両法の適用はないものとする。

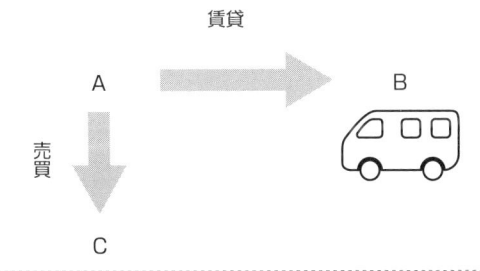

　本事例では、Cは、「まだ（自動車の）引渡しを受けていない」とされているので、Bに対し、自動車の所有権を主張することはできない（民法178）。

___

14) 最判昭和38年5月31日裁判所HP参照（昭和35年（オ）第977号）

> **民法第178条（動産に関する物権の譲渡の対抗要件）**
> 　動産に関する物権の譲渡は、その動産の引渡しがなければ、第三者に対抗することができない。

　それでは、Aが、Bの手元にある自動車をCに引き渡すにはどうすればよいのだろうか？

　この場合、「指図による占有移転」という方法がある。

　すなわち、AがBに対して、「今後は、Cのために自動車を占有するように」と命じ、Cがこれを承諾することによって、Aは、自動車をCに引き渡すことが可能である（民法184）。

> **民法第184条（指図による占有移転）**
> 　代理人によって占有をする場合において、本人がその代理人に対して以後第三者のためにその物を占有することを命じ、その第三者がこれを承諾したときは、その第三者は、占有権を取得する。

　なお、特殊な引渡方法には、この「指図による引渡し」のほかに、「簡易の引渡し」と「占有改定」とがある。

　このうち、「簡易の引渡し」とは、例えば、Xが、X所有の自動車をYに賃貸し、引き渡している状態で、XがYに自動車を譲渡するような場合である。

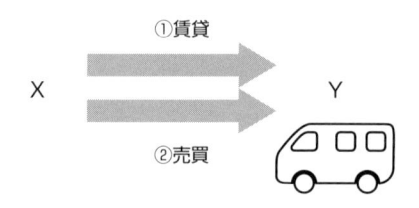

　自動車は、既にYの手元にあるから、XとYとが合意をすれば、引渡しは完了する。

> **民法第182条（現実の引渡し及び簡易の引渡し）**
> 1　（略）

> 2　譲受人又はその代理人が現に占有物を所持する場合には、占有権の譲渡は、当事者の意思表示のみによってすることができる。

　また、「占有改定」とは、例えば、Xが、X所有の自動車をYに売り渡し、Yに引き渡さないまま、直ちにこれをYから賃借するような場合である。

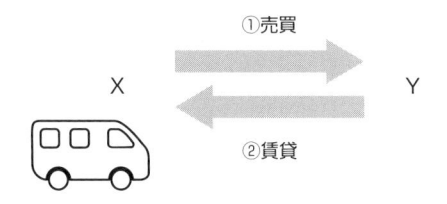

①売買
②賃貸

　Xが、「今後は、Yのために自動車を占有します」との意思表示をすることによって、引渡しは完了し、売主Xは、買主Yの代理で自動車を占有するという関係になる。

> 民法第183条（占有改定）
> 　代理人が自己の占有物を以後本人のために占有する意思を表示したときは、本人は、これによって占有権を取得する。

2　税　法

> 法人税基本通達 2-1-2（棚卸資産の引渡しの日の判定）
> 　2-1-1の場合において、棚卸資産の引渡しの日がいつであるかについては、例えば出荷した日、相手方が検収した日、相手方において使用収益ができることとなった日、検針等により販売数量を確認した日等当該棚卸資産の種類及び性質、その販売に係る契約の内容等に応じその引渡しの日として合理的であると認められる日のうち法人が継続してその収益計上を行うこととしている日によるものとする。この場合において、当該棚卸資産が土地又は土地の上に存する権利であり、その引渡しの日がいつであるかが明らかでないときは、次に掲げる日のうちいずれか早い日にその引渡しがあったものとすることができる。
> (1)　代金の相当部分（おおむね50％以上）を収受するに至った日
> (2)　所有権移転登記の申請（その登記の申請に必要な書類の相手方への交付を含

む。）をした日

解説　法人税基本通達 2-1-1 は、「棚卸資産の販売による収益の額は、その引渡しがあった日の属する事業年度の益金の額に算入する」と定めているところ、この「引渡しの日」がいつであるかについては、必ずしも民法上の「引渡し」と同義ではなく、継続適用を前提として、企業会計上の出荷基準、検収基準、使用収益開始基準、検収日基準等によるとするものである。

【参考】

　平成 30 年 5 月 30 日付課法 2-8 他 2 課共同「法人税基本通達等の一部改正について」（法令解釈通達）による改正後の法人税基本通達 2-1-2 は、次の通り定めている（アンダーラインを付した箇所が、改正された箇所である。）。

法人税基本通達

（棚卸資産の引渡しの日の判定）

2-1-2　棚卸資産の販売に係る収益の額は、その引渡しがあった日の属する事業年度の益金の額に算入するのであるが、その引渡しの日がいつであるかについては、例えば出荷した日、船積みをした日、相手方に着荷した日、相手方が検収した日、相手方において使用収益ができることとなった日等当該棚卸資産の種類及び性質、その販売に係る契約の内容等に応じその引渡しの日として合理的であると認められる日のうち法人が継続してその収益計上を行うこととしている日によるものとする。・・・

(1)　・・・

(2)　・・・

5　占有権の効力

1　民 法

〈事例〉
　Aは、自分の物でないことを知りながら、B所有の時計を占有していた。
　Bは、Aに対して、「その時計は私の物です。あなたの物であることを証明できないのであれば、返してください」と主張した。

　占有者が占有物について行使する権利は、適法に有するものと推定される（民法188）。
　したがって、本事例では、時計が自分の物であることを証明しなければならないのは、A（占有者）ではなく、B（所有者）である。

> 民法第188条（占有物について行使する権利の適法の推定）
> 　占有者が占有物について行使する権利は、適法に有するものと推定する。

　なお、登記ある不動産にあっては、登記名義人が不動産を所有するものと推定され[15]、民法第188条の適用はないと解される。

〈事例〉
　Aは、自分の物でないことを知りながら、B所有の時計を占有していた。
　Aは、時計の保存のために必要な費用（修繕費）を支出した。

　AがBに時計を返還する場合、Aは、Bに対し、修繕費の償還を請求することができる（民法196①本文）。

---

[15] 最判昭和34年1月8日裁判所HP参照（昭和33年（オ）第214号）

　このことは、Aが、自分の物でないことを知らなかった（自分の物であると誤信していた）場合だけでなく、自分の物でないことを知っていた場合であっても同様である。

民法第196条（占有者による費用の償還請求）
1　占有者が占有物を返還する場合には、その物の保存のために支出した金額その他の必要費を回復者から償還させることができる。ただし、・・・。
2　（略）

〈事例〉
　Aは、B所有の建物を占有し、これをCに賃貸して賃料を得ていた。
　Aは、この建物について、普通の応急的小修繕[16]を行い、その費用を支出した。

　本事例では、Aは、果実（賃料）を得ているので、Bに建物を返還する場合に、修繕費の償還を請求することはできない（民法196①但書）。
　Aは、建物から利益を得ている以上、その通常の必要費は負担すべきだからである。

民法第196条（占有者による費用の償還請求）
1　・・・。ただし、占有者が果実を取得したときは、通常の必要費は、占有者の負担に帰する。
2　（略）

〈事例〉
　Aは、B所有の建物を占有し、これに造作を施した。
　しかし、Aが建物を返還する前に、天災によって造作部分が滅失した。

---

[16] 我妻・有泉（418頁）

　Aは、造作に要した費用についても、Bに対し、償還を請求することができるのが原則である。

　しかし、本事例では、造作部分が滅失しているので、費用を償還請求することはできない。

　有益費の償還請求は、「価格の増加が現存する」ことが要件であるからである（民法196②）。

民法第196条（占有者による費用の償還請求）

1　（略）
2　占有者が占有物の改良のために支出した金額その他の有益費については、その価格の増加が現存する場合に限り、回復者の選択に従い、その支出した金額又は増価額を償還させることができる。ただし、悪意の占有者に対しては、裁判所は、回復者の請求により、その償還について相当の期限を許与することができる。

2　税　法

京都地判昭和36年6月3日（訟月8巻2号342頁）

　法人が建物機械等の固定資産を事業の用に供している場合これらの固定資産につき通常の管理、修理のための支出のほか部分的な取替改良等のための支出がなされることも多いが、昭和28年政令第163号による改正前の法人税法施行規則第10条の2によれば、右のうち耐用年数乃至価値を増加させるものは所謂資本的支出として所得計算上これを損金に算入しない旨規定している。そしてこのことは当該固定資産が自己所有であると賃借物乃至無断転借物であるとによりその扱いを異にすべきものではない。けだし、賃借物の場合は勿論、無断転借物の場合にも改修者は改修費につき所有者に対して民法第196条第2項による費用償還請求権乃至同法第248条による償金請求権を有するから、仮に賃借物乃至転借物を所有者に返還しても改修者の資産に増減を来すものではないからである。しかして本件14万円は店舗改造修理費であって右に所謂資本的支出であることは明らかであるから、これを損金に算入すべきでなく減価償却によるべきであってその償却額は昭和26年政令第22号による改正前の法人税法施行規則第21条第1項第2号、昭和26年大蔵省令第49号による改正前の法人税法施行細則第2条別表1

（建物木造の項の昭和20年以後建築のものを適用）、同細則第3条別表4、同細則第4条第2項により算出するに被告主張のように13,160円であることが明らかである。してみれば、被告が店舗改造修理費14万円を全額損金に算入することを否認し、減価償却によることにし償却額13,160円のみを損金に算入しその余の126,840円を損金に算入することを否認した被告の処分は正当である。

解説　事業の用に供している固定資産につきなされる支出であって、耐用年数ないし価値を増加させるものは、当該固定資産が自己所有であるか賃借物であるかにかかわらず、資本的支出に当たるとする裁判例である。その理由として、賃借物であっても、改修者は改修費につき所有者に対して(1)民法第196条第2項による費用償還請求権又は(2)同法第248条による償金請求権を有するから、仮に賃借物を所有者に返還しても改修者の資産は増減しないことを挙げている。

　なお、(1)民法第196条第2項による費用償還請求権は、「占有者が占有物の改良のために支出した金額その他の有益費については、その価格の増加が現存する場合に限り、回復者の選択に従い、その支出した金額又は増価額を償還させることができる」とするものであり、また、(2)同法第248条による償金請求権は、原則として、「利益の存する限度において」（民法703）、付合、混和又は加工に伴う償金の請求をすることができるとするものである。

6　共有物

1　民　法

〈事例〉
　A及びBは、甲土地を共有している。その持分は、Aが5分の3、Bが5分の2である。
　A及びBは、甲土地を第三者Cに賃貸している。

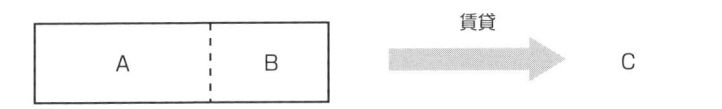

　共有者ができる行為には、(1)1人だけでできるもの、(2)持分の価格の過半数をもってできるもの、(3)共有者間の全員の同意がなければできないものがある。

　共有物の管理に関する事項は、民法第251条《共有物の変更》の場合を除き、持分の価格の過半数をもってするとされている（民法252）。

民法第252条（共有物の管理）
　共有物の管理に関する事項は、前条の場合を除き、各共有者の持分の価格に従い、その過半数で決する。ただし、・・・。

　ここで、判例は、賃貸契約を解除することは、民法第252条にいう「共有物の管理に関する事項」に該当するとしている[17]。

　したがって、本事例において、持分の過半数（5分の3）を有するAは、単独で甲土地の賃貸借契約を解除することができる。

---

[17] 最判昭和39年2月25日裁判所HP参照（昭和36年（オ）第397号）

〈事例〉

　A及びBは、甲土地を共有している。その持分は、Aが5分の3、Bが5分の2である。

　第三者Cが、甲土地を不法に占有している。

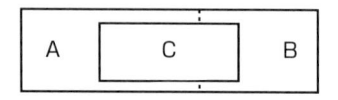

　判例は、共有地の不法占有者に対する妨害排除と明渡しの請求は、共有物の保存行為（民法252但書）に当たり、各共有者が単独ですることができるとしている[18]。

　したがって、Bは、単独でCに対して甲土地の明渡しを求めることができる。

民法第252条（共有物の管理）

　・・・。ただし、保存行為は、各共有者がすることができる。

〈事例〉

　A及びBは、甲土地を共有している。その持分は、Aが5分の3、Bが5分の2である。

　Aは、甲土地の全体を第三者Cに売却したい。

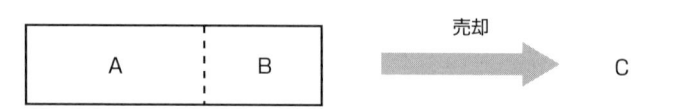

　共有物全体の売却には、共有者全員の同意を要する（民法251）。

　したがって、持分の過半数（5分の3）を有するとしても、Aの同意のみでは足りない。

---

[18] 大判大正10年7月18日（民録27輯1392頁）

民法第251条（共有物の変更）

　各共有者は、他の共有者の同意を得なければ、共有物に変更を加えることができない。

〈事例〉

　A及びBは、甲土地を共有している。その持分は、Aが5分の3、Bが5分の2である。

　A及びBは、共有関係を解消したいと考え、甲土地の分割について協議することとした。

共有物の分割の方法には、次の方法がある。

1　現物分割

甲土地を2つの土地に分割し、一方をA所有、他方をB所有とする。

この場合、まず分筆の登記手続をした上で、権利の一部移転の登記手続をすることになる[19]。

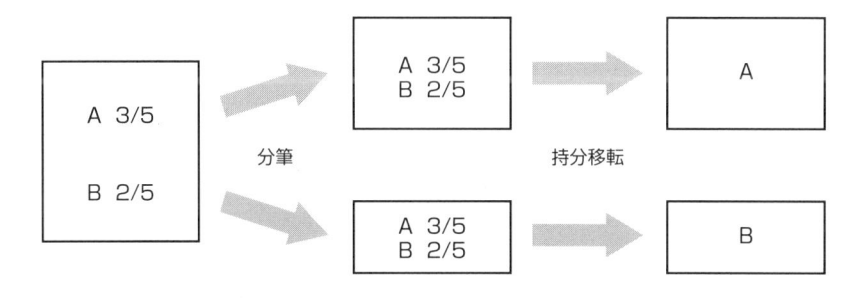

---

[19] 最判昭和42年8月25日裁判所HP参照（昭和40年（行ツ）第53号）

2 価格賠償

　甲土地をＡの単独所有とし、Ａには、Ｂに対して、持分５分の２に相当する額の賠償金を支払わせる。

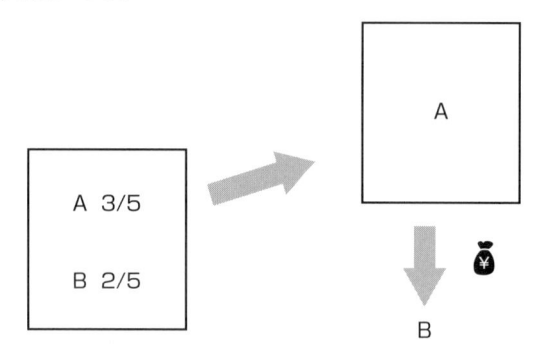

3 代金分割

　甲土地を他に売却し、その代金をＡとＢとで分ける。

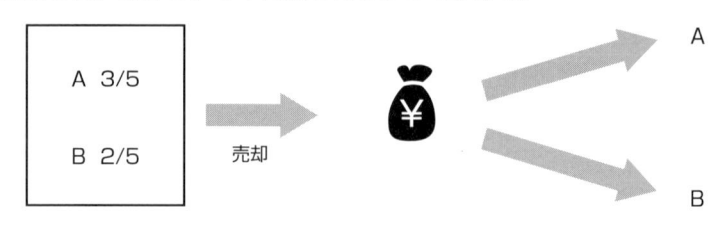

2 　税　法

所得税基本通達 33-1 の 6 （共有地の分割）

　個人が他の者と土地を共有している場合において、その共有に係る一の土地についてその持分に応ずる現物分割があったときには、その分割による土地の譲渡はなかったものとして取り扱う。

（注）1　その分割に要した費用の額は、その土地が業務の用に供されるもので当該業務に係る各種所得の金額の計算上必要経費に算入されたものを除き、その土地の取得費に算入する。

　2　分割されたそれぞれの土地の面積の比と共有持分の割合とが異なる場合
　　であっても、その分割後のそれぞれの土地の価額の比が共有持分の割合に
　　おおむね等しいときは、その分割はその共有持分に応ずる現物分割に該当
　　するのであるから留意する。

解説　判例[20]が、「共有物の分割は、共有者相互間において、共有物の各部
につき、その有する持分の交換又は売買が行われることであって（民法249、
261参照）、所論のごとく、各共有者がその取得部分について単独所有権を原始
的に取得するものではない」としているのに対して、本通達は、共有地の現物
分割について、「譲渡はなかったものとして取り扱う」と定めている。

　なお、同趣旨の取扱いが、法人税基本通達2-1-19に定められている。

---

[20]　最判昭和42年8月25日裁判所HP参照（昭和40年（行ツ）第53号）

7 譲渡担保

1 民 法

〈事例〉

　Aは、Bから、金300万円を借り受けた。

　Aは、甲家屋の所有権をBに移転し、Aが300万円を弁済しない場合には、Bにおいて甲家屋を他に売却し、売却代金から貸金債務300万円を清算の上、残額をAに返還する旨の合意が成立した。

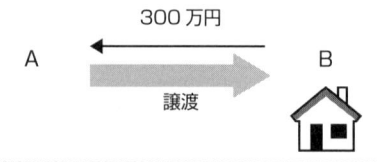

「譲渡担保」とは、債務者が、債務の担保として、目的物の財産権を債権者に移転し、債務者が債務を弁済すれば、その財産権を債務者に返還するが、債務者が債務を弁済しないときは、その財産権によって債務の満足をはかるものである。

　本事例では、権利関係は次図の通りとなる。

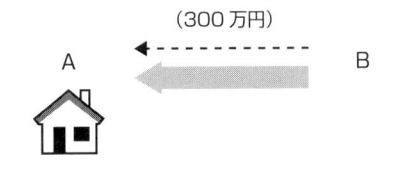

(1) A が弁済した場合

（300 万円）

A　　　　　　　　　　　　　B

(2) A が弁済しない場合

（300 万円）

A　　　　　　　　　　　　　B　　　　　　　　　　　第三者

清算　　　　　　　　　　　　　　　譲渡

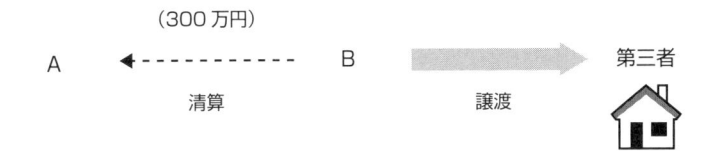

　「譲渡担保」は、取引慣行として行われているもので、民法に規定されているものではないが、判例は、「代物弁済」と「譲渡担保」との違いについて、次の通り述べている。

　◇　代物弁済とは本来の給付に代えて他の給付をなすことにより既存債権を消滅させる債権者と弁済者間の契約であって、担保の目的物たる財産権を移転することにより信用授受の目的を達成する制度の一である譲渡担保が、財産権移転後もなお既存債権を存続せしめ、債務者においてこれを弁済しない場合に、その財産権によってこれが満足をはかることを目的とするのとは、趣を異にする。すなわち、前者は代物の交付（財産権の移転）により既存債権を消滅させることを契約の要素とするに対し、後者は契約による財産権の移転後もなお既存債権の存続を前提としている点において、両者間には本質的な差異が存する[21]。

　この判例は、「譲渡担保」について、「財産権移転後もなお既存債権を存続せしめ、債務者においてこれを弁済しない場合に、その財産権によってこれが満足をはかることを目的とする」ものであると述べているが、その法的構成については、所有権移転という形式を重視する考え方もあれば、実質的には担保権の設定であるとする考え方もある。

---

[21]　最判昭和 41 年 9 月 29 日裁判所 HP 参照（昭和 41 年（オ）第 158 号）

　判例をさかのぼると、大審院時代の判例は、所有権は内外部ともに移転すると述べていたが[22]、比較的近時の判例は、次の通り述べている。

◇　更生手続開始当時、本件物件の所有権は、訴外D株式会社（更生会社）と上告会社間の譲渡担保契約に基づき、上告会社に移転していたが、上記所有権の移転は確定的なものではなく、両会社間に債権債務関係が存続していたものである。かかる場合、譲渡担保権者は、更生担保権者に準じてその権利の届出をなし、更生手続によってのみ権利行使をなすべきものであり、目的物に対する所有権を主張して、その引渡を求めることはできないものというべく、すなわち取戻権を有しないと解するのが相当である[23]。

◇　不動産について譲渡担保が設定された場合には、債権担保の目的を達するのに必要な範囲内においてのみ目的不動産の所有権移転の効力が生じるにすぎず、譲渡担保権者が目的不動産を確定的に自己の所有とするには、自己の債権額と目的不動産の価額との清算手続をすることを要し、他方、譲渡担保設定者は、譲渡担保権者が換価処分を完結するまでは、被担保債務を弁済して目的不動産を受け戻し、その完全な所有権を回復することができるのであるから、このような譲渡担保の趣旨及び効力にかんがみると、担保権を実行して清算手続を完了するに至らない譲渡担保権者は、いまだ確定的に目的不動産の所有権を取得した者ではない[24]。

　すなわち、譲渡担保による所有権の移転は確定的なものではなく、担保権を実行して清算手続を完了するまでは、所有権は移転しないとしている。

　ここにいう「清算手続」について、判例は、次の通り述べている。

◇　貸金債権担保のため債務者所有の不動産につき譲渡担保形式の契約を締結し、債務者が弁済期に債務を弁済すれば不動産は債務者に返還するが、弁済をしないときは右不動産を債務の弁済の代わりに確定的に自己の所有に帰せしめるとの合意のもとに、自己のため所有権移転登記を経由した債権者は、債務者が弁済期に債務の弁済をしない場合においては、目的不動産を換価処分し、またはこれを適正に評価することによって具体化するその物件の価額から、自己の債

---

[22]　大審判大正13年12月24日（民集3巻555頁）

[23]　最判昭和41年4月28日裁判所HP参照（昭和39年（オ）第440号）

[24]　最判平成7年11月10日裁判所HP参照（平成4年（オ）第1128号）

権額を差し引き、なお残額があるときは、これに相当する金銭を清算金として債務者に支払うことを要する[25]。

　本事例では、Bは、甲家屋の所有権の移転を受けた後において、甲家屋を他に売却し、その売却代金から貸金債権300万円を清算の上、残額をAに返還するというのであるから、このような契約は、「譲渡担保契約」であるといえる[26]。

――――――――――――――― Q&A ―――――――――――――――

Q：Aは、借地上に甲建物を有している。また、Aは、Bに対して乙債務を負っている。Aは、甲建物を目的として、Bのために、譲渡担保権を設定した。Aが弁済期までに弁済をしなかったので、Bは、甲建物を第三者Cに譲渡した。この場合、土地の賃借権もCに譲渡されるか？

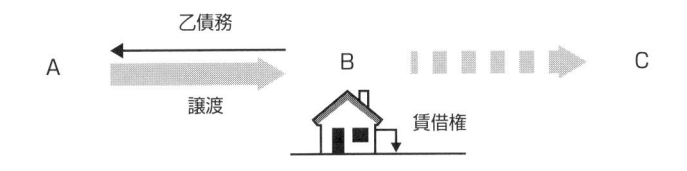

A：譲渡される。

判例（最判昭51.9.21）は、債務者である土地の貸借人がその貸借地上に所有する建物を譲渡担保とした場合には、特別の事情がない限り、その譲渡担保権の効力は、原則として土地の賃借権に及ぶとする。

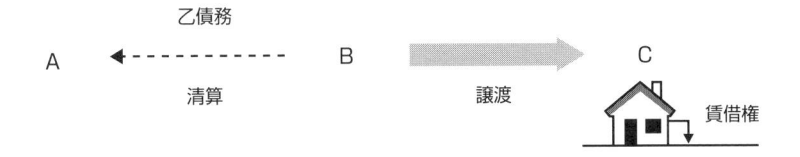

───────────────
25) 最判昭和46年3月25日裁判所HP参照（昭和42年（オ）第1279号）
26) 最判昭和41年9月29日裁判所HP参照（昭和41年（オ）第158号）

2 税法

法人税基本通達 2-1-18（固定資産を譲渡担保に供した場合）

　法人が債務の弁済の担保としてその有する固定資産を譲渡した場合において、その契約書に次の全ての事項を明らかにし、自己の固定資産として経理しているときは、その譲渡はなかったものとして取り扱う。この場合において、その後その要件のいずれかを欠くに至ったとき又は債務不履行のためその弁済に充てられたときは、これらの事実の生じたときにおいて譲渡があったものとして取り扱う。

(1)　当該担保に係る固定資産を当該法人が従来どおり使用収益すること。

(2)　通常支払うと認められる当該債務に係る利子又はこれに相当する使用料の支払に関する定めがあること。

(注)　形式上買戻条件付譲渡又は再売買の予約とされているものであっても、上記のような条件を具備しているものは、譲渡担保に該当する。

解説　債務者である法人が、譲渡担保に供した固定資産を従来通り使用収益し、債務に係る利子等も通常どおり支払っているような場合には、担保権の設定と実質的に変わらないことから、固定資産の譲渡益課税は行わないとするものである。

　なお、同趣旨の取扱いが、所得税基本通達 33-2 に定められているが、本通達と比較すると、次の通りである。

	法人税基本通達 2-1-18	所得税基本通達 33-2
対　象	固定資産（注）	資産
要　件	1　契約書に、(1)当該担保に係る固定資産を当該法人が従来どおり使用収益すること及び(2)通常支払うと認められる当該債務に係る利子又はこれに相当する使用料の支払に関する定めがあることを明らかにしていること 2　自己の固定資産として経理していること	1　契約書に、(1)当該担保に係る資産を債務者が従来どおり使用収益すること及び(2)通常支払うと認められる当該債務に係る利子又はこれに相当する使用料の支払に関する定めがあることを明らかにしていること 2　当該譲渡が債権担保のみを目的として形式的にされたものである旨の債務者及び債権者の連署に係る申立書を提出すること

（注）有価証券については、担保権者と設定者との間に種々の複雑な権利関係が生じ得るので、本通達の対象からは除外されている[27]。

---

[27] 逐条解説（法）（116頁）

⑧　債務不履行

1　現行法

〈事例〉
　Aは、Bとの間で、Aが所有する絵画『甲』をBに売り渡し、5月31日にBの住所において引き渡すという契約を5月15日に締結し、同日、Aは代金を支払った。
　Bは、6月1日に開催する美術展に甲を展示する予定であった。
　しかし、Aは、その後、甲をCにも売り渡し、5月20日、現実に引き渡した。

　Aは、甲をCに引き渡してしまったため、「甲をBに引き渡す」という約束を果たせなくなった。
　その結果、Bは、美術展に甲を展示することができなくなり、損害を被った可能性がある。
　このように、債務者（A）の責めに帰すべき事由によって債務（甲の引渡義務）を履行することができなくなったときは、債権者（B）は、これによって生じた損害の賠償を請求することができる（民法415後段）。

民法第415条（債務不履行による損害賠償）
　債務者がその債務の本旨に従った履行をしないときは、債権者は、これによって生じた損害の賠償を請求することができる。債務者の責めに帰すべき事由によって履行をすることができなくなったときも、同様とする。

〈事例〉
　Aは、Bとの間で、Aが所有する絵画『甲』をBに売り渡し、5月31日にBの住所において引き渡すという契約を5月15日に締結し、同日、Aは

代金を支払った。

　Bは、6月1日に開催する美術展に甲を展示する予定であった。

　しかし、Aが、甲をBに届けようとしていたところ、災害による交通規制に遭い、5月31日までに甲をBに引き渡すことができなかった。

　Aは、災害による交通規制のため、「5月31日までに甲をBに引き渡す」という約束を果たせなくなった。

　その結果、Bは、美術展に甲を展示することができなくなり、損害を被った可能性がある。

　このように、不可抗力（債務者の責めに帰することができない事由）によって債務の履行をすることができなくなったときは、債務者（A）は、損害賠償責任を免れることができる（民法415後段）。

〈事例〉

　Aは、Bから甲建物の店舗部分を賃借してカラオケ店を営業していた。

　同店舗部分に浸水事故が発生したが、Bが修繕義務を履行しなかったことにより、Aは、同店舗部分で営業することができなくなり、営業利益相当の損害を被った。

　このほか、次の(1)から(3)までの事情がある。

(1)　Bが修繕義務を履行したとしても、甲建物は、老朽化して大規模な改修を必要としており、Aが賃貸借契約をそのまま長期にわたって継続し得たとは考え難い。

(2)　Bは、浸水事故の直後に甲建物の老朽化を理由に賃貸借契約を解除する旨の意思表示をしており、甲建物の店舗部分における営業の再開は、実現可能性の乏しいものとなっていた。

(3)　Aが甲建物の店舗部分で行っていたカラオケ店の営業は、それ以外の場所では行うことができないものではなく、浸水事故によるカラオケセット等の損傷に対しては保険金が支払われていた。

　損害は、連鎖的に広がっていくことがある。

　そこで、損害賠償の範囲は、原則として、「通常生ずべき損害」、すなわち、債務不履行があれば、通常、このような損害が生ずるであろうというところまでに限られる（現行法416①）。

民法第416条（損害賠償の範囲）

1　債務の不履行に対する損害賠償の請求は、これによって通常生ずべき損害の賠償をさせることをその目的とする。

2　（略）

　本事例において、Aは、一定の時期以降は、カラオケ店の営業を別の場所で再開するなど、損害を回避又は減少させる措置をとることができたはずであるが、そのような措置を何らとることなく、損害が発生するにまかせていた。

　上記措置をとることができた時期以降に被った損害については、そのすべてが、民法第416条第1項にいう「通常生ずべき損害」に当たるということはできないから、Aは、そのすべての賠償をBに請求することはできない[28]。

〈事例〉

　Aは、Bに甲土地を売却し、その所有権移転登記を経由した。

　その後、Aは、Bから甲土地を買い戻し、Bに対し、所有権移転登記を請求したが、Bがこれに応じないことから、所有権移転登記請求訴訟を提起した。

　その訴訟の係属中、Bは、甲土地を第三者Cに売却した上、その所有権移転登記を経由し、BからAへの所有権移転登記を履行不能にしたことから、Aは、Bに対し、損害賠償を請求することとした。

　なお、甲土地の時価は、Bが甲土地をCに売却して、履行不能にした当時が800万円、現在が1,000万円である。

---

[28] 最判平成21年1月19日裁判所HP参照（平成19年（受）第102号）

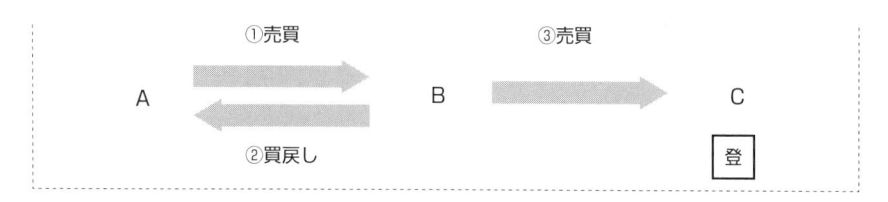

　損害賠償の範囲は、「通常生ずべき損害」を原則とするが（現行法416①）、損害が拡大してしまったような場合については、例外として、当事者が予見し、又は予見することができたものに限って、損害賠償の範囲に含まれる（民法416②）。

民法第416条（損害賠償の範囲）

1　（略）

2　特別の事情によって生じた損害であっても、当事者がその事情を予見し、又は予見することができたときは、債権者は、その賠償を請求することができる。

　本事例において、Aの請求し得る損害賠償の額は、原則として、甲土地の処分当時の時価（800万円）であるが、甲土地の価格が騰貴しつつあるという「特別の事情」があり、かつ、Bが、債務を履行不能とした際、その「特別の事情」を知っていたか、又は知りえた場合は、Aは、その騰貴した現在の時価（1,000万円）による損害賠償を請求し得る（ただし、Aが、現在の価格まで騰貴する前に甲土地を他に処分したであろうと予想された場合は、この限りではない。一方、現在においてAが甲土地を他に処分するであろうと予想されたことは、必ずしも必要でない。）[29]。

2　改正法

改正法第415条（債務不履行による損害賠償）

1　債務者がその債務の本旨に従った履行をしないとき又は債務の履行が不能であるときは、債権者は、これによって生じた損害の賠償を請求することができ

---

[29] 最判昭和37年11月16日裁判所HP参照（昭和36年（オ）第135号）

る。ただし、その債務の不履行が契約その他の債務の発生原因及び取引上の社会通念に照らして債務者の責めに帰することができない事由によるものであるときは、この限りでない。

2 前項の規定により損害賠償の請求をすることができる場合において、債権者は、次に掲げるときは、債務の履行に代わる損害賠償の請求をすることができる。

一 債務の履行が不能であるとき。

二 債務者がその債務の履行を拒絶する意思を明確に表示したとき。

三 債務が契約によって生じたものである場合において、その契約が解除され、又は債務の不履行による契約の解除権が発生したとき。

改正ポイント1 現行法第415条前段は、「債務者がその債務の本旨に従った履行をしないときは、債権者は、これによって生じた損害の賠償を請求することができる」と規定し、同条後段は、「債務者の責めに帰すべき事由によって履行をすることができなくなったときも、同様とする」と規定するが、同条前段の場合についても、その債務不履行が債務者の責めに帰することができない事由によるものである場合には免責が認められるとされている。本条第1項は、「履行をしないとき」と「履行をすることができなくなったとき」を「又は」でつないで統合するとともに、上記の解釈を但書において明確にするものである[30]。

改正ポイント2 債務が契約によって生じたものである場合には、その債務不履行が債務者の責めに帰することができない事由によるものであるかどうかは、その契約の趣旨に照らして、その債務不履行（契約違反）の原因が債務者の責めに帰することができない事由であるかどうかという観点から判断されるべきであるとされている。本条第1項但書の「契約その他の債務の発生原因及び取引上の社会通念に照らして」との文言は、上記の解釈を明確にするものである[31]。

改正ポイント3 債務不履行による損害賠償の請求が認められる場合におい

---

[30] 部会資料68A（5-6頁）

[31] 部会資料68A（5-6頁）

て、その債務の履行が不能であるときなど一定の要件を満たすときは、債権者は、債務の履行に代わる損害賠償（填補賠償）の請求をすることができる。本条第2項は、債務不履行による損害賠償として填補賠償の請求をすることができる場合として、第1号において履行不能の場合、第2号においていわゆる確定的履行拒絶の場合、第3号において契約を解除された場合及び債務不履行による解除の要件を満たす場合を挙げるものである[32]。

改正法第416条（損害賠償の範囲）

1　債務の不履行に対する損害賠償の請求は、これによって通常生ずべき損害の賠償をさせることをその目的とする。
2　特別の事情によって生じた損害であっても、当事者がその事情を予見すべきであったときは、債権者は、その賠償を請求することができる。

[改正ポイント]　現行法第416条第2項は、「特別の事情によって生じた損害であっても、当事者がその事情を予見し、又は予見することができたときは、債権者は、その賠償を請求することができる」と規定しているが、債務者の「予見」に関する要件が、債務者が現実に予見していたかどうかという事実の有無を問題とするものではなく、債務者が予見すべきであったかどうかという規範的な評価を問題とするものであることが条文上明確でない。そこで、本条第2項は、上記の要件を「予見すべきであったとき」との要件に改めるものである[33]。

3　税　法

所得税法施行令第30条（非課税とされる保険金、損害賠償金等）

　法第9条第1項第17号（非課税所得）に規定する政令で定める保険金及び損害賠償金（これらに類するものを含む。）は、次に掲げるものその他これらに類するもの（これらのものの額のうちに同号の損害を受けた者の各種所得の金額の計算

---

[32] 部会資料68A（51頁）
[33] 部会資料79-3（12頁）

上必要経費に算入される金額を補てんするための金額が含まれている場合には、当該金額を控除した金額に相当する部分）とする。

一　損害保険契約（保険業法（平成7年法律第105号）第2条第4項（定義）に規定する損害保険会社若しくは同条第9項に規定する外国損害保険会社等の締結した保険契約又は同条第18項に規定する少額短期保険業者（以下この号において「少額短期保険業者」という。）の締結したこれに類する保険契約をいう。以下この条において同じ。）に基づく保険金、生命保険契約（同法第2条第3項に規定する生命保険会社若しくは同条第八項に規定する外国生命保険会社等の締結した保険契約又は少額短期保険業者の締結したこれに類する保険契約をいう。以下この号において同じ。）又は旧簡易生命保険契約（郵政民営化法等の施行に伴う関係法律の整備等に関する法律（平成17年法律第102号）第2条（法律の廃止）の規定による廃止前の簡易生命保険法（昭和24年法律第68号）第3条（政府保証）に規定する簡易生命保険契約をいう。）に基づく給付金及び損害保険契約又は生命保険契約に類する共済に係る契約に基づく共済金で、身体の傷害に基因して支払を受けるもの並びに心身に加えられた損害につき支払を受ける慰謝料その他の損害賠償金（その損害に基因して勤務又は業務に従事することができなかったことによる給与又は収益の補償として受けるものを含む。）

二　損害保険契約に基づく保険金及び損害保険契約に類する共済に係る契約に基づく共済金（前号に該当するもの及び第184条第4項（満期返戻金等の意義）に規定する満期返戻金等その他これに類するものを除く。）で資産の損害に基因して支払を受けるもの並びに不法行為その他突発的な事故により資産に加えられた損害につき支払を受ける損害賠償金（これらのうち第94条（事業所得の収入金額とされる保険金等）の規定に該当するものを除く。）

三　心身又は資産に加えられた損害につき支払を受ける相当の見舞金（第94条の規定に該当するものその他役務の対価たる性質を有するものを除く。）

解説　本条第2号の「不法行為その他突発的な事故により資産に加えられた損害につき支払を受ける損害賠償金」との文言について、(1)損害を生じさせる原因行為が不法行為の要件を満たすことを要する（したがって、債務不履行による損害賠償金が含まれる余地はない）か否か、(2)履行遅滞による損害賠償金がこれに含まれるか否かについて、次の裁判例がある[34]。

裁判例

（大阪地判昭和 54 年 5 月 31 日・訟月 25 巻 10 号 2696 頁）

　所得税法 9 条 1 項 21 号、同法施行令 30 条が損害賠償金、見舞金、及びこれに類するものを非課税としたわけは、これらの金員が受領者の心身、財産に受けた損害を補填する性格のものであって、原則的には受領者である納税者に利益をもたらさないからである。

　そうすると、ここにいう損害賠償金、見舞金、及びこれに類するものとは、損害を生じさせる原因行為が不法行為の成立に必要な故意過失の要件を厳密に充すものである必要はないが、納税者に損害が現実に生じ、または生じることが確実に見込まれ、かつその補填のために支払われるものに限られると解するのが相当である。

（注）本判決は、訴外会社のマンション建設により原告の受ける損害を補償する目的と、マンション建設について原告の承諾を得ることの対価とする目的の双方の趣旨で授受された 310 万円について、原告が被る損害は 30 万円を超えないから、原告が訴外会社から受領した 310 万円から 30 万円と所得税法 34 条 2 項の特別控除額 40 万円を差し引いた残余の 240 万円が少なくとも課税されるとした。

（宇都宮地判平成 17 年 3 月 30 日・税資 255 号順号 9980）

　本件各課税処分の適法性の成否は、結局、本件和解金に所得税法 9 条 16 号等において非課税とされる損害賠償金等が含まれているか否かである。そこで、本件非課税規定が損害賠償金等を非課税とした趣旨を検討するに、損害賠償金等は、受領者である納税者の心身あるいは財産に加えられた損害を補償する性格を有する金銭であって、実質的にこれらの金銭を取得したとしても受領者である納税者は失われた利益を回復するのみで、これによって利得するわけではないから、このような金銭に担税力を見いだすことはできないとされたためであると解するのが相当である。

　そうすると、これらの規定に言う損害賠償金等とは、受領者である納税者に損害を生じさせた原因行為が不法行為の要件を満たすことまでは要しないが、納税者に現実に損害が生じ、又は、生じる高度の蓋然性がある場合であって、かつ、その補償のために受領した金員であるというべきである。

（注）本判決は、本件和解金は、賃貸人らが建築した上で賃貸に供していた建物から、賃借人が撤退し、賃貸借契約を解除するに当たって、原状回復義務に代わる

34）篠原克岳「資産に加えられた損害に対する損害賠償金等を巡る所得税法上の諸問題 − 『法と経済学』の視点から −」税大論叢 69 号（2011）（53-54 頁）

　金銭として交付されたものであって、金員の受領者である賃貸人らに現実に損害が生じ、又は、生じる高度の蓋然性がある場合とはいえないから、本件和解金に非課税となる損害賠償金等が含まれているとは認められないとした。

（福岡高判平成 22 年 10 月 12 日・税資 260 号順号 11530）

　本件和解金の実質は、不法行為に基づく損害賠償金及び遅延損害金であるところ、・・・本件先物取引は・・・社会通念上、全体として正常な取引を大きく逸脱したものであったことが認められる。・・・本件先物取引における不法行為は「突発的な事故」に類するものであり、かつ、その損害が生活用資産に関しないものとしても、収益補償とはいえないから、その損害賠償金は、所得税法 9 条 1 項 16 号及び法施行令 30 条 2 号の規定する非課税所得に該当するといえるのであって、法施行令 30 条 2 号括弧書、94 条 1 項柱書及び同項 2 号の規定する非課税所得の除外規定には該当しない。

　他方、上記遅延損害金は、不法行為その他突発的な事故により資産に加えられた損害に基因して取得した損害賠償金ではなく、履行遅滞による損害賠償金であって、元金の使用による得べかりし利益の喪失、すなわち元金使用の対価としての性質を有するものであるから、所得税法 9 条 1 項 16 号及び法施行令 30 条 2 号の規定する非課税所得には該当しない。

❾　保　証

1　現行法

〈事例〉
　Xは、Aに対して、1,000万円を貸し付けた。

　Bは、Aから委託を受けて、Xとの間で、Aの借入債務を保証する旨の契約を締結した。

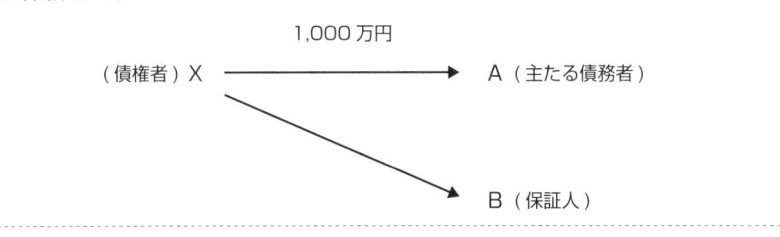

　本事例において、Bは、Aが借入債務を履行しない場合に、これを履行する責任を負う（民法446①）。

　保証契約は「書面」によることを要するとされているが（民法446②）、これは、保証人の義務の範囲が、主たる債務に関する利息、違約金、損害賠償にまで広く及び（民法447①）、重い責任を負うこととなるにもかかわらず、保証契約が一般に無償で情義に基づいて行われることが多いこと等を考慮し、平成16年改正において、書面によらない保証契約は効力を生じないとされたものである。

> 現行法第446条（保証人の責任等）
> 1　保証人は、主たる債務者がその債務を履行しないときに、その履行をする責任を負う。
> 2　保証契約は、書面でしなければ、その効力を生じない。
> 3　（略）

> **現行法第447条（保証債務の範囲）**
> 1　保証債務は、主たる債務に関する利息、違約金、損害賠償その他その債務に従たるすべてのものを包含する。
> 2　保証人は、その保証債務についてのみ、違約金又は損害賠償の額を約定することができる。

　もっとも、保証人（B）は、主たる債務者（A）がその債務を履行しない場合に、その履行をする責任を負うのであるから、保証人の負う債務は、「補充的な」債務である。

　その現れの1つとして、保証人（B）が、債権者（X）から債務の履行を請求されたときは、まず主たる債務者（A）に催告をするよう請求することができる（民法452）。この保証人の権利を「催告の抗弁権」という。

> **現行法第452条（催告の抗弁）**
> 　債権者が保証人に債務の履行を請求したときは、保証人は、まず主たる債務者に催告をすべき旨を請求することができる。ただし、主たる債務者が破産手続開始の決定を受けたとき、又はその行方が知れないときは、この限りでない。

　また、もう1つの表れとして、保証人（B）は、主たる債務者（A）に弁済をする資力があり、かつ、執行が容易であることを証明した場合には、債権者（X）に対して、まず主たる債務者（A）の財産について執行をするよう請求することができる（民法453）。この保証人の権利を「検索の抗弁権」という。

> **現行法第453条（検索の抗弁）**
> 　債権者が前条の規定に従い主たる債務者に催告をした後であっても、保証人が主たる債務者に弁済をする資力があり、かつ、執行が容易であることを証明したときは、債権者は、まず主たる債務者の財産について執行をしなければならない。

〈事例〉
　Xは、Aに対して、1,000万円を貸し付けた。
　Bは、Xとの間で、Aの借入債務を保証する旨の契約を締結した。

Aが、弁済期に借入債務を弁済しないことから、Bは、その弁済をした。

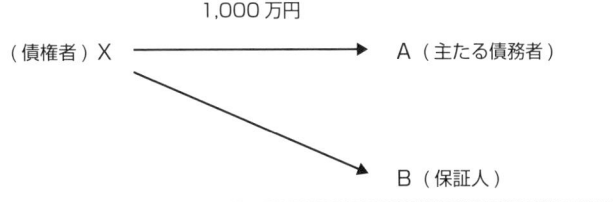

保証契約は、債権者（X）と保証人（B）との間の契約である。

主たる債務者（A）の委託を受けて保証をする場合もあれば、主たる債務者（A）の委託を受けないで保証をする場合もある（後者の例として、銀行が売上債権の支払いを一定限度額まで保証する「保証ファクタリング」がある。）。

この点、本事例では、BがAの委託を受けて保証をしたかどうかは明らかではない。

そこで、以下、委託を受けて保証をしたかどうかで場合分けして検討する。

1　BがAの委託を受けて保証をした場合

この場合、Aに代わって弁済をしたBは、Aに対して、出捐額、免責があった日以後の法定利息、その他の損害の賠償を求償することができる（現行法459②、442②）。

これは、委任契約の受任者に委任事務の処理費用等の償還請求等が認められる（現行法650）のと同様である。

現行法第459条（委託を受けた保証人の求償権）
1　保証人が主たる債務者の委託を受けて保証をした場合において、過失なく債権者に弁済をすべき旨の裁判の言渡しを受け、又は主たる債務者に代わって弁済をし、その他自己の財産をもって債務を消滅させるべき行為をしたときは、その保証人は、主たる債務者に対して求償権を有する。
2　第442条第2項の規定は、前項の場合について準用する。

現行法第442条（連帯債務者間の求償権）

> 1　（略）
> 2　前項の規定による求償は、弁済その他免責があった日以後の法定利息及び避けることができなかった費用その他の損害の賠償を包含する。

2　BがAの委託を受けずに保証をした場合

　この場合、Aに代わって弁済をしたBは、Aに対して、弁済時に利益を受けた限度（主たる債務者の意思に反して保証をした場合にあっては、求償時に現に利益を受けている限度）で求償をすることができる（現行法462）。

　これは、事務管理の管理者（義務なく他人のために事務の管理を始めた者）に費用の償還請求等が認められる（現行法702）のと同様である。

　上記1の場合とは異なり、免責があった日以後の法定利息などを求償することはできないが、委託を受けていない以上、求償の範囲が制約されるのは当然といえる。

現行法第462条（委託を受けない保証人の求償権）

1　主たる債務者の委託を受けないで保証をした者が弁済をし、その他自己の財産をもって主たる債務者にその債務を免れさせたときは、主たる債務者は、その当時利益を受けた限度において償還をしなければならない。
2　主たる債務者の意思に反して保証をした者は、主たる債務者が現に利益を受けている限度においてのみ求償権を有する。この場合において、主たる債務者が求償の日以前に相殺の原因を有していたことを主張するときは、保証人は、債権者に対し、その相殺によって消滅すべきであった債務の履行を請求することができる。

〈事例〉
　Xは、Aに対して、1,000万円を貸し付けた。
　Aは、Xに対して、1,200万円の反対債権を有していた。
　Bは、Xとの間で、Aの借入債務を保証する旨の契約を締結した。
　Aが、弁済期に借入債務を弁済しないことから、Bは、Xに1,000万円を弁済した。

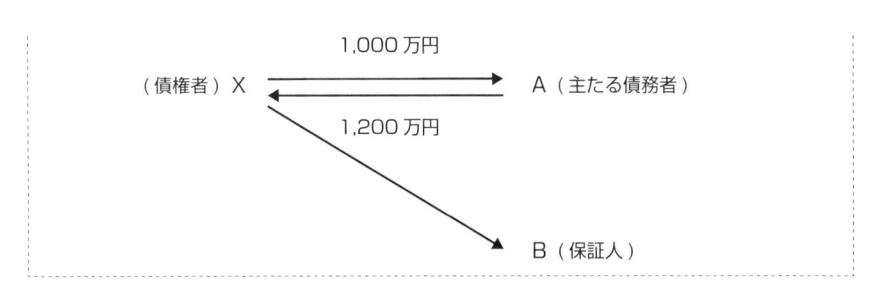

　Bが、Xに 1,000 万円を弁済した場合、Bは、Aに対して 1,000 万円の支払いを求めることができるはずである。

　しかし、Bが、弁済をする前に、Aに通知をしなかったときは、Aに対する求償が制限される。

　すなわち、Aは、Bから弁済前に通知を受けていれば、Xに対して、反対債権による相殺を主張したかもしれない。Aにとっては、債権を回収しつつ、債務を消滅させる機会となったはずである。Bは、このような機会を奪った以上、求償が制約されるのはやむを得ないといえ、Aに対して 1,000 万円の支払いを求めても、Aから、「Xに対する反対債権で相殺します」と主張されてしまうと、Aからは支払を受けられなくなるのである（現行法 463 ①、443）。

　なお、この結果、Bは、Xに対する債権 1,000 万円を取得し、自らXに対して請求をすることになる。

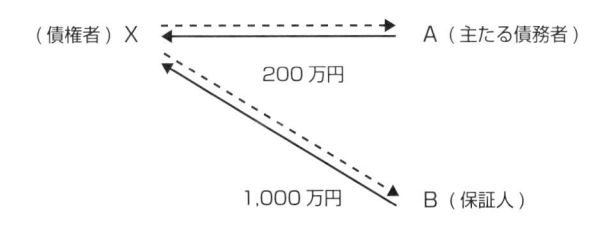

現行法第 463 条（通知を怠った保証人の求償の制限）

1　第 443 条の規定は、保証人について準用する。

2　保証人が主たる債務者の委託を受けて保証をした場合において、善意で弁済をし、その他自己の財産をもって債務を消滅させるべき行為をしたときは、第443 条の規定は、主たる債務者についても準用する。

現行法第443条（通知を怠った連帯債務者の求償の制限）

1　連帯債務者の1人が債権者から履行の請求を受けたことを他の連帯債務者に通知しないで弁済をし、その他自己の財産をもって共同の免責を得た場合において、他の連帯債務者は、債権者に対抗することができる事由を有していたときは、その負担部分について、その事由をもってその免責を得た連帯債務者に対抗することができる。この場合において、相殺をもってその免責を得た連帯債務者に対抗したときは、過失のある連帯債務者は、債権者に対し、相殺によって消滅すべきであった債務の履行を請求することができる。

2　連帯債務者の1人が弁済をし、その他自己の財産をもって共同の免責を得たことを他の連帯債務者に通知することを怠ったため、他の連帯債務者が善意で弁済をし、その他有償の行為をもって免責を得たときは、その免責を得た連帯債務者は、自己の弁済その他免責のためにした行為を有効であったものとみなすことができる。

2　改正法

改正法第459条（委託を受けた保証人の求償権）

1　保証人が主たる債務者の委託を受けて保証をした場合において、主たる債務者に代わって弁済その他自己の財産をもって債務を消滅させる行為（以下「債務の消滅行為」という。）をしたときは、その保証人は、主たる債務者に対し、そのために支出した財産の額（その財産の額がその債務の消滅行為によって消滅した主たる債務の額を超える場合にあっては、その消滅した額）の求償権を有する。

2　第442条第2項の規定は、前項の場合について準用する。

[改正ポイント]　現行法第459条第1項は、「保証人が・・・主たる債務者に代わって弁済をし・・・たときは、その保証人は、主たる債務者に対して求償権を有する」と規定するが、保証人が代物弁済など、本来の債務の履行とは異なる行為をしたことにより共同の免責を得た場合に、その保証人が負担した経済的な支出の額と共同の免責を得た額とが一致しないため、どの金額を基準として求償額を算出するかが明確にされていないという問題がある。この点については、基本的には出えん額（共同の免責を得るために支出された財産の額）が

基準となるが、出えん額が共同の免責の額を超えるときは、その超える部分は主たる債務者に何ら利益を与えるものではないことから、求償の基準は共同免責額にするのが相当であると考えられる。そこで、本条第1項は、求償額は、出えん額が共同免責額以下である場合には出えん額が基準となり、出えん額が共同免責額を超える場合にはその共同免責額が基準となる旨を規定するものである[35]。

改正法第459条の2 （委託を受けた保証人が弁済期前に弁済等をした場合の求償権）

1　保証人が主たる債務者の委託を受けて保証をした場合において、主たる債務の弁済期前に債務の消滅行為をしたときは、その保証人は、主たる債務者に対し、主たる債務者がその当時利益を受けた限度において求償権を有する。この場合において、主たる債務者が債務の消滅行為の日以前に相殺の原因を有していたことを主張するときは、保証人は、債権者に対し、その相殺によって消滅すべきであった債務の履行を請求することができる。

2　前項の規定による求償は、主たる債務の弁済期以後の法定利息及びその弁済期以後に債務の消滅行為をしたとしても避けることができなかった費用その他の損害の賠償を包含する。

3　第1項の求償権は、主たる債務の弁済期以後でなければ、これを行使することができない。

改正ポイント1

委託を受けた保証人が、主債務の弁済期が到来する前に、保証債務の期限の利益を放棄して弁済等をすることがあるが、このような保証債務の期限前弁済は、保証委託の趣旨に反することがある。例えば、主債務者も保証人も債権者に対する反対債権を有していたところ、債権者の資力が悪化したため、保証人が保証債務の期限の利益を放棄して債権者に対して自己の反対債権を自働債権とする相殺を行うことがあり得るが、これは、債権者の無資力のリスクを主債務者に負わせて自己の利益を図るものである。

---

35) 部会資料67A（17頁、27-28頁）

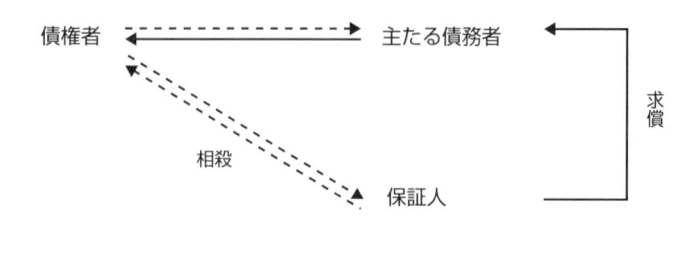

　そこで、本条第1項は、委託を受けた保証人が期限前に弁済等をした場合については、事後求償権が認められる範囲を、主債務者がその当時利益を受けた限度にとどめ、この場合において、主債務者が弁済等の日以前に債権者に対する反対債権を有していたことを主張するときは、保証人は、債権者に対し、その反対債権の履行を請求することができるとするものである。

改正ポイント2　改正法第442条第2項は、連帯債務者間の求償権について、「求償は、弁済その他免責があった日以後の法定利息及び避けることができなかった費用その他の損害の賠償を包含する」と規定し、同規定は、委託を受けた保証人の求償権の範囲について準用することとされている（改正法459②）。本条第2項は、委託を受けた保証人が弁済期前に弁済等をした場合については、求償権の範囲から保証人が主債務の期限到来後に弁済等をしていれば求償することができなかったもの（例えば、弁済等の日から弁済期までの法定利率）を除外するものである[36]。

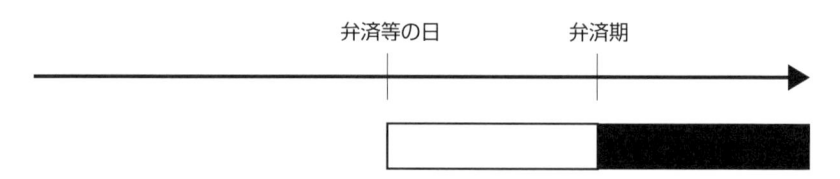

改正ポイント3　本条第3項は、主債務者が有する期限の利益を害することのないよう、保証人は、主債務の期限到来後に求償することができるという判例[37]の立場を明文化し、主債務者は主債務の期限到来後に求償に応ずれば足り

---

[36]　部会資料 67A（28頁）
[37]　大判大正3年6月15日（民録20輯476頁）

ることを明らかにするものである[38]。

改正法第462条（委託を受けない保証人の求償権）

1　第459条の2第1項の規定は、主たる債務者の委託を受けないで保証をした
者が債務の消滅行為をした場合について準用する。

2　主たる債務者の意思に反して保証をした者は、主たる債務者が現に利益を受
けている限度においてのみ求償権を有する。この場合において、主たる債務者
が求償の日以前に相殺の原因を有していたことを主張するときは、保証人は、
債権者に対し、その相殺によって消滅すべきであった債務の履行を請求するこ
とができる。

3　第459条の2第3項の規定は、前二項に規定する保証人が主たる債務の弁済
期前に債務の消滅行為をした場合における求償権の行使について準用する。

改正ポイント1　現行法第462条第1項は、「主たる債務者の委託を受けな
いで保証をした者が弁済をし、その他自己の財産をもって主たる債務者にその
債務を免れさせたときは、主たる債務者は、その当時利益を受けた限度におい
て償還をしなければならない」と規定するが、同趣旨の規定が改正法第459条
の2第1項前段に設けられたことから、本条第1項は、これを準用するもので
ある。

改正ポイント2　本条第1項は、改正法第459条の2第1項の全文を準用し
ていることから、委託を受けない保証人が弁済等をした場合において、主債務
者が弁済等の日以前に債権者に対する反対債権を有していたことを主張すると
きは、保証人は、債権者に対し、その反対債権の履行を請求することができ
る。

改正ポイント3　改正法第459条の2第3項は、委託を受けた保証人が弁済
期前に弁済等をした場合について、「求償権は、主たる債務の弁済期以後でな
ければ、これを行使することができない」と規定するが、同規定の趣旨は、委
託を受けない保証人が主債務の弁済期前に債務の消滅行為をした場合における
求償権の行使についても当てはまるとするのが、本条第3項である。

---

[38]　部会資料67A（28頁）

改正法第 463 条（通知を怠った保証人の求償の制限等）

1　保証人が主たる債務者の委託を受けて保証をした場合において、主たる債務者にあらかじめ通知しないで債務の消滅行為をしたときは、主たる債務者は、債権者に対抗することができた事由をもってその保証人に対抗することができる。この場合において、相殺をもってその保証人に対抗したときは、その保証人は、債権者に対し、相殺によって消滅すべきであった債務の履行を請求することができる。

2　保証人が主たる債務者の委託を受けて保証をした場合において、主たる債務者が債務の消滅行為をしたことを保証人に通知することを怠ったため、その保証人が善意で債務の消滅行為をしたときは、その保証人は、その債務の消滅行為を有効であったものとみなすことができる。

3　保証人が債務の消滅行為をした後に主たる債務者が債務の消滅行為をした場合においては、保証人が主たる債務者の意思に反して保証をしたときのほか、保証人が債務の消滅行為をしたことを主たる債務者に通知することを怠ったため、主たる債務者が善意で債務の消滅行為をしたときも、主たる債務者は、その債務の消滅行為を有効であったものとみなすことができる。

【改正ポイント 1 】　本条第 1 項は、(1)「委託を受けた保証人」が事前通知を怠った場合の求償の制限等について規定するものである。(2)「委託を受けないが主債務者の意思に反しない保証人」については、もともと、その求償権の範囲は、主債務者が「その当時利益を受けた限度」にとどまる（改正法 462 ①）から、主債務者に対する事前の通知を怠ったかどうかにかかわらず、弁済等をした当時、主債務者が債権者に対抗することのできる事由を有していた場合には、その事由に係る分の金額について求償をすることができない。また、(3)「委託を受けず主債務者の意思にも反する保証人」については、もともと、そ

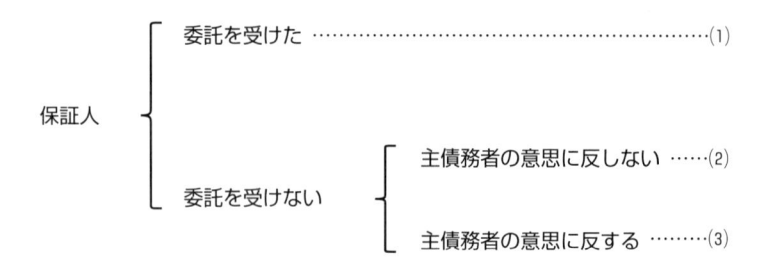

の求償権の範囲が、主債務者が「現に利益を受けている限度」にとどまる（改正法 462 ②）。そこで、上記(1)及び(2)は、本条第 1 項の対象から除外されている[39]。

┃改正ポイント2┃　(3)「委託を受けず主債務者の意思にも反する保証人」については、その求償権の範囲が、主債務者が「現に利益を受けている限度」（改正法 462 ②）にとどまるとされているから、保証人が主債務者に対して求償をした時までに主債務者が弁済等をしていた場合には、その弁済等に係る金額の求償をすることができない[40]。また、このことは、(1)「委託を受けた保証人」及び(2)「委託を受けないが主債務者の意思に反しない保証人」が債務の消滅行為をしたことを主たる債務者に通知することを怠ったため、主たる債務者が善意で債務の消滅行為をした場合についても同様である。本条第 3 項は、これらの点を明らかにするものである。

③　税 法

┃所得税法第 64 条（資産の譲渡代金が回収不能となった場合等の所得計算の特例）┃

1　その年分の各種所得の金額（事業所得の金額を除く。以下この項において同じ。）の計算の基礎となる収入金額若しくは総収入金額（不動産所得又は山林所得を生ずべき事業から生じたものを除く。以下この項において同じ。）の全部若しくは一部を回収することができないこととなった場合又は政令で定める事由により当該収入金額若しくは総収入金額の全部若しくは一部を返還すべきこととなった場合には、政令で定めるところにより、当該各種所得の金額の合計額のうち、その回収することができないこととなった金額又は返還すべきこととなった金額に対応する部分の金額は、当該各種所得の金額の計算上、なかったものとみなす。

2　保証債務を履行するため資産（第 33 条第 2 項第 1 号（譲渡所得に含まれない所得）の規定に該当するものを除く。）の譲渡（同条第 1 項に規定する政令で定める行為を含む。）があった場合において、その履行に伴う求償権の全部又は一

---

[39] 部会資料 67B（9-10 頁）
[40] 部会資料 67B（10 頁）

部を行使することができないこととなったときは、その行使することができない
いこととなった金額（不動産所得の金額、事業所得の金額又は山林所得の金額
の計算上必要経費に算入される金額を除く。）を前項に規定する回収することが
できないこととなった金額とみなして、同項の規定を適用する。

3　（略）

　解説　保証債務を履行するため資産を譲渡した場合（一般的には、資産を譲
渡し、その譲渡代金で保証債務を履行した場合又は保証債務を代物弁済した場合[41]に
おける資産の譲渡をいう。）において、その履行に伴う求償権が行使不能となっ
たときは、その行使不能となった金額を資産の譲渡代金の回収不能等となった
金額とみなして、その金額に対応する部分の金額は、各種所得の金額の計算
上、なかったものとみなすこととされている。

所得税基本通達64-4（資産の譲渡代金が回収不能となった場合等の所得計算の特例）

　法第64条第2項に規定する保証債務の履行があった場合とは、民法第446条
《保証人の責任等》に規定する保証人の債務又は第454条《連帯保証の場合の特
則》に規定する連帯保証人の債務の履行があった場合のほか、次に掲げる場合も、
その債務の履行等に伴う求償権を生ずることとなるときは、これに該当するもの
とする。

(1)　不可分債務の債務者の債務の履行があった場合

(2)　連帯債務者の債務の履行があった場合

(3)　合名会社又は合資会社の無限責任社員による会社の債務の履行があった場合

(4)　身元保証人の債務の履行があった場合

(5)　他人の債務を担保するため質権若しくは抵当権を設定した者がその債務を
弁済し又は質権若しくは抵当権を実行された場合

(6)　法律の規定により連帯して損害賠償の責任がある場合において、その損害
賠償金の支払があったとき。

　解説　所得税法第64条第2項に規定する保証債務の履行があった場合と

---

[41]　逐条解説（所）（792頁）

は、民法第446条に規定する保証人の債務の履行があった場合等のほか、本通達に掲げる場合も、その債務の履行等に伴う求償権を生ずることとなるときは、これに該当するものとされている。

　なお、本通達が参照している民法第446条及び第454条については、民法の一部を改正する法律（債権法改正）による実質的な改正はない。

⑩ 債権譲渡

1 現行法

債権は、原則として、自由に譲渡することができる（現行法 466 ①本文）。

ただし、債権の性質が譲渡を許さないような場合、例えば、肖像画を書かせることを内容とする債権は、譲渡することができない（現行法 466 ①但書）。

> **現行法第 466 条（債権の譲渡性）**
> 1 債権は、譲り渡すことができる。ただし、その性質がこれを許さないときは、この限りでない。
> 2 （略）

また、法律上、譲渡が禁止されている債権、例えば、扶養請求権は、譲渡することができない（現行法 881）。

> **現行法第 881 条（扶養請求権の処分の禁止）**
> 扶養を受ける権利は、処分することができない。

さらに、当事者が譲渡禁止特約を付した債権も、譲渡することができない（現行法 466 ②本文）。

> **現行法第 466 条（債権の譲渡性）**
> 1 （略）
> 2 前項の規定は、当事者が反対の意思を表示した場合には、適用しない。ただし、その意思表示は、善意の第三者に対抗することができない。

譲渡禁止特約に違反する譲渡の効力については、従来の学説上、第三者に対抗することができないだけではなく、譲渡当事者間でも譲渡は無効であるとする見解（物権的効力説）が有力であるが[42]、譲渡自体は有効とし、譲渡人の特

約違反の問題として取り扱う見解（債権的効力説）もある。

　この点、近時の判例には、次の通り、物権的効力説では説明のしにくいものが現れている。

◇　譲渡禁止の特約のある指名債権について、譲受人が同特約の存在を知り、又は重大な過失により同特約の存在を知らないでこれを譲り受けた場合でも、その後、債務者が債権の譲渡について承諾を与えたときは、その債権譲渡は譲渡の時にさかのぼって有効となるが、民法第116条の法意に照らし、第三者の権利を害することはできないと解するのが相当である[43]。

◇　譲渡禁止の特約に反して債権を譲渡した債権者は、同特約の存在を理由に譲渡の無効を主張する独自の利益を有しないのであって、債務者に譲渡の無効を主張する意思があることが明らかであるなどの特段の事情がない限り、その無効を主張することは許されないと解するのが相当である[44]。

　また、譲渡禁止特約に違反して債権を譲り受けた者が、同特約の存在を知らなかったときは、その譲受人を保護する必要があることから、債権譲渡は有効とされるが（現行法466②但書）、譲受人が、重大な過失（不注意）によって特約の存在を知らなかったときは、知っていたのと同視し、債権を取得し得ないとする判例がある。

◇　民法第466条第2項は債権の譲渡を禁止する特約は善意の第三者に対抗することができない旨規定し、その文言上は第三者の過失の有無を問わないかのようであるが、重大な過失は悪意と同様に取り扱うべきものであるから、譲渡禁止の特約の存在を知らずに債権を譲り受けた場合であっても、これにつき譲受人に重大な過失があるときは、悪意の譲受人と同様、譲渡によってその債権を取得しえないものと解するのを相当とする[45]。

　同判例は、銀行預金債権については、譲渡禁止の特約が付されていることは周知の事柄に属するとする。

---

[42] 部会資料74A（2頁）

[43] 最判平成9年6月5日裁判所HP参照（平成5年（オ）第1164号）

[44] 最判平成21年3月27日裁判所HP参照（平成19年（受）第1280号）

[45] 最判昭和48年7月19日裁判所HP参照（昭和47年（オ）第111号）

─────── Q&A ───────

Q：AとBは、Aを賃貸人、Bを賃借人とする賃貸借契約を締結している。
　　Aは、Cに対して、当該賃貸借契約に基づく将来の賃料債権を譲渡し
　　ようとしている。Cは、この債権を取得することができるか？

A：できる。
　　判例（大判昭5.2.5）は、将来の期間に対する賃料請求権は、将来の請
　　求権そのものとして有効にその譲渡をなし得るとしている。

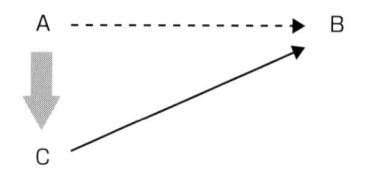

2　改正法

改正法第466条（債権の譲渡性）

1　債権は、譲り渡すことができる。ただし、その性質がこれを許さないときは、この限りでない。

2　当事者が債権の譲渡を禁止し、又は制限する旨の意思表示（以下「譲渡制限の意思表示」という。）をしたときであっても、債権の譲渡は、その効力を妨げられない。

3　前項に規定する場合には、譲渡制限の意思表示がされたことを知り、又は重大な過失によって知らなかった譲受人その他の第三者に対しては、債務者は、その債務の履行を拒むことができ、かつ、譲渡人に対する弁済その他の債務を消滅させる事由をもってその第三者に対抗することができる。

4　前項の規定は、債務者が債務を履行しない場合において、同項に規定する第三者が相当の期間を定めて譲渡人への履行の催告をし、その期間内に履行がないときは、その債務者については、適用しない。

　改正ポイント1　　近時では、売掛債権を担保とする方法を始めとする債権譲

渡による資金調達が、特に中小企業にとって重要となっており、これまでの不動産担保や保証による資金調達に代わり得るものとして積極的に活用しようとする動きがあるが、譲渡禁止特約が債権譲渡による資金調達の支障となっているという問題が指摘されている。そこで、本条第2項は、当事者間で債権譲渡を禁止し、又は制限する等の特約がある場合であっても、その譲渡の効力は妨げられない旨を定めるものである[46]。

> **改正ポイント2**　　現行法第466条第2項は、当事者間の合意により譲渡禁止特約を付すことができ、これを同特約の存在を知っている第三者に対抗することができるとしている。これは、債権が苛酷な取立てをする第三者に譲渡されることを防止し、弱い立場に置かれている債務者を保護するために設けられたものである。この点、改正法では、譲渡禁止特約付きの債権の譲渡を有効としたが、従来、譲渡禁止特約によって保護されていた債務者の利益は、基本的に保護する必要がある。そこで、本条第3項は、譲受人その他の第三者が譲渡禁止特約を知り、又は重大な過失によって知らなかった場合には、債務者は、債務の履行を拒むことができ、かつ、譲渡人に対して弁済その他の債務を消滅させる事由をもってその第三者に対抗することができるとしている[47]。

> **改正ポイント3**　　本条第4項は、債務者が履行を遅滞している場合において、債務者に対して譲渡人への履行の催告をする権限を譲受人に付与し、一定の期間内に履行がないときは、債務者は、譲渡制限特約を対抗することができなくなるとするものである。これは、債務者が履行を遅滞している場合にまで、譲渡制限特約によって債務者の利益を保護する必要はないとの考慮に基づくものである[48]。

改正法第466条の6（将来債権の譲渡性）

1　債権の譲渡は、その意思表示の時に債権が現に発生していることを要しない。
2　債権が譲渡された場合において、その意思表示の時に債権が現に発生していないときは、譲受人は、発生した債権を当然に取得する。

---

[46] 部会資料74A（3頁）

[47] 部会資料74A（2頁、4頁）

[48] 部会資料74A（4 - 5頁）

3 （略）

改正ポイント1 本条第1項は、既発生の債権だけでなく、将来発生する債権についても譲渡の対象とすることができるものであり、判例[49]を明文化するものである[50]。

改正ポイント2 本条第2項は、将来債権の譲受人が具体的に発生する債権を当然に取得するとすることを定めている。これも、判例[51]を明文化するものである[52]。

3 税法

所得税基本通達 33-1（譲渡所得の基因となる資産の範囲）

譲渡所得の基因となる資産とは、法第33条第2項各号に規定する資産及び金銭債権以外の一切の資産をいい、当該資産には、借家権又は行政官庁の許可、認可、割当て等により発生した事実上の権利も含まれる。

解説 金銭債権の譲渡によって生ずる所得は、金利に相当するものであって、キャピタル・ゲインではないと考えられることから、譲渡所得には該当しないとされている[53]。

所得税基本通達 51-17（金銭債権の譲渡損失）

金銭債権を譲渡したことにより生じた損失の金額については、当該損失が当該譲渡により実質的に贈与したと認められる場合に生じたものである場合を除き、当該損失の金額に相当する金額の貸倒れによる損失が生じたものとして、法第51条第2項若しくは第4項、第63条《事業を廃止した場合の必要経費の特例》又は第64条《資産の譲渡代金が回収不能となった場合等の所得計算の特例》の規定を

---

[49] 最判平成11年1月29日裁判所HP参照（平成9年（オ）第219号）
[50] 部会資料74A（8頁）
[51] 最判平成19年2月15日裁判所HP参照（平成16年（行ヒ）第310号）
[52] 部会資料74A（8頁）
[53] 逐条解説（所）（188頁）

適用する。

解説　例えば、額面 100 万円の金銭債権を 80 万円で譲渡したとすると、額面金額と譲渡価格との差額 20 万円は、実質的に贈与したと認められるものである場合を除き、当該金銭債権の回収不能額を反映していると考えられる。本通達は、この場合に、当該差額に相当する金額の貸倒損失が生じたものと取り扱うものである。

　なお、弁済期限未到来の金銭債権を譲渡した場合に生ずる、割引料的性格を有する譲渡損失については、本通達の適用はないものと解される[54]。

---

[54] 逐条解説（所）（625 頁）

11 債務引受

1 現行法

〈事例〉

　Aは、Bに対して甲債務を負っている。

　AとCは、Cが、甲債務を引き受け、Aに代わってその履行をすることを合意し、Bも、これを承諾した。

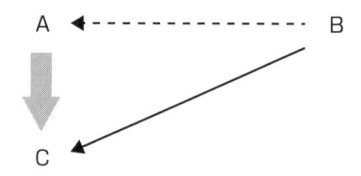

　本事例の債務引受けを「免責的債務引受」という。

　旧債務者A、債権者B、引受人Cの三者間で契約をするのが原則であるが、旧債務者Aの意思に反しない限り、債権者Bと引受人Cとの間で契約をすることもできる[55]。

　また、本事例のように、旧債務者Aと引受人Cとの合意によっても成立するが、債権者Bの承諾がなければ、その効力を生じないとされている。債務者が誰であるかは、債権者Bの利害に関わるからである[56]。

〈事例〉

　Aは、Bに対して甲債務を負っている。

　AとCは、Cが、甲債務を引き受け、Aとともにこれを履行することを合意し、Bも、これを承諾した。

---

[55] 大判大正10年5月9日（民録27輯899頁）
[56] 部会資料67A（37頁）

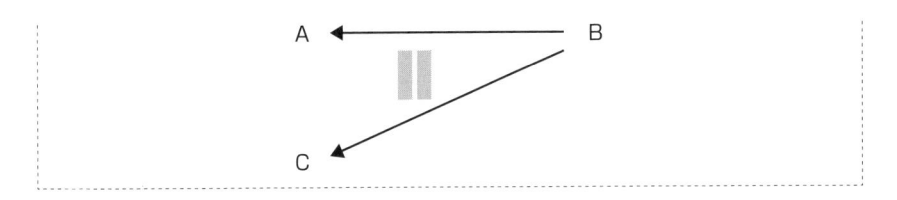

　本事例の債務引受けを「併存的債務引受」又は「重畳的債務引受」という。

　債務者A、債権者B、引受人Cの三者間で契約をすることができるほか、債務者Aの意思に反するものであっても、債権者Bと引受人Cの間で契約することができる[57]。併存的債務引受は、保証に近いものであるところ、保証契約は、主たる債務者の意思に反してもできるからである（現行法462②）。

　また、本事例のように、債務者Aと引受人Cとの合意によっても成立するが、この合意は、「第三者のためにする契約」（詳細は❶ **第三者のためにする契約**参照）であり、債権者Bが引受人Cに対して請求できるようになるためには、債権者Bの受益の意思表示が必要である[58]。

2　改正法

改正法第470条（併存的債務引受の要件及び効果）

1　併存的債務引受の引受人は、債務者と連帯して、債務者が債権者に対して負担する債務と同一の内容の債務を負担する。

2　併存的債務引受は、債権者と引受人となる者との契約によってすることができる。

3　併存的債務引受は、債務者と引受人となる者との契約によってもすることができる。この場合において、併存的債務引受は、債権者が引受人となる者に対して承諾をした時に、その効力を生ずる。

4　前項の規定によってする併存的債務引受は、第三者のためにする契約に関する規定に従う。

[改正ポイント1]　本条第1項は、併存的債務引受の基本的な効果について、

---

[57]　大判大正15年3月25日（民録5輯219頁）
[58]　大判大正6年11月1日（民録23輯1715頁）

債務者が負担する債務と同一内容の債務を引受人が負担することと、引受人が債務者と連帯して債務を負担することを明記するものである。これは、現行法第433条《連帯債務者の1人との間の更改又は免除》のように、併存的債務引受の性質上当然に適用されないものを除き、連帯債務の規定に従うことを表す趣旨である[59]。

改正ポイント2　本条第2項は、債権者と引受人との合意のみによって併存的債務引受が成立し、債務者の意思に反するか否かを問わないことを明らかにするものである[60]。

改正ポイント3　併存的債務引受は、債権者と引受人との合意による場合のほか、債務者と引受人との合意によっても成立することに異論はない。そして、債務者と引受人との合意によって成立する併存的債務引受は、第三者のためにする契約であり、債権者の引受人に対する権利が発生するためには、債権者の受益の意思表示が必要であるとされている（現行法537②）。本条第3項及び第4項は、このような基本的な要件について、条文上明確にするものである[61]。

改正法第472条（免責的債務引受の要件及び効果）

1　免責的債務引受の引受人は債務者が債権者に対して負担する債務と同一の内容の債務を負担し、債務者は自己の債務を免れる。
2　免責的債務引受は、債権者と引受人となる者との契約によってすることができる。この場合において、免責的債務引受は、債権者が債務者に対してその契約をした旨を通知した時に、その効力を生ずる。
3　免責的債務引受は、債務者と引受人となる者が契約をし、債権者が引受人となる者に対して承諾をすることによってもすることができる。

改正ポイント1　本条第1項は、引受人は債務者が債権者に対して負担する債務と同一の債務を負担し、債務者は自己の債務を免れるという免責的債務引受の最も基本的な効果について、条文上明確にするものである[62]。

---

[59] 部会資料67A（32頁）
[60] 部会資料67A（33頁）
[61] 部会資料67A（33頁）

> **改正ポイント2**　　債権者と引受人との合意によって成立する免責的債務引受の要件として、判例[63]が、債務者の意思に反しないことが必要であるとしたことについては、債権者と引受人が債務者の意思を知り得ない場合に、免責的債務引受が有効に成立するか否かが明らかとはならず、取引の障害となっているとの批判のほか、免除について債務者の意思に反してもすることができるとされていることとの整合性を欠き、不当であるとの批判がある。そこで、本条第2項は、債権者と引受人との合意によって免責的債務引受が成立するとした上で、債権者が債務者に対して合意の成立を通知することによって、免責的債務引受の効果が生ずることとするものである[64]。

> **改正ポイント3**　　免責的債務引受は、債務者と引受人との合意によっても成立することに異論はない。もっとも、債権者の関与なく債務者が交替することを認めると、債権者の利益を害するため、債権者の承諾がなければその効力を生じないとされている。本条第3項は、このような一般的な理解を明文化するものである[65]。

3　税　法

法人税基本通達 2-1-45（金融負債の消滅を認識する債務引受契約等）

　法人がその有する金融負債（金融商品である負債をいう。以下この章において同じ。）について債務引受契約の締結等をした場合において、当該債務引受契約の締結等により当該金融負債の債務者の地位（保証債務等の新たに発生する二次的な責任に係る地位を除く。）から免責されたときは、当該金融負債の消滅を認識し、当該債務引受け等に伴い支払う金銭等の額又は当該債務引受け直前の当該金融負債の帳簿価額は、当該事業年度の損金の額又は益金の額に算入する。

（注）新たに二次的な権利又は義務が発生する場合には、2-1-46《金融資産等の消滅時に
　　　発生する資産及び負債の取扱い》の適用があることに留意する。

---

62) 部会資料 67A（36 頁）

63) 大判大正 10 年 5 月 9 日（民録 27 輯 899 頁）

64) 部会資料 67A（36-37 頁）

65) 部会資料 67A（37 頁）

解説　債務引受契約の締結等により第一次債務者の地位から免責されたときは、金融負債の消滅を認識し（cf. 金融商品に関する会計基準第 10 項）、その帳簿価額を益金の額に算入することとされている。

法人税基本通達 9-4-1（子会社等を整理する場合の損失負担等）

　法人がその子会社等の解散、経営権の譲渡等に伴い当該子会社等のために債務の引受けその他の損失負担又は債権放棄等（以下 9-4-1 において「損失負担等」という。）をした場合において、その損失負担等をしなければ今後より大きな損失を蒙ることになることが社会通念上明らかであると認められるためやむを得ずその損失負担等をするに至った等そのことについて相当な理由があると認められるときは、その損失負担等により供与する経済的利益の額は、寄附金の額に該当しないものとする。

（注）子会社等には、当該法人と資本関係を有する者のほか、取引関係、人的関係、資金関係等において事業関連性を有する者が含まれる（以下 9-4-2 において同じ。）。

解説　親会社が、株主有限責任を楯にその親会社としての責任を放棄するようなことが社会的にも許されないといった状況に陥ることがしばしば生じ得ることを勘案し[66]、子会社等の整理に伴う債務の引受け等は、これをしなければ、今後より大きな損失を蒙るためやむを得ずした等の相当な理由があると認められるときは、寄附金に該当しないものとされている。

---

[66] 国税庁タックスアンサー「子会社等を整理・再建する場合の損失負担等に係る質疑応答事例等」（No.5280）

12. 債務免除

1　民　法

〈事例〉
　Aは、Bに貸金債権を有している。
　Aは、Bに借用証書を送付し、同証書は、Bに到達した。

　債権者と債務者との合意によって、債権（債務）を消滅させることもできるが、民法第519条は、債権者の単独行為として、債権を放棄する（債務を免除する）場面を規定している。

民法第519条
　債権者が債務者に対して債務を免除する意思を表示したときは、その債権は、消滅する。

　債務免除は、債務者の意思に関係なく、債権者の一方的な意思表示ですることができ、本事例のように、借用証書を債務者に送付することも、債務免除の意思表示があったとみることができる[67]。

--- Q&A ---

Q：Aは、Bに貸金債権を有している。Aは、Bに対して、債務を免除する意思を表示したが、Bの同意を得ていなかった。債務免除の効果は発生するか？

A：発生する。
　債務免除は、A（債権者）の意思だけですることができる。

---

[67] 我妻・有泉（519頁）

2　税　法

法人税基本通達 9-6-1（金銭債権の全部又は一部の切捨てをした場合の貸倒れ）

　法人の有する金銭債権について次に掲げる事実が発生した場合には、その金銭債権の額のうち次に掲げる金額は、その事実の発生した日の属する事業年度において貸倒れとして損金の額に算入する。

(1)　更生計画認可の決定又は再生計画認可の決定があった場合において、これらの決定により切り捨てられることとなった部分の金額

(2)　特別清算に係る協定の認可の決定があった場合において、この決定により切り捨てられることとなった部分の金額

(3)　法令の規定による整理手続によらない関係者の協議決定で次に掲げるものにより切り捨てられることとなった部分の金額

　　イ　債権者集会の協議決定で合理的な基準により債務者の負債整理を定めているもの

　　ロ　行政機関又は金融機関その他の第三者のあつせんによる当事者間の協議により締結された契約でその内容がイに準ずるもの

(4)　債務者の債務超過の状態が相当期間継続し、その金銭債権の弁済を受けることができないと認められる場合において、その債務者に対し書面により明らかにされた債務免除額

解説　債務者の債務超過の状態が相当期間継続し、その金銭債権の弁済を受けることができないと認められる場合において、その債務者に対し債務免除をしたときは、その免除した額が書面により明らかにされていれば、貸倒れとして損金の額に算入することができる。

13 契約の成立

1 現行法

契約は、通常、申込みと承諾の合致によって成立する。

例えば、Aが「甲土地を 1,000 万円で売ります」と申し込んだのに対して、Bが「買います」と承諾すれば、契約が成立する。

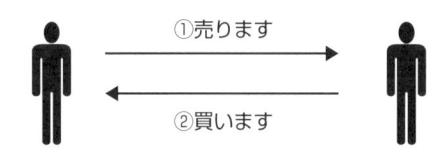

ただし、現行法は、契約が申込みと承諾の合致によって成立することを明示的に定めてはいない。

一方で、承諾の期間を定めてした申込みの撤回の可否（現行法 521 ①）、承諾の通知が延着した場合の処理（現行法 522）、隔地者間の契約の成立時期（現行法 526）など、特殊な状況下の取扱いが詳細に定められている。

> **現行法第 521 条（承諾の期間の定めのある申込み）**
> 1　承諾の期間を定めてした契約の申込みは、撤回することができない。
> 2　申込者が前項の申込みに対して同項の期間内に承諾の通知を受けなかったときは、その申込みは、その効力を失う。

> **現行法第 522 条（承諾の通知の延着）**
> 1　前条第 1 項の申込みに対する承諾の通知が同項の期間の経過後に到達した場合であっても、通常の場合にはその期間内に到達すべき時に発送したものであることを知ることができるときは、申込者は、遅滞なく、相手方に対してその延着の通知を発しなければならない。ただし、その到達前に遅延の通知を発し

たときは、この限りでない。

2　申込者が前項本文の延着の通知を怠ったときは、承諾の通知は、前条第1項の期間内に到達したものとみなす。

現行法第 526 条（隔地者間の契約の成立時期）

1　隔地者間の契約は、承諾の通知を発した時に成立する。

2　申込者の意思表示又は取引上の慣習により承諾の通知を必要としない場合には、契約は、承諾の意思表示と認めるべき事実があった時に成立する。

また、現行法第 528 条は、申込みに変更を加えた承諾の効果を定めている。

例えば、Aが「甲土地を 1,000 万円で売ります」と申し込んだのに対して、Bが、「900 万円まで値下げしてくれたら買います」と回答したとすると、Aの申込みを拒絶し、Bが新たな申込みをしたものとされる（現行法 528）。

現行法第 528 条（申込みに変更を加えた承諾）

承諾者が、申込みに条件を付し、その他変更を加えてこれを承諾したときは、その申込みの拒絶とともに新たな申込みをしたものとみなす。

ところで、「申込み」と区別すべきものに、「申込みの誘引」がある。

「申込み」は、相手方の承諾をもって直ちに契約が成立するものであるのに対して、「申込みの誘引」は、相手方に申込みをさせようとするものであり、求人広告等が例として挙げられる。

もっとも、両者の区別は必ずしも容易ではなく、例えば、自動販売機の設置やショッピングサイトへの商品等の表示が「申込み」であるか「申込みの誘引」であるかは争点となり得る[68]（一般的には、自動販売機の陳列は申込みであるが、店頭に商品を陳列することは申込みの誘引であるとされる[69]。）。

---

[68]　部会資料 67A（43 頁）

[69]　我妻・有泉（984 頁）

2　改正法

改正法第522条（契約の成立と方式）

1　契約は、契約の内容を示してその締結を申し入れる意思表示（以下「申込み」という。）に対して相手方が承諾をしたときに成立する。

2　契約の成立には、法令に特別の定めがある場合を除き、書面の作成その他の方式を具備することを要しない。

[改正ポイント1]　本条第1項は、「申込み」の定義について、「申込みの誘引」との区別を明確化する観点から、(1)契約の締結を申し入れる意思表示であることという要素と、(2)契約の内容を示したものであることという要素を示した上で、契約は、「申込み」と「承諾」の合致によって成立することを明文化するものである。ただし、契約の内容のうちどのような事項が示されていれば申込みといえるかの具体的な基準については、必ずしも確立した考え方があるとはいえず、明確な規律を定立することが困難であることから、解釈に委ねることとしている[70]。

[改正ポイント2]　本条第2項は、「契約自由の原則」のうち「方式の自由」を明文化するものである。もっとも、現在では、書面の作成等が要求される場合も少なくないことから、「法令に特別の定めがある場合を除き」との文言を付している。

3　税　法

法人税基本通達2-4-13（契約の意義）

法第64条第1項《長期大規模工事の請負に係る収益及び費用の帰属事業年度》に規定する「契約」とは、当事者間における請負に係る合意をいうのであるから、当該契約に関して契約書等の書面が作成されているかどうかを問わないことに留

---

[70] 部会資料81-3（6頁）

意する。

解説　法人税法第64条第1項は、長期大規模工事について、「工事のうち、その着手の日から当該工事に係る契約において定められている目的物の引渡しの期日までの期間が1年以上である・・・ものをいう」と規定しているところ、民法上、契約は、申込みと承諾の合致によって成立し、契約書等の作成は要求されていない。そこで、契約書等の書面がなくても同項の要件に該当し得ることを留意的に定めたものである。

　もっとも、民事上・税務上の争いを避ける上では、契約書等の書面を作成することが望ましいといえる[71]。

---

71) 渡辺淑夫・山本清次（編）『法人税基本通達の疑問点（五訂版）』（ぎょうせい、2012）（223頁）

14　第三者のためにする契約

1　現行法

〈事例〉

　AとBは、Aがその所有する中古車をBに売り、Bがその代金をCに支払うとの契約を締結した。

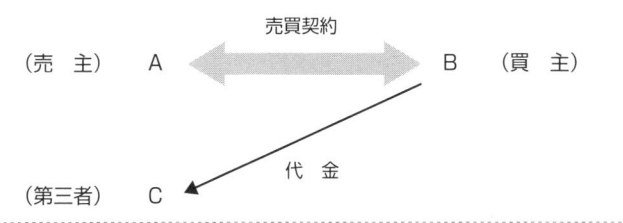

　AとBとの契約によって、Cは、Bに対して直接、売買代金を請求する権利を取得する（現行法537①）。

　ただし、Cの権利は、CがBに対して、受益の意思表示をするまでは発生しない（現行法537②）。

　これを「第三者のためにする契約」といい、Aを「要約者」、Bを「諾約者」、Cを「受益者」という。

現行法第537条（第三者のためにする契約）

1　契約により当事者の一方が第三者に対してある給付をすることを約したときは、その第三者は、債務者に対して直接にその給付を請求する権利を有する。

2　前項の場合において、第三者の権利は、その第三者が債務者に対して同項の契約の利益を享受する意思を表示した時に発生する。

2　改正法

改正法第 537 条（第三者のためにする契約）
1　契約により当事者の一方が第三者に対してある給付をすることを約したときは、その第三者は、債務者に対して直接にその給付を請求する権利を有する。
2　前項の契約は、その成立の時に第三者が現に存しない場合又は第三者が特定していない場合であっても、そのためにその効力を妨げられない。
3　第 1 項の場合において、第三者の権利は、その第三者が債務者に対して同項の契約の利益を享受する意思を表示した時に発生する。

改正ポイント　第三者のためにする契約の要件として、受益者である第三者が契約の当時に現存する必要があるかどうかについては、解釈に委ねられている。この点について判例は、第三者のためにする契約の締結時に受益者が現存している必要はなく、設立中の法人を受益者として第三者のためにする契約を締結することもできるとし[72]、さらに、契約締結時には受益者が特定されていなくてもよいとした[73]。そこで、本条第 2 項は、この判例法理を明文化するものである[74]。

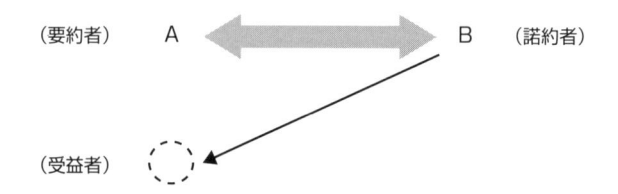

---

[72] 最判昭和 37 年 6 月 26 日（民集 16 巻 7 号 1397 頁）
[73] 大判大正 7 年 11 月 5 日（民録 24 輯 2131 頁）
[74] 部会資料 67A（58 頁）

3　税　法

法人税基本通達 9-3-10（賃借建物等を保険に付した場合の支払保険料）

法人が賃借している建物等（役員又は使用人から賃借しているもので当該役員又は使用人に使用させているものを除く。）に係る長期の損害保険契約について保険料を支払った場合には、当該保険料については、次に掲げる区分に応じ、次による。

(1)　法人が保険契約者となり、当該建物等の所有者が被保険者となっている場合　9-3-9 による。

(2)　当該建物等の所有者が保険契約者及び被保険者となっている場合　保険料の全部を当該建物等の賃借料とする。

解説　本通達の(1)では、賃借人たる法人と保険会社との間の契約において、保険会社が賃貸人たる建物等の所有者に損害保険金を支払うことを約した場合、すなわち、「第三者のためにする契約」をした場合が想定されている。

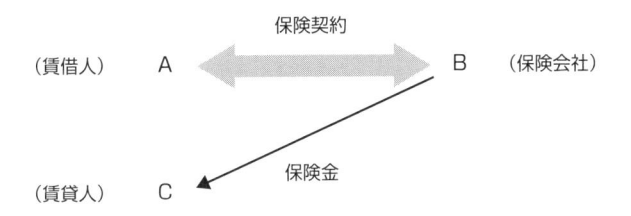

この場合、満期返戻金等の請求権は、保険契約者たる法人に帰属するため、法人税基本通達 9-3-9 により、当該法人が支払った保険料の額のうち積立保険料に相当する部分の金額は、保険期間の満了又は保険契約の解除若しくは失効の時までは資産に計上し、その他の部分の金額は期間の経過に応じて損金の額に算入する。

法人税基本通達
（長期の損害保険契約に係る支払保険料）

9-3-9　法人が、保険期間が 3 年以上で、かつ、当該保険期間満了後に満期返戻金を支払う旨の定めのある損害保険契約（これに類する共済に係る

契約を含む。以下 9-3-12 までにおいて「長期の損害保険契約」という。）について保険料（共済掛金を含む。以下 9-3-12 までにおいて同じ。）を支払った場合には、その支払った保険料の額のうち積立保険料に相当する部分の金額は保険期間の満了又は保険契約の解除若しくは失効の時までは資産に計上するものとし、その他の部分の金額は期間の経過に応じて損金の額に算入する。

（注）支払った保険料の額のうち、積立保険料に相当する部分の金額とその他の部分の金額との区分は、保険料払込案内書、保険証券添付書類等により区分されているところによる。

15　手 付

1　現行法

〈事例〉

Aは、Bとの間で、A所有の中古車をBに売るとの契約を締結した。
その後、Aは、気が変わったとして、一方的に契約解除を申し出た。

売買

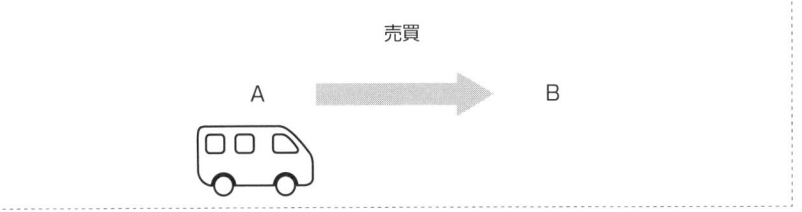

A　　　　　　　　　　　B

　契約の解除とは、契約当事者の一方の意思表示で「契約をなかったことにする」ものである。

　もちろん、契約当事者の双方の合意で「契約をなかったことにする」ことも可能であるが、これは、新たな契約に基づくもので、「合意解除」といって、民法上の「解除」とは似て非なるものである。

　民法上の「解除」は、一方の意思表示によってなされるものであるから、その根拠となる権利が必要である。

　この権利を「解除権」といい、契約又は法律の規定により発生する（現行法540）。

　本事例のように「気が変わった」というだけでは、解除権は発生しないので、Aの一方的な申し出によって、売買契約が解除されるということにはならない。

民法第540条（解除権の行使）

1　契約又は法律の規定により当事者の一方が解除権を有するときは、その解除

は、相手方に対する意思表示によってする。

2　前項の意思表示は、撤回することができない。

では、契約又は法律の規定により発生する解除権とは、具体的にはどのようなものであろうか？

まず、法律の規定により発生する解除権を「法定解除権」という。契約当事者の一方が債務を履行しない（例えば、代金を支払わない）ので、他方が、契約を解除する権利を有することとなるような場合である。

次に、契約により発生する解除権を「約定解除権」という。その代表的なものが「解約手付」である。

〈事例〉

　Aは、Bとの間で、A所有の中古車を300万円でBに売るとの契約を締結した。

　その際、Bは、Aに対し、手付として60万円を支払った。

　その後、Aは、契約解除を申し出た。

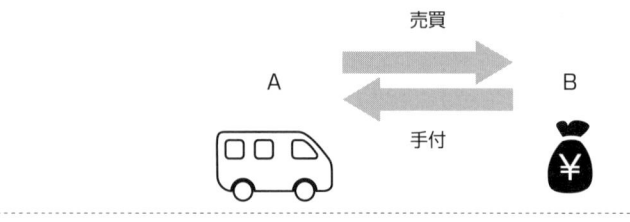

契約を締結する際、「手付」と呼ばれる金銭等を交付しておくと、契約当事者の双方が解除権を有することとなる。

本事例では、(1)買主Bは、手付（60万円）を放棄することによって、(2)売主Aは、その倍額（120万円）を返還することによって（いわゆる「手付倍返し」）、それぞれ契約を解除することができる（現行法557①）。

このうち(2)の場合、売主Aは、単に口頭で「手付の倍額を返還します」と言うだけでは十分ではなく、買主Bに現実の提供をする（例えば、手付の倍額を持参して受領を催告する）ことを要するが[75]、現実の提供があれば足り、買主B

が受領することまでは必要でない[76]とするのが判例である。

　なお、上記(1)及び(2)のいずれの場合においても、相手方が契約の履行に着手していたときは、それを無駄にすることはできないので、手付を放棄しても（手付の倍額を返還しても）、契約を解除することはできないこととされている（現行法 557 ①）。

現行法第 557 条（手付）

1　買主が売主に手付を交付したときは、当事者の一方が契約の履行に着手するまでは、買主はその手付を放棄し、売主はその倍額を償還して、契約の解除をすることができる。

2　第 545 条第 3 項の規定は、前項の場合には、適用しない。

　この点、「契約の履行に着手」したものと認められた事例として、次のものがある。

◇　原判決は、その理由の説示として、「挙示の証拠を総合すれば、D（注＝買主）は約定の明渡期限後しばしば控訴人（注＝売主）に対し本件家屋の明渡を求めたけれども、控訴人において或は猶予を求め、或は不得要領の答弁をして日時を遷延し遂にこれに応じなかったこと、Dにおいては控訴人が家屋の明渡をすれば何時にても約定に従い残代金の支払を為し得べき状態にあったことが認められる・・・かような場合には買主としては既に契約の履行に着手したものと解するのが相当である」旨説明している。そして、原判決の認定した上記のごとき場合には、まだ現実に代金の提供をしなくとも、買主としての契約の履行に着手したものと解することができる[77]。

　一方、判例は、契約の履行に着手した者が、自らこれを犠牲にしてでも契約を解除したいというのであれば、これを禁止すべき理由はないとして、この場合の手付解除（現行法 557 ①）は認められるとしている[78]。

---

[75]　最判平成 6 年 3 月 22 日裁判所 HP 参照（平成 4 年（オ）第 1929 号）

[76]　大判大正 3 年 12 月 8 日（民録 20 巻 1058 頁）

[77]　最判昭和 26 年 11 月 15 日裁判所 HP 参照（昭和 24 年（オ）第 189 号）

[78]　最判昭和 40 年 11 月 24 日裁判所 HP 参照（昭和 37 年（オ）第 760 号）

2 改正法

改正法第557条（手付）

1 買主が売主に手付を交付したときは、買主はその手付を放棄し、売主はその倍額を現実に提供して、契約の解除をすることができる。ただし、その相手方が契約の履行に着手した後は、この限りでない。
2 第545条第4項の規定は、前項の場合には、適用しない。

改正ポイント1 現行法第557条第1項は、「売主はその倍額を償還して、契約の解除をすることができる」と規定しているが、この「償還」という文言の意義について、判例は、「現実の払渡し」をしなくても、売主が買主に倍額の「提供」をすることにより手付解除をすることができるが、その「提供」は相手方の態度如何によらず「現実の提供」を要するとしている[79]。本条第1項において、この判例法理が明文化されている[80]。

改正ポイント2 現行法第557条第1項は、「当事者の一方が契約の履行に着手するまでは・・・契約の解除をすることができる」と規定しているが、手付解除をしようとする者自身は、履行に着手した場合であっても、手付解除ができるとするのが判例である[81]。本条第1項但書において、この判例法理が明文化されている[82]。

3 税法

法人税基本通達7-7-3の2（固定資産の取得価額に算入しないことができる費用の例示）

次に掲げるような費用の額は、たとえ固定資産の取得に関連して支出するもの

---

[79] 大判大正3年12月8日（民録20巻1058頁）、最判平成6年3月22日裁判所HP参照（平成4年（オ）第1929号）
[80] 部会資料75A（8頁）
[81] 最判昭和40年11月24日裁判所HP参照（昭和37年（オ）第760号）
[82] 部会資料75A（8-9頁）

であっても、これを固定資産の取得価額に算入しないことができる。

(1)・(2)　（略）

(3)　一旦締結した固定資産の取得に関する契約を解除して他の固定資産を取得
　　することとした場合に支出する違約金の額

解説　法人が固定資産の取得に関する契約を締結し、売主に手付を交付し
たが、その後、手付を放棄して、契約の解除をし、他の固定資産を取得するこ
ととした場合であっても、その放棄した手付の額は、当該他の固定資産の取得
価額に算入しないことができる。

所得税基本通達 34-1（一時所得の例示）

次に掲げるようなものに係る所得は、一時所得に該当する。

(1)〜(7)　（略）

(8)　民法第557条《手付》の規定により売買契約が解除された場合に当該契約
　　の当事者が取得する手付金又は償還金（業務に関して受けるものを除く。）

(9)〜(12)　（略）

解説　民法第557条《手付》の規定により売買契約が解除された場合に、
その契約当事者が取得する手付金又は償還金（業務に関して受けるものを除く。）
に係る所得は、一時所得として取り扱うとするものである。

16　賃貸借

1　現行法

〈事例〉

　Aは、Bから家屋（以下「本件家屋」という。）を賃借している。

　本件家屋は、破損、腐食等しており、居住に著しい支障を生ずる程度にまで至っている。

　Aは、Bの修繕義務の不履行を理由に、賃料全部の支払いを拒んでいる。

　貸借には、大きく分けると、(1)借主が目的物の所有権を取得し、その目的物を消費することができ、返還は、これと同種・同等・同量の物をもってすれば足りる「消費貸借」と、(2)借主は目的物の所有権を取得せず、その目的物を使用収益することができるにとどまり、これをそのまま返還しなければならない「使用貸借」及び「賃貸借」とがある。

　このうち「使用貸借」は、借主が無償で目的物を使用収益し、貸主はこれを忍容する義務を負い、目的物の通常の必要費は借主がこれを負担する（現行法595①）のに対して、「賃貸借」は、借主が賃料の支払義務を負い（現行法601）、貸主は目的物の使用収益に必要な修繕をする義務を負う（現行法606①）。

現行法第606条（賃貸物の修繕等）

1　賃貸人は、賃貸物の使用及び収益に必要な修繕をする義務を負う。

2　賃貸人が賃貸物の保存に必要な行為をしようとするときは、賃借人は、これを拒むことができない。

　「賃貸借」において、賃貸人は修繕義務を負うことから、賃貸人が修繕義務を履行しない場合、賃借人は、賃料の支払いを拒むことができる。

　ただし、この場合において、目的物の破損・腐蝕等の状況が、使用収益に耐えない、あるいは、著しい支障を生ずる程に至っていないときは、賃貸人の修繕義務の不履行を理由に、賃料全部の支払いを拒むことを得ないとする判例がある[83]。

　本事例では、家屋の破損・腐蝕等の状況が、「居住に著しい支障を生ずる程度にまで至っている」とされているので、Aは、Bの修繕義務の不履行を理由に、賃料全部の支払いを拒むことができると考えられる。

　なお、修繕義務を負うのは賃貸人であるが、賃借人が、賃貸人に代わって修繕等をした場合には、これを必要費として、賃貸人に償還請求することができる（民法608①）。

　また、賃借人が、賃借物の改良のために費用を支出し、その価格を増加させた場合には、これを有益費として、賃貸借の終了の時に賃貸人に償還請求することができる（民法608②）。

現行法第608条（賃借人による費用の償還請求）

1　賃借人は、賃借物について賃貸人の負担に属する必要費を支出したときは、賃貸人に対し、直ちにその償還を請求することができる。

2　賃借人が賃借物について有益費を支出したときは、賃貸人は、賃貸借の終了の時に、第196条第2項の規定に従い、その償還をしなければならない。ただし、裁判所は、賃貸人の請求により、その償還について相当の期限を許与することができる。

―――――――――――――― Q&A ――――――――――――――

Q1：Aは、Bに甲建物を賃貸している。Aは、Cに甲建物を譲渡し、Cが賃貸人たる地位を承継した。Bは、賃貸借契約が終了し、甲建物を明け渡したときは、Cに対し、敷金の返還を請求することができるか？

A ：できる。

　　敷金（Aに対する延滞賃料等があれば、その弁済に充当した後の残額）は、

---

[83] 最判昭和38年11月28日裁判所HP参照（昭和37年（オ）第347号）

Cに承継される（最判昭44.7.17）。

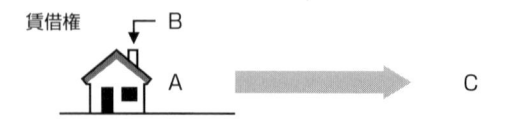

Q2： Aは、Bから甲土地を賃借し、その土地の上に乙建物を所有している。
　　 Aは、乙建物を甲土地の賃借権とともにCに譲渡し、賃借権の譲渡に
　　 つき、Bの承諾を得た。Cは、賃貸借契約が終了し、甲土地を明け渡
　　 したときは、Bに対し、Aが交付した敷金の返還を請求することがで
　　 きるか？

A ：できない。

　　 判例（最判昭53.12.22）は、賃借権が旧賃借人から新賃借人に移転され
　　 た場合、特段の事情のない限り、敷金に関する敷金交付者の権利義務
　　 関係は新賃借人に承継されるものではないとしている。

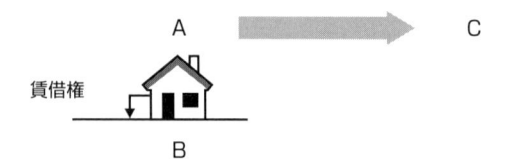

2　改正法

改正法第606条（賃貸人による修繕等）

1　賃貸人は、賃貸物の使用及び収益に必要な修繕をする義務を負う。ただし、
　賃借人の責めに帰すべき事由によってその修繕が必要となったときは、この限
　りでない。

2　賃貸人が賃貸物の保存に必要な行為をしようとするときは、賃借人は、これ
　を拒むことができない。

改正ポイント　　本条第1項但書は、公平の観点から、賃借人に帰責事由があ

る場合には賃貸人が修繕義務を負わない旨を新たに定めるものである[84]。

改正法第 607 条の 2 （賃借人による修繕）

　賃借物の修繕が必要である場合において、次に掲げるときは、賃借人は、その修繕をすることができる。
　一　賃借人が賃貸人に修繕が必要である旨を通知し、又は賃貸人がその旨を知ったにもかかわらず、賃貸人が相当の期間内に必要な修繕をしないとき。
　二　急迫の事情があるとき。

　改正ポイント　　賃借物の修繕は、賃借物の物理的変更を伴うことが多いので、所有者である賃貸人のみが行うことができるのが原則であるが、賃貸人が修繕をしない場合には、賃借人は修繕権限を有すると解されている。そこで、本条は、賃借人の修繕権限を明文化するとともに、その要件として、(1)修繕の必要が生じた旨を賃貸人に通知し、若しくは賃貸人がその旨を知ったにもかかわらず、賃貸人が必要な修繕をしない場合、又は、(2)急迫な事情がある場合を掲げるものである[85]。

改正法第 622 条の 2

1　賃貸人は、敷金（いかなる名目によるかを問わず、賃料債務その他の賃貸借に基づいて生ずる賃借人の賃貸人に対する金銭の給付を目的とする債務を担保する目的で、賃借人が賃貸人に交付する金銭をいう。以下この条において同じ。）を受け取っている場合において、次に掲げるときは、賃借人に対し、その受け取った敷金の額から賃貸借に基づいて生じた賃借人の賃貸人に対する金銭の給付を目的とする債務の額を控除した残額を返還しなければならない。
　一　賃貸借が終了し、かつ、賃貸物の返還を受けたとき。
　二　賃借人が適法に賃借権を譲り渡したとき。
2　賃貸人は、賃借人が賃貸借に基づいて生じた金銭の給付を目的とする債務を履行しないときは、敷金をその債務の弁済に充てることができる。この場合において、賃借人は、賃貸人に対し、敷金をその債務の弁済に充てることを請求することができない。

84）部会資料 69A（54 頁）
85）部会資料 69A（54-55 頁）

改正ポイント1 現行法には、敷金の定義に関する規定は設けられていない。そこで、本条第1項かっこ書は、敷金の意義について、判例[86]や一般的な理解を踏まえて明確にするものである[87]。

改正ポイント2 判例[88]は、敷金返還債務は、賃貸借が終了し、かつ、目的物が返還された時に、それまでに生じた賃料債務等を敷金額から控除した残額につき具体的に発生するとしている。また、賃借人が適法に賃借権を譲渡したときも、賃貸人と旧賃借人との間に別段の合意がない限り、その時点で敷金返還債務が生ずるとされている[89]。本条第1項は、これらの判例法理を明文化するものである[90]。

改正ポイント3 本条第2項は、敷金返還債務が本条第1項により具体的に生ずる前に、賃借人の賃貸人に対する債務の不履行が生じた場合において、賃貸人の意思表示によって敷金の充当を認める判例法理[91]を明文化するものである[92]。

改正法第605条の2（不動産の賃貸人たる地位の移転）

1 前条、借地借家法（平成3年法律第90号）第10条又は第31条その他の法令の規定による賃貸借の対抗要件を備えた場合において、その不動産が譲渡されたときは、その不動産の賃貸人たる地位は、その譲受人に移転する。

2 前項の規定にかかわらず、不動産の譲渡人及び譲受人が、賃貸人たる地位を譲渡人に留保する旨及びその不動産を譲受人が譲渡人に賃貸する旨の合意をしたときは、賃貸人たる地位は、譲受人に移転しない。この場合において、譲渡人と譲受人又はその承継人との間の賃貸借が終了したときは、譲渡人に留保されていた賃貸人たる地位は、譲受人又はその承継人に移転する。

3 第1項又は前項後段の規定による賃貸人たる地位の移転は、賃貸物である不動産について所有権の移転の登記をしなければ、賃借人に対抗することができ

---

[86] 大判大正15年7月12日（民集5巻616頁）等
[87] 部会資料69A（52頁）
[88] 最判昭和48年2月2日裁判所HP参照（昭和46年（オ）第357号）
[89] 最判昭和53年12月22日裁判所HP参照（昭和52年（オ）第844号）
[90] 部会資料69A（52-53頁）
[91] 大判昭和5年3月10日（民集9巻253頁）
[92] 部会資料69A（53頁）

ない。
4　第１項又は第２項後段の規定により賃貸人たる地位が譲受人又はその承継人
　に移転したときは、第608条の規定による費用の償還に係る債務及び第622条
　の２第１項の規定による同項に規定する敷金の返還に係る債務は、譲受人又は
　その承継人が承継する。

掲載ポイント　賃貸人の地位の移転の場面における敷金返還債務について、
判例[93]は、旧賃貸人の下で生じた延滞賃料等の弁済に充当した後の残額につい
てのみ新賃貸人に移転するとしているが、実務では、そのような充当をしない
で全額を新賃貸人に移転させることも多い。そこで、この判例法理のうち敷金
返還債務が新賃貸人に移転するという点のみを本条第４項において明文化して
いる[94]。

3　税　法

法人税基本通達 7-8-10（損壊した賃借資産等に係る補修費）

　法人が賃借資産（賃借をしている土地、建物、機械装置等をいう。）につき修繕
等の補修義務がない場合においても、当該賃借資産が災害により被害を受けたた
め、当該法人が、当該賃借資産の原状回復のための補修を行い、その補修のため
に要した費用を修繕費として経理したときは、これを認める。
　法人が、修繕等の補修義務がない販売をした又は賃貸をしている資産につき補
修のための費用を支出した場合においても、同様とする。
（注）1　この取扱いにより修繕費として取り扱う費用は、12-2-6《災害損失特別勘定の設
　　　　定》の災害損失特別勘定への繰入れの対象とはならないことに留意する。
　　　2　当該法人が、その修繕費として経理した金額に相当する金額につき賃貸人等か
　　　　ら支払を受けた場合には、その支払を受けた日の属する事業年度の益金の額に算
　　　　入する。
　　　3　法人が賃借している法第64条の２第１項《リース取引に係る所得の金額の計
　　　　算》に規定するリース資産が災害により被害を受けたため、契約に基づき支払う
　　　　こととなる規定損害金（免除される金額及び災害のあった日の属する事業年度に

[93]　最判昭和44年7月17日裁判所HP参照（昭和43年（オ）第483号）
[94]　部会資料69A（48頁）

> おいて支払った金額を除く。）については、災害のあった日の属する事業年度に
> おいて、未払金として計上することができることに留意する。

解説　民法第 606 条《賃貸物の修繕等》第 1 項及び第 608 条《賃借人による費用の償還請求》第 1 項の各規定によれば、賃借人が賃借資産の補修を行い、その補修費用を支払った場合、賃借人は、その金額を仮払金等として経理するのが通常であるところ、災害による被害にあっては、(1)賃貸人が早急に補修を行うことが期待できない、(2)賃貸人に対して補修費用の求償ができるとは限らない等の事情があることに鑑み、賃借人において、補修費用を修繕費として経理することを認めるものである[95]。

なお、民法第 606 条第 1 項については、民法の一部を改正する法律（債権法改正）によって、修繕が必要となったことにつき賃借人に帰責事由がある場合には、賃貸人は修繕義務を負わない旨が新たに定められる。

法人税基本通達 2-1-41（保証金等のうち返還しないものの額の帰属の時期）

> 資産の賃貸借契約等に基づいて保証金、敷金等として受け入れた金額であっても、当該金額のうち期間の経過その他当該賃貸借契約等の終了時における一定の事由の発生により返還しないこととなる部分の金額は、その返還しないこととなった日の属する事業年度の益金の額に算入するのであるから留意する。

解説　保証金、敷金等として受け入れた金額のうち返還しないことが確定した部分の金額は、その返還しないことが確定した日の属する事業年度の益金の額に算入する。

なお、同趣旨の取扱いが、所得税基本通達 36-7 に定められている。

【参考】

平成 30 年 5 月 30 日付課法 2-8 他 2 課共同「法人税基本通達等の一部改正について」（法令解釈通達）による改正後の法人税基本通達 2-1-41 は、次の通り定めている（アンダーラインを付した箇所が、改正された箇所である。）。

> 法人税基本通達

---

[95] 国税庁 HP「平成 29 年 3 月 31 日付課法 2 - 2 ほか 1 課共同『法人税基本通達等の一部改正について』（法令解釈通達）の趣旨説明」

（保証金等のうち返還しないものの額の帰属の時期）

2-1-41　資産の賃貸借契約等に基づいて保証金、敷金等として受け入れた金額（賃貸借の開始当初から返還が不要なものを除く。）であっても、期間の経過その他当該賃貸借契約等の終了前における一定の事由の発生により返還しないこととなる部分の金額は、その返還しないこととなった日の属する事業年度の益金の額に算入するのであるから留意する。

所得税基本通達 36-5（不動産所得の総収入金額の収入すべき時期）

　不動産所得の総収入金額の収入すべき時期は、別段の定めのある場合を除き、それぞれ次に掲げる日によるものとする。

(1)　契約又は慣習により支払日が定められているものについてはその支払日、支払日が定められていないものについてはその支払を受けた日（請求があったときに支払うべきものとされているものについては、その請求の日）

(2)　賃貸借契約の存否の係争等（未払賃貸料の請求に関する係争を除く。）に係る判決、和解等により不動産の所有者等が受けることとなった既往の期間に対応する賃貸料相当額（賃貸料相当額として供託されていたもののほか、供託されていなかったもの及び遅延利息その他の損害賠償金を含む。）については、その判決、和解等のあった日。ただし、賃貸料の額に関する係争の場合において、賃貸料の弁済のため供託された金額については、(1)に掲げる日

　(注)1　当該賃貸料相当額の計算の基礎とされた期間が3年以上である場合には、当該賃貸料相当額に係る所得は、臨時所得に該当する（2-37参照）。

　　　2　業務を営む賃借人が賃借料の弁済のため供託した金額は、当該賃借料に係る(1)に掲げる日の属する年分の当該業務に係る所得の金額の計算上必要経費に算入することに留意する。

解説　所得税の所得計算において、不動産等の賃貸料に係る収入金額は、原則として契約上の支払日の属する年分の総収入金額に算入するとするものである。もっとも、継続的な記帳に基づいて不動産所得の金額を計算しているなどの場合には、そのような企業会計と異なる取扱いをする必要はないことから、その年の貸付期間に対応する賃貸料の額をその年分の総収入金額に算入することを認めることとされている[96]。

---

[96] 昭和48年11月6日直所2-78「不動産等の賃貸料にかかる不動産所得の収入金額の計上時期について」

17 請負と委任

1 現行法

　請負は、当事者の一方がある仕事を完成することを約し、相手方がその仕事の結果に対してその報酬を支払うことを約することによって、その効力を生ずる（現行法632）。

　これに対して、委任は、当事者の一方が法律行為をすること又は法律行為でない事務を処理することを相手方に委託し、相手方がこれを承諾することによって、その効力を生ずる（現行法643、656）。

　請負は、労務の結果を目的とするのに対して、委任は、統一した労務を目的とする点が異なる。

	請負	委任
契約の目的	仕事の完成	一定の事務の処理
仕事の完成の要否	必要	不要

　また、請負は、有償契約であり、その報酬は、仕事の目的物の引渡しと同時に（物の引渡しを要しないときは、仕事の完成と同時に）支払わなければならない（現行法633、624①）のに対して、委任は、特約等がない限り、無償契約であるのが原則である。

　もっとも、商法第512条は、商人がその営業の範囲内において他人のために行為をしたときは、相当な報酬を請求することができる旨規定しているほか、商人でない者であっても、例えば、弁護士に仕事を頼むときは、有償契約となるのが通常であろう。

　有償委任の場合は、受任者は、委任事務を履行した後（期間によって報酬を定めたときは、期間の経過後）でなければ、報酬を請求することができない（現行法648）。

	請負	委任
報酬の請求の可否	可	特約等がなければ、不可
報酬の支払いの時期	仕事の目的物の引渡し時（仕事の完成時）	委任事務の履行後

　なお、注文者又は委任者がいつでも契約を解除することができるかについて比較すると、次の通りである。

	請負	委任
契約の解除	請負人が仕事を完成しない間は、注文者は、いつでも損害を賠償して契約の解除をすることができる（現行法 641）。	委任者は、いつでも契約の解除をすることができる（現行法 651 ①）（注）。 　なお、委任者が受任者に不利な時期に委任の解除をしたときは、委任者は、原則として、受任者の損害を賠償しなければならない（現行法 651 ②）。

（注）委任契約が受任者の利益のためにもなされている場合には、委任者からの解除は認められない[97]。もっとも、委任者が委任契約の解除権自体を放棄したものとは解されない事情があるときは（解除権が放棄されたとみることができないようなときは）、委任者からの解除が認められる[98]。

　委任者が契約の解除をした場合（現行法 651）のように、委任事務の履行が中途で終了したが、そのことについて受任者に落ち度がない場合、受任者は、既にした履行の割合に応じて報酬を請求することができる（現行法 648 ③）。

落ち度なし

　この点、仕事の完成を目的とする請負については、このような規定はないが、仕事の完成が不可能になったが、そのことについて請負人に落ち度がない

---

[97] 大判大正 9 年 4 月 24 日（民録 26 輯 562 頁）
[98] 最判昭和 56 年 1 月 19 日裁判所 HP 参照（昭和 54 年（オ）第 353 号）

場合において、(1)注文者にも落ち度がないときは、請負人は、報酬を請求することができないが（現行法536①）、(2)注文者に落ち度があるときは、請負人は、報酬を請求することができる（現行法536②）とされている。

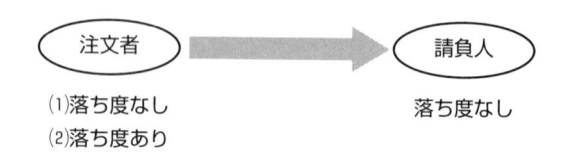

(1)落ち度なし
(2)落ち度あり

落ち度なし

Q&A

Q：受任者は、自己に代わって第三者に委任事務を処理させることができるか？

A：委任者の許諾を得たとき、又はやむを得ない事由があるときに限って、できる。

　委任は、委任者と受任者との間の信頼関係を基礎とするものであるから、受任者が自ら委任事務を処理するのが原則である。もっとも、受任者は、委任者の許諾を得たとき、又はやむを得ない事由があるときは、自己に代わって第三者に委任事務を処理させることができると解される（現行法104・105類推）。

2　改正法

改正法第634条（注文者が受ける利益の割合に応じた報酬）

　次に掲げる場合において、請負人が既にした仕事の結果のうち可分な部分の給付によって注文者が利益を受けるときは、その部分を仕事の完成とみなす。この場合において、請負人は、注文者が受ける利益の割合に応じて報酬を請求することができる。

一　注文者の責めに帰することができない事由によって仕事を完成することができなくなったとき。

二　請負が仕事の完成前に解除されたとき。

改正ポイント　請負契約において、請負人が報酬を請求するには仕事を完成させることが必要であり、請負人が途中まで仕事をしたとしても、仕事を完成させていない以上、報酬を請求することができないのが原則である（現行法632）。しかし、仕事が未完成の間にその完成が不能となった場合でも、仕事の一部が既に履行されており、履行された部分が独立して注文者の利益になる場合には、この既履行部分について報酬請求を認めることが合理的であると考えられる。また、仕事の完成は可能であるものの、履行遅滞による解除（現行法541）や注文者による解除（現行法641）がされた場合にも、仕事の完成が不能となった場合と同様に、既履行部分についての報酬請求を認めるべきである。この点、判例[99]は、仕事の一部が既に履行された後、請負契約が解除された場合において、既に行われた仕事の成果が可分であり、かつ、注文者が既履行部分の給付を受けることに利益を有するときは、特段の事情がない限り、既履行部分について請負契約を解除することはできないとし、既履行部分についての報酬請求を認めている。本条は、上記の判例法理を明文化し、仕事が完成しなかった場合における報酬請求権の発生根拠となる規定を新たに設けるものである[100]。

　なお、注文者の責めに帰すべき事由によって仕事を完成することができなくなった場合については、改正法第536条第2項の定めるところによる[101]。

> **改正法**
> **（債務者の危険負担等）**
> 第536条　（略）
> 2　債権者の責めに帰すべき事由によって債務を履行することができなくなったときは、債権者は、反対給付の履行を拒むことができない。この場合において、債務者は、自己の債務を免れたことによって利益を得たときは、これを債権者に償還しなければならない。

---

[99] 最判昭和56年2月17日裁判所HP参照（昭和52年（オ）第630号）、大判昭和7年4月30日（民集11巻8号780頁）
[100] 部会資料72A（1-2頁）
[101] 部会資料81-3（18頁）

> **改正法第648条（受任者の報酬）**
> 1　受任者は、特約がなければ、委任者に対して報酬を請求することができない。
> 2　受任者は、報酬を受けるべき場合には、委任事務を履行した後でなければ、これを請求することができない。ただし、期間によって報酬を定めたときは、第624条第2項の規定を準用する。
> 3　受任者は、次に掲げる場合には、既にした履行の割合に応じて報酬を請求することができる。
> 　一　委任者の責めに帰することができない事由によって委任事務の履行をすることができなくなったとき。
> 　二　委任が履行の中途で終了したとき。

改正ポイント1　成果の完成に対して報酬が支払われる方式がとられた委任において、委任事務の一部又は全部の処理が不能となったときは、請負におけるのと同様に、既履行部分について割合的な報酬請求を認めることが適切であると考えられる。そこで、本条第3項第1号は、この場合における報酬請求権の帰趨について、請負と同様の規律を設けるものである[102]。

改正ポイント2　現行法第648条第3項は、「委任が受任者の責めに帰することができない事由によって履行の中途で終了したときは、受任者は、既にした履行の割合に応じて報酬を請求することができる」と規定し、委任が履行の中途で終了した場合の報酬請求権について規定しているが、受任者に帰責事由がある場合には割合的な報酬の請求権を認めていない。これに対し、雇用においては、労働者の帰責事由により契約が中途で終了した場合であっても、既に労務に服した期間については、なお労働者は報酬請求権を有しており、これは雇用契約が債務不履行により解除されても同様であると解されている。そこで、本条第3項第2号は、委任が中途で終了した場合には、受任者に帰責事由があるときであっても、既に履行した事務処理に対する割合的な報酬請求権を認めるものである[103]。

---

[102]　部会資料72A（14頁）
[103]　部会資料72A（13-14頁）

改正法第648条の2（成果等に対する報酬）

1　委任事務の履行により得られる成果に対して報酬を支払うことを約した場合において、その成果が引渡しを要するときは、報酬は、その成果の引渡しと同時に、支払わなければならない。

2　第634条の規定は、委任事務の履行により得られる成果に対して報酬を支払うことを約した場合について準用する。

改正ポイント1　現行法第648条第2項は、委任の報酬が事務処理の労務に対して支払われるという原則的な方式を念頭に置いたものであるが、実際にはそれ以外に、事務処理によって一定の成果が達成されたときに、その成果に対して報酬が支払われるという方式も委任において類型的に多く見られる。そこで、本条第1項は、委任事務の処理による成果に対して報酬を支払う方式をとった場合の報酬の支払時期について、請負に関する現行法第633条と同様の規律を設けるものである。なお、この規律は任意規定であり、当事者が異なる合意をした場合には合意が優先することになると考えられる[104]。

改正ポイント2　本条第2項は、委任事務の履行により得られる成果に対して報酬が支払われる委任において、成果を完成させることができなかった場合に、既履行部分について報酬を請求することができるための要件として、請負の規定（改正法634）を準用するものである[105]。

改正法第651条（委任の解除）

1　委任は、各当事者がいつでもその解除をすることができる。

2　前項の規定により委任の解除をした者は、次に掲げる場合には、相手方の損害を賠償しなければならない。ただし、やむを得ない事由があったときは、この限りでない。

一　相手方に不利な時期に委任を解除したとき。

二　委任者が受任者の利益（専ら報酬を得ることによるものを除く。）をも目的とする委任を解除したとき。

---

[104]　部会資料72A（12頁）

[105]　部会資料72A（14-15頁）

| 改正ポイント1 | 本条第2項第1号は、現行法第651条第2項の規律を維持するものである[106]。

| 改正ポイント2 | 委任者の解除権に関する判例法理を総合すると、次表のとおりとなる。しかし、受任者の利益をも目的とする委任において、やむを得ない事由がなく、かつ、委任者が同条の解除権を放棄したものとは解されない事情もない場合、すなわち、次表の④の場合であっても、解除自体は認めた上で、受任者に生ずる不利益については損害賠償によって填補すればよいと考えられる。

	受任者の利益をも目的とするか否か	やむを得ない事由があるか否か	委任者が解除権自体を放棄したものとは解されない事情があるか否か	委任者による解除
①	目的としない	ー	ー	可
②	目的とする	ある	ー	可[107]
③		ない	ある	可[108]
④			ない	不可[109]

また、現行法第651条第2項が、相手方にとって不利な時期に解除する場合であっても、やむを得ない事由があったときは損害賠償義務を免除していることからすれば、受任者の利益をも目的とする委任を解除する場合についても、やむを得ない事由があったときは委任者の損害賠償義務を免除すべきであると考えられる。

もっとも、現行法第651条第2項の文言からは、相手方に不利な時期に解除した場合の損害賠償義務しか読み取ることができず、上記の規律を読み取ることは困難である。

そこで、本条第2項第2号は、上記の規律を明文化するものである[110]。

---

[106] 部会資料72A（17頁）
[107] 最判昭和40年12月17日裁判所HP参照（昭和39年（オ）第98号）
[108] 最判昭和56年1月19日裁判所HP参照（昭和54年（オ）第353号）
[109] 大判大正9年4月24日（民録26輯562頁）
[110] 部会資料72A（16-17頁）

3　税　法

法人税基本通達2-1-5（請負による収益の帰属の時期）

　請負による収益の額は、別に定めるものを除き、物の引渡しを要する請負契約にあってはその目的物の全部を完成して相手方に引き渡した日、物の引渡しを要しない請負契約にあってはその約した役務の全部を完了した日の属する事業年度の益金の額に算入する。

解説　仕事の完成に対して報酬を支払うという請負の性質（民法632、633）を踏まえて、請負による収益の帰属時期の原則を定めるものである。法人税基本通達2-1-6以下に、例外の定めがある。

　なお、同趣旨の取扱いが、所得税基本通達36-8の(4)本文に定められている。

【参考】

　平成30年5月30日付課法2-8他2課共同「法人税基本通達等の一部改正について」（法令解釈通達）による改正後の法人税基本通達2-1-21の7は、次の通り定めている。同通達においては、請負（工事進行基準の適用を受けるものを除く。）による収益の額は、原則として引渡し等の日の属する事業年度の益金の額に算入するが、当該請負が履行義務が一定の期間にわたり充足されるものに該当する場合において、その請負に係る履行義務が充足されていくそれぞれの日の属する事業年度において履行義務の充足に係る進捗度に応じて算定される収益の額を益金の額に算入しているときは、これを認めることが明らかにされている。

　　法人税基本通達
　　（請負に係る収益の帰属の時期）
　2-1-21の7　請負（法第64条第1項《長期大規模工事の請負に係る収益及び費用の帰属事業年度》の規定の適用があるもの及び同条第2項《長期大規模工事以外の工事の請負に係る収益及び費用の帰属事業年度》の規定の適用を受けるものを除く。以下2-1-21の7において同じ。）については、別に定めるものを除き、2-1-21の2及び2-1-21の3にかかわらず、その引渡し等の日が法第22条の2第1項《収益の額》に規定する役務の提供の日に該当し、その収益の額は、原則として引渡し等の日の属する事業年度の益金の額に算入されることに留意する。ただし、当該請負が2-1-21の4

(1)から(3)までのいずれかを満たす場合において、その請負に係る履行義務が充足されていくそれぞれの日の属する事業年度において2-1-21の5に準じて算定される額を益金の額に算入しているときは、これを認める。

(注)1　例えば、委任事務又は準委任事務の履行により得られる成果に対して報酬を支払うことを約している場合についても同様とする。

　　　2　2-1-1の4の取扱いを適用する場合には、その事業年度において引き渡した建設工事等の量又は完成した部分に対応する工事代金の額をその事業年度の益金の額に算入する。

法人税基本通達2-1-9（部分完成基準による収益の帰属時期の特例）

　法人が請け負った建設工事等（法第64条第1項《長期大規模工事の請負に係る収益及び費用の帰属事業年度》の規定の適用があるもの及び同条第2項《長期大規模工事以外の工事の請負に係る収益及び費用の帰属事業年度》の規定の適用を受けるものを除く。以下2-1-9において同じ。）について次に掲げるような事実がある場合には、その建設工事等の全部が完成しないときにおいても、その事業年度において引き渡した建設工事等の量又は完成した部分に対応する工事収入をその事業年度の益金の額に算入する。

(1)　一の契約により同種の建設工事等を多量に請け負ったような場合で、その引渡量に従い工事代金を収入する旨の特約又は慣習がある場合

(2)　1個の建設工事等であっても、その建設工事等の一部が完成し、その完成した部分を引き渡した都度その割合に応じて工事代金を収入する旨の特約又は慣習がある場合

解説　法人が請け負った建設工事等（工事進行基準の適用を受けるものを除く。）について、本通達の(1)又は(2)に掲げるような事実がある場合には、部分完成基準によって収益計上する旨が明らかにされている。

　なお、同趣旨の取扱いが、所得税基本通達36-8の(4)但書に定められている。

【参考】

　平成30年5月30日付課法2-8他2課共同「法人税基本通達等の一部改正について」（法令解釈通達）による改正後の法人税基本通達2-1-1の4は、次の通り定めており、同改正後の法人税基本通達2-1-21の7の（注）の2は、「2-1-1の4の取扱いを適用する場合には、その事業年度において引き渡した建設工事等の量又は完成した部分に対応する工事代金の額をその事業年度の益金の額に算入する」と定めてい

る。

法人税基本通達

（部分完成の事実がある場合の収益の計上の単位）

2-1-1の4　法人が請け負った建設工事等（建設、造船その他これらに類する工事をいう。以下2-1-21の8までにおいて同じ。）について次に掲げるような事実がある場合（法第64条第1項《長期大規模工事の請負に係る収益及び費用の帰属事業年度》の規定の適用がある場合及び同条第2項《長期大規模工事以外の工事の請負に係る収益及び費用の帰属事業年度》の規定の適用を受ける場合を除く。）には、その建設工事等の全部が完成しないときにおいても、2-1-1にかかわらず、その事業年度において引き渡した建設工事等の量又は完成した部分に区分した単位ごとにその収益の額を計上する。

(1)　一の契約により同種の建設工事等を多量に請け負ったような場合で、その引渡量に従い工事代金を収入する旨の特約又は慣習がある場合

(2)　1個の建設工事等であっても、その建設工事等の一部が完成し、その完成した部分を引き渡した都度その割合に応じて工事代金を収入する旨の特約又は慣習がある場合

法人税基本通達 9-2-14（事前確定届出給与の意義）

　法第34条第1項第2号《事前確定届出給与》に掲げる給与は、所定の時期に確定した額の金銭等（確定した額の金銭又は確定した数の株式若しくは新株予約権若しくは確定した額の金銭債権に係る法第54条第1項《譲渡制限付株式を対価とする費用の帰属事業年度の特例》に規定する特定譲渡制限付株式若しくは法第54条の2第1項《新株予約権を対価とする費用の帰属事業年度の特例等》に規定する特定新株予約権をいう。）を交付する旨の定めに基づいて支給される給与をいうのであるから、例えば、同号の規定に基づき納税地の所轄税務署長へ届け出た支給額と実際の支給額が異なる場合にはこれに該当しないこととなり、原則として、その支給額の全額が損金不算入となることに留意する。

解説　事前確定届出給与が債務として確定したものであれば、未払計上であっても支給した金額に含まれるものとも考えられるが、株式会社と役員との関係は、委任に関する規定に従うこととされており（会社法330）、未払いとなることを前提にその職務執行の対価の支給を決定しておくことはあり得ないと考えられるから、このような場合には、その金額は「確定額」とはいえないと

される[111]。

所得税基本通達 30-2 の 2（使用人から執行役員への就任に伴い退職手当等として支給される一時金）

　使用人（職制上使用人としての地位のみを有する者に限る。）からいわゆる執行役員に就任した者に対しその就任前の勤続期間に係る退職手当等として一時に支払われる給与（当該給与が支払われた後に支払われる退職手当等の計算上当該給与の計算の基礎となった勤続期間を一切加味しない条件の下に支払われるものに限る。）のうち、例えば、次のいずれにも該当する執行役員制度の下で支払われるものは、退職手当等に該当する。

(1)　執行役員との契約は、委任契約又はこれに類するもの（雇用契約又はこれに類するものは含まない。）であり、かつ、執行役員退任後の使用人としての再雇用が保障されているものではないこと

(2)　執行役員に対する報酬、福利厚生、服務規律等は役員に準じたものであり、執行役員は、その任務に反する行為又は執行役員に関する規程に反する行為により使用者に生じた損害について賠償する責任を負うこと

(注)　上記例示以外の執行役員制度の下で支払われるものであっても、個々の事例の内容から判断して、使用人から執行役員への就任につき、勤務関係の性質、内容、労働条件等において重大な変動があって、形式的には継続している勤務関係が実質的には単なる従前の勤務関係の延長とはみられないなどの特別の事実関係があると認められる場合には、退職手当等に該当することに留意する。

解説　　所得税法第 30 条第 1 項は、「退職所得とは、退職手当、一時恩給その他の退職により一時に受ける給与及びこれらの性質を有する給与（・・・）に係る所得をいう」と規定しているところ、同規定にいう「これらの性質を有する給与」について、判例は、「勤務関係の性質、内容、労働条件等において重大な変動があって、形式的には継続している勤務関係が実質的には単なる従前の勤務関係の延長とはみられないなどの特別の事実関係があることを要するものと解すべき」としている[112]。

　この点、使用人から執行役員への就任について、委任契約が締結されるな

---

[111] 国税庁 HP「平成 19 年 3 月 13 日付課法 2 - 3 ほか 1 課共同『法人税基本通達等の一部改正について』（法令解釈通達）の趣旨説明」

[112] 最判昭和 58 年 12 月 6 日裁判所 HP 参照（昭和 54 年（行ツ）第 35 号）

ど、本通達に定める要件のいずれも満たす場合には、次のことから、単なる従前の勤務関係の延長ではなく、判例でいう「特別の事実関係」があると認められるから、本通達は、このような場合に打切支給される退職給与については、税務上も退職所得として取り扱う旨を明らかにするものである[113]。

(1)　雇用契約を終了させ、新たに委任契約が締結される場合には、法律関係が明確に異なること

(2)　執行役員の任期は通常１年ないし２年とされており、使用人としての再雇用が保障されていない場合には、任期満了時には執行役員等として再任されない限り、会社を去らざるを得ないこと

(3)　法律関係を委任契約とし、報酬、福利厚生、服務規律等を役員に準じたものとする場合には、使用人に対する就業規則等は適用されず、労働基準法等の適用も制限されること

(4)　損害賠償責任について、使用人は、労働法上、故意又は重過失の場合に限られているのに対し、取締役は、過失責任とされており、執行役員についても、役員と同様のレベルまでは求めないとしても、役員に準ずる責任を有している場合には、地位の変動等が認められること

---

[113] 国税庁HP「所得税基本通達30-2の2《使用人から執行役員への就任に伴い退職手当等として支給される一時金》の取扱いについて（情報）」

18 組合と権利能力のない社団

1 − 1 現行法（組合）

組合契約について、現行法は、次の通り規定している。

現行法第667条（組合契約）

1 組合契約は、各当事者が出資をして共同の事業を営むことを約することによって、その効力を生ずる。

2 出資は、労務をその目的とすることができる。

すなわち、任意組合の成立要件は、(1)2人以上の各当事者が、(2)出資をし、(3)出資の目的である事業（内容に制限はなく、存続期間にも制限はない。）を共同して営むことについて合意することである。

また、組合の財産関係について、現行法第668条は、次の通り規定している。

現行法第668条（組合財産の共有）

各組合員の出資その他の組合財産は、総組合員の共有に属する。

すなわち、組合自体は、組合財産の帰属主体となることができないから、組合財産は、総組合員の共有に属するとするものである。ただし、この「共有」は、通常の「共有」とは異なる「合有」であるとされ、(1)組合員は、組合財産について自己の持分を譲渡したとしても、組合及び組合と取引をした第三者に対抗できない（現行法676①）、(2)組合員は、清算前に、組合財産の分割を請求できない（現行法676②）、(3)第三者が組合に対して債務を負う場合に、その第三者が組合員個人に対して債権を有していたとしても、これらを相殺できない（現行法677）などの拘束を受ける。

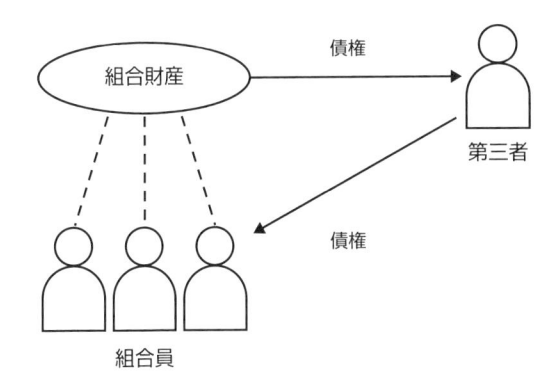

現行法第 676 条（組合員の持分の処分及び組合財産の分割）
1　組合員は、組合財産についてその持分を処分したときは、その処分をもって組合及び組合と取引をした第三者に対抗することができない。
2　組合員は、清算前に組合財産の分割を求めることができない。

現行法第 677 条（組合の債務者による相殺の禁止）
　組合の債務者は、その債務と組合員に対する債権とを相殺することができない。

　さらに、組合の対内関係（業務執行権）について、現行法第 670 条は、次の通り規定している。

現行法第 670 条（業務の執行の方法）
1　組合の業務の執行は、組合員の過半数で決する。
2　前項の業務の執行は、組合契約でこれを委任した者（次項において「業務執行者」という。）が数人あるときは、その過半数で決する。
3　組合の常務は、前二項の規定にかかわらず、各組合員又は各業務執行者が単独で行うことができる。ただし、その完了前に他の組合員又は業務執行者が異議を述べたときは、この限りでない。

　すなわち、組合の業務の決定方法は、次の通りである。

	業務執行者があるとき	業務執行者がないとき
組合の常務	各業務執行者（注）	各組合員（注）
組合の常務以外の業務	業務執行者の過半数	組合員の過半数

（注）その完了前に他の組合員又は業務執行者が異議を述べたときは、この限りでない。

　一方、組合の対外関係（代表権）について、現行法上、明文の規定はないが、判例は、次の通り判示し、組合の対内関係（業務執行権）によって定まるものとしている。

◇ 組合において特に業務執行者を定め、これに業務執行の権限を授与したときは、特段の事情がない限り、その執行者は第三者に対して組合員全員を代表する権限を有し、組合規約等で内部的にこの権限を制限しても、その制限は善意無過失の第三者に対抗できないものと解するのが相当である[114]。

◇ 組合契約その他により業務執行組合員が定められていない場合は、対外的には組合員の過半数において組合を代理する権限を有するものと解するのが相当である[115]。

　なお、訴訟行為については、組合は、民事訴訟法第29条に規定する「法人でない社団又は財団で代表者又は管理人の定めがあるもの」として訴訟上の当事者能力を認めることができるとするのが判例である[116]。

民事訴訟法第29条（法人でない社団等の当事者能力）
　法人でない社団又は財団で代表者又は管理人の定めがあるものは、その名において訴え、又は訴えられることができる。

———————— Q&A ————————

　Ｑ：Ａ、Ｂ及びＣが締結した組合契約において、Ａのみが利益の分配を受

---

[114] 最判昭和35年12月9日裁判所HP参照（昭和35年（オ）第1461号）
[115] 最判昭和38年5月31日裁判所HP参照（昭和31年（オ）第859号）
[116] 最判昭和37年12月18日裁判所HP参照（昭和34年（オ）第130号）

けない旨を定めることはできるか？　あるいは、Aのみが損失を分担
しないことを定めることはできるか？

A：Aのみが利益の分配を受けない旨を定めることはできないが、Aのみ
　　が損失を分担しないことを定めることはできる（大判明44.12.26）。

　　なお、当事者が損益分配の割合を定めなかったときは、その割合は、
　　各組合員の出資の価額に応じて定めることとされている（現行法674）。

1 － 2　現行法（権利能力のない社団）

　権利能力のない社団については、民法上、その成立要件や財産関係に関して
明文の規定はない。

　この点、判例は、権利能力のない社団といい得るためには、「団体としての
組織をそなえ、そこには多数決の原則が行なわれ、構成員の変更にもかかわら
ず団体そのものが存続し、しかしてその組織によって代表の方法、総会の運
営、財産の管理その他団体としての主要な点が確定しているものでなければな
らない」としている[117]。

　権利能力のない社団の資産は、構成員に総有的に帰属する（団体的共同所有）
と解されており[118]、総社員の同意をもって、総有の廃止その他その財産の処
分に関する定めをしない限り、構成員は、当然には、その財産に関し、共有の
持分権又は分割請求権を有するものではないと解されている[119]。

　もっとも、資産が構成員に帰属するといっても、一々すべての構成員の氏名
を列挙するのは煩雑であるから、権利能力のない社団は、その代表者によって
その社団の名において構成員全体のため権利を取得し、義務を負うとするのが
判例である[120]。そして、権利能力のない社団の代表者が社団の名においてし
た取引上の債務は、その社団の構成員全員に、一個の義務として総有的に帰属
するとともに、社団の総有財産だけがその責任財産となり、構成員各自は、取

117）最判昭和39年10月15日裁判所HP参照（昭和35年（オ）第1029号）
118）最判昭和39年10月15日裁判所HP参照（昭和35年（オ）第1029号）
119）最判昭和32年11月14日裁判所HP参照（昭和27年（オ）第96号）
120）最判昭和39年10月15日裁判所HP参照（昭和35年（オ）第1029号）

引の相手方に対し、直接には個人的債務ないし責任を負わないと解されている[121]。

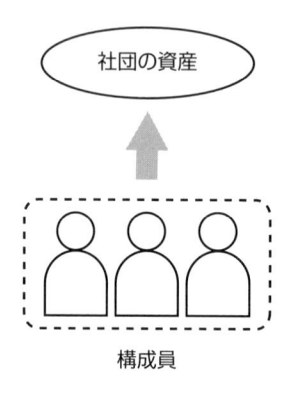

なお、不動産登記の場合、法人格のない社団は、登記名義人として表示することはできず、その財産の登記をするについて、当該社団代表何某とすることも許されないとするのが不動産登記に関する先例である[122]。判例は、権利能力なき社団の資産は、その社団の構成員全員に総有的に帰属し、構成員全員のために信託的に社団代表者個人の所有とされるものであるから、代表者は、自己の（個人）名義をもって登記をすることができるものと解すべきであるとする[123]。

したがって、権利能力なき社団の不動産については、⑴構成員全員の共有名義、⑵代表者の単有名義（ただし、代表者の肩書を付することはできない。）などをもって登記することができ、次の通り、⑴から⑵に名義を変更することもできる[124]。

---

[121] 最判昭和 48 年 10 月 9 日裁判所 HP 参照（昭和 45 年（オ）第 1038 号）
[122] 昭和 23 年 6 月 21 日民甲第 1897 号回答、昭和 36 年 7 月 21 日民三第 625 号回答
[123] 最判昭和 47 年 6 月 2 日裁判所 HP 参照（昭和 45 年（オ）第 232 号）
[124] 登記記録例（番号 229）

権　利　部（甲区）（所有権に関する事項）			
順位番号	登　記　の　目　的	受付年月日・受付番号	権利者その他の事項
2	所有権移転	平成○年○月○日 第○号	原因　平成○年○月○日売買 共有者　（住所省略） 　　　　　持分３分の１　　A 　　　　（住所省略） 　　　　　　　　３分の１　　B 　　　　（住所省略） 　　　　　　　　３分の１　　C
3	B、C持分全部移転	平成○年○月○日 第○号	原因　平成○年○月○日委任の終了 所有者　（住所省略） 　　　　　持分３分の２　　A

［2］　改正法（組合）

改正法第670条（業務の決定及び執行の方法）

1　組合の業務は、組合員の過半数をもって決定し、各組合員がこれを執行する。

2　組合の業務の決定及び執行は、組合契約の定めるところにより、１人又は数人の組合員又は第三者に委任することができる。

3　前項の委任を受けた者（以下「業務執行者」という。）は、組合の業務を決定し、これを執行する。この場合において、業務執行者が数人あるときは、組合の業務は、業務執行者の過半数をもって決定し、各業務執行者がこれを執行する。

4　前項の規定にかかわらず、組合の業務については、総組合員の同意によって決定し、又は総組合員が執行することを妨げない。

5　組合の常務は、前各項の規定にかかわらず、各組合員又は各業務執行者が単独で行うことができる。ただし、その完了前に他の組合員又は業務執行者が異議を述べたときは、この限りでない。

［改正ポイント１］　現行法第670条第１項は、業務執行者を置かない場合の組合の業務の執行について、組合員の過半数で決すると規定するが、これは、業

務の決定の方法について定めるものにすぎず、業務の執行の方法が明示されていない。この点については、各組合員が業務執行権を有するものと解されていることから、本条第1項は、現行法の規律にこの解釈を付け加えるものである[125]。

改正ポイント2　現行法第670条第2項は、組合契約で業務の執行を委任した者を「業務執行者」と定義するにとどまり、誰に業務の執行を委任することができるのか等については規定していないが、組合契約の定めるところに従い、組合員以外の第三者に対しても業務の執行を委任することができると解されている。本条第2項は、この解釈を明文化するものである[126]。

改正ポイント3　現行法第670条第2項は、複数の業務執行者を置く場合の組合の業務の執行について、業務執行者の過半数で決すると規定するが、これは、業務の決定の方法について定めるものにすぎず、業務の執行の方法（各業務執行者が業務執行権を有するものと解されている。）が明示されていない。また、業務執行者を1人のみ置く場合にその者が組合の業務を決定し、これを執行することについても、明文の規定を欠いている。そこで、本条第3項は、現行法の規律に、これらの解釈を付け加えるものである[127]。

改正ポイント4　業務執行者に業務の執行を委任した場合であっても、組合員全員によるときは、なお業務を決定し、又は執行することができるものとすべきであるとの指摘がある。本条第4項は、この点を明文化するものである[128]。

改正法第670条の2（組合の代理）

1　各組合員は、組合の業務を執行する場合において、組合員の過半数の同意を得たときは、他の組合員を代理することができる。
2　前項の規定にかかわらず、業務執行者があるときは、業務執行者のみが組合員を代理することができる。この場合において、業務執行者が数人あるときは、各業務執行者は、業務執行者の過半数の同意を得たときに限り、組合員を代理

---

[125] 部会資料75A（48頁）
[126] 部会資料75A（48-49頁）
[127] 部会資料75A（49頁）
[128] 部会資料75A（49頁）

することができる。

3　前二項の規定にかかわらず、各組合員又は各業務執行者は、組合の常務を行うときは、単独で組合員を代理することができる。

改正ポイント１　業務執行者を置かない場合には、各組合員は、組合内部においては、組合員の過半数をもって決定された組合の業務を執行する権限を有するが、第三者との関係では、組合を代理して法律行為を行うこととなる。この代理権をどの組合員に授与するかについては、組合の業務について意思決定をする際に、併せて組合員の過半数をもって決定される[129]。本条第１項は、この解釈を明文化するものである[130]。

改正ポイント２　業務執行者を置く場合には、その者にのみ組合の業務の執行に係る代理権を付与する趣旨であると考えられる。また、複数の業務執行者を置く場合には、組合の業務の決定をする際に、業務執行者の過半数をもって、組合の代理権の授与を決定するものと解されている。本条第２項は、以上の解釈を明文化するものである[131]。

改正ポイント３　組合の常務については、各組合員又は各業務執行者が単独で行うことができるとされており（現行法670③）、そのために必要な代理権も当然に各組合員又は各業務執行者が有するものと解されている。本条第３項は、この解釈を明文化するものである[132]。

改正法第676条（組合員の持分の処分及び組合財産の分割）

1　組合員は、組合財産についてその持分を処分したときは、その処分をもって組合及び組合と取引をした第三者に対抗することができない。

2　組合員は、組合財産である債権について、その持分についての権利を単独で行使することができない。

3　組合員は、清算前に組合財産の分割を求めることができない。

---

[129] 大判明治40年6月13日（民録13輯648頁）、最判昭和35年12月9日（民集14巻13号2994頁）

[130] 部会資料75A（51頁）

[131] 部会資料75A（51頁）

[132] 部会資料75A（51頁）

> **改正ポイント**　現行法第677条は、組合財産に属する債権の債務者がその債務と組合員に対する債権とを相殺することを禁じており、同法第676条第2項も、組合員は清算前に組合財産の分割を求めることができないとしている。その結果、組合財産に属する債権は、総組合員が共同してのみ行使することができ、個々の組合員が組合財産に属する債権を自己の持分に応じて分割して行使することはできないと解されている[133]。本条第2項は、この解釈を明文化するものである[134]。

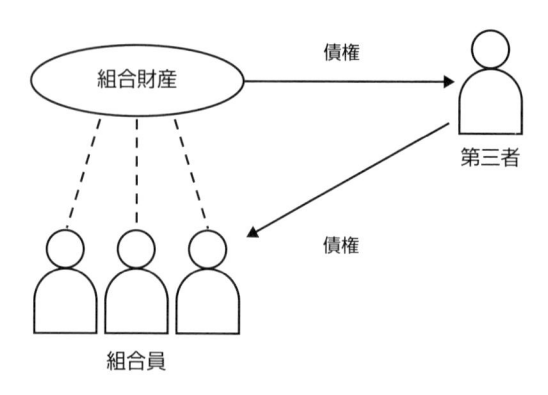

> **改正法第677条（組合財産に対する組合員の債権者の権利の行使の禁止）**
> 　組合員の債権者は、組合財産についてその権利を行使することができない。

> **改正ポイント**　組合員が組合財産上の持分を処分することを禁止している現行法第676条第1項の趣旨から、組合員の債権者が当該組合員の組合財産上の持分を差し押さえることはできないと解されている。本条は、この解釈を前提に、組合員の債権者による権利行使一般についてこれを禁止する旨を明文化するものである[135]。

---

[133] 大判昭和13年2月12日（民集17巻132頁参照）
[134] 部会資料75A（47頁）
[135] 部会資料75A（46頁）

③　税　法

法人税基本通達 1-1-1（法人でない社団の範囲）

　法第 2 条第 8 号《人格のない社団等の意義》に規定する「法人でない社団」とは、多数の者が一定の目的を達成するために結合した団体のうち法人格を有しないもので、単なる個人の集合体でなく、団体としての組織を有して統一された意志の下にその構成員の個性を超越して活動を行うものをいい、次に掲げるようなものは、これに含まれない。

　(1)　民法第 667 条《組合契約》の規定による組合

　(2)　商法第 535 条《匿名組合契約》の規定による匿名組合

解説　法人でない社団又は財団で代表者又は管理人の定めがあるものを「人格のない社団等」といい（法法 2 八）、「人格のない社団等」は、法人とみなして、法人税法の規定を適用することとされているが（法法 3）、本通達は、民法上の組合は、「法人でない社団」に含まれないとするものである。

　なお、同趣旨の取扱いが、所得税基本通達 2-5 に定められている。

法人税基本通達 1-3 の 2-3（完全支配関係の判定における従業員持株会の範囲）

　令第 4 条の 2 第 2 項第 1 号《支配関係及び完全支配関係》に規定する組合は、民法第 667 条第 1 項《組合契約》に規定する組合契約による組合に限られるのであるから、いわゆる証券会社方式による従業員持株会は原則としてこれに該当するが、人格のない社団等に該当するいわゆる信託銀行方式による従業員持株会はこれに該当しない。

解説　完全支配関係の判定上、法人の発行済株式（自己が有する自己の株式を除く。）の総数のうちに次の(1)及び(2)に掲げる株式の数を合計した数の占める割合が 5 ％に満たない場合のその株式は、当該法人の発行済株式等から除くこととされているところ（法令 4 の 2 ②）、本通達は、従業員持株会のうち、証券会社方式によるものは、通常、民法上の組合としての性格を有し、次の(1)に該当するが、信託銀行方式によるものは、人格のない社団等に該当し、次の(1)

に該当しないとするものである[136)]。

(1)　当該法人の使用人が組合員となっている民法第 667 条《組合契約》第 1
　　項に規定する組合契約（当該法人の発行する株式を取得することを主たる目
　　的とするものに限る。）による組合（組合員となる者が当該使用人に限られて
　　いるものに限る。）のその主たる目的に従って取得された当該法人の株式

(2)　会社法第 238 条《募集事項の決定》第 2 項の決議等により当該法人の役
　　員等に付与された新株予約権の行使によって取得された当該法人の株式
　　（当該役員等が有するものに限る。）

法人税基本通達 14-1-1（任意組合等の組合事業から生ずる利益等の帰属）

　任意組合等において営まれる事業（以下 14-1-2 までにおいて「組合事業」とい
う。）から生ずる利益金額又は損失金額については、各組合員に直接帰属すること
に留意する。

(注) 任意組合等とは、民法第 667 条第 1 項に規定する組合契約、投資事業有限責任組合
　　契約に関する法律第 3 条第 1 項に規定する投資事業有限責任組合契約及び有限責任事
　　業組合契約に関する法律第 3 条第 1 項に規定する有限責任事業組合契約により成立す
　　る組合並びに外国におけるこれらに類するものをいう。以下 14-1-2 までにおいて同
　　じ。

解説　　民法上の組合等は、法人格を有さず、法人税法第 3 条により法人と
みなされる「人格のない社団等」としての社団性や財団性を有するものでもな
いことから、それ自体は納税義務の主体とはならない。また、民法上の組合等
においては、組合財産は組合員の共有（合有）に属していることに加え、組合
事業から生ずる利益等は、各組合員に直接帰属することになる。そこで、本通
達は、民法上の組合等にあっては、税務上、各組合員（構成員）を直接納税義
務者とするいわゆる構成員課税の適用を前提に、その組合事業から生ずる利益
等の帰属について明らかにしている[137)]。

　なお、所得税については、所得税基本通達 36・37 共-19 が、任意組合等の

---

136)　国税庁 HP「平成 22 年 6 月 30 日付課法 2-1 ほか 1 課共同『法人税基本通達等の一部改正につい
　　　て』（法令解釈通達）の趣旨説明」
137)　国税庁 HP「平成 17 年 12 月 26 日付課法 2-14 ほか 1 課共同『法人税基本通達等の一部改正につ
　　　いて』（法令解釈通達）の趣旨説明」

組合員の組合事業に係る利益等の帰属について、構成員課税の適用を前提とした取扱いを定めている。

◆関連事項◆

　民法上の組合等の法人組合員（組合事業に係る重要な財産の処分若しくは譲受け又は組合事業に係る多額の借財に関する業務の執行の決定に関与し、かつ、当該業務のうち契約を締結するための交渉その他の重要な部分を自ら執行する組合員を除く。）について、組合事業につきその債務を弁済する責任の限度が実質的に組合財産の価額とされている場合等には、組合等損失額のうち出資の価額を基礎として計算した金額を超える部分の金額（組合事業に帰せられる損益が実質的に欠損とならないと見込まれる場合には、組合等損失額の全額）は、損金の額に算入しないとする措置が講じられている（措法67の12①）。

　また、不動産所得を生ずべき事業を行う民法上の組合等（外国におけるこれに類似するものを含む。）の個人組合員（組合事業に係る重要な財産の処分若しくは譲受け又は組合事業に係る多額の借財に関する業務の執行の決定に関与し、かつ、当該業務のうち契約を締結するための交渉その他の重要な部分を自ら執行する組合員を除く。）について、各年分の不動産所得の金額の計算上組合事業から生じた不動産所得の損失額がある場合には、当該損失額は、所得税法第26条《不動産所得》第2項及び第69条《損益通算》第1項の規定等の適用上生じなかったものとみなす措置が講じられている（措法41の4の2①）。

法人税基本通達14-1-1の2 （任意組合等の組合事業から受ける利益等の帰属の時期）

　法人が組合員となっている組合事業に係る利益金額又は損失金額のうち分配割合に応じて利益の分配を受けるべき金額又は損失の負担をすべき金額（以下14-1-2までにおいて「帰属損益額」という。）は、たとえ現実に利益の分配を受け又は損失の負担をしていない場合であっても、当該法人の各事業年度の期間に対応する組合事業に係る個々の損益を計算して当該法人の当該事業年度の益金の額又は損金の額に算入する。

　ただし、当該組合事業に係る損益を毎年1回以上一定の時期において計算し、かつ、当該法人への個々の損益の帰属が当該損益発生後1年以内である場合には、

帰属損益額は、当該組合事業の計算期間を基として計算し、当該計算期間の終了の日の属する当該法人の事業年度の益金の額又は損金の額に算入するものとする。

(注)1　分配割合とは、組合契約により定める損益分配の割合又は民法第674条《組合員の損益分配の割合》、投資事業有限責任組合契約に関する法律第16条《民法の準用》及び有限責任事業組合契約に関する法律第33条《組合員の損益分配の割合》の規定による損益分配の割合をいう。以下14-1-2までにおいて同じ。

　　2　同業者の組織する団体で営業活動を行わないものは、この取扱いの適用はない。

解説　法人税基本通達14-1-1の基本的な考え方からすれば、各組合員が組合事業から利益の分配を受けるべき金額又は損失の負担をすべき金額（以下「帰属損益額」という。）は、各組合員の課税期間（法人にあっては各事業年度）に合わせてその期間の損益を計算すべきものであるが、実務上の事務負担に配慮し、(1)組合事業に係る損益を毎年1回以上一定の時期において計算すること及び(2)法人への個々の損益の帰属が当該損益発生後1年以内であることのいずれにも該当する場合には、組合事業の計算期間を基として帰属損益額を計算するものとしている[138]。

　なお、同趣旨の取扱いが、所得税基本通達36・37共-19の2に定められている。

法人税基本通達14-1-2（任意組合等の組合事業から分配を受ける利益等の額の計算）

　法人が、帰属損益額を14-1-1及び14-1-1の2により各事業年度の益金の額又は損金の額に算入する場合には、次の(1)の方法により計算する。ただし、法人が次の(2)又は(3)の方法により継続して各事業年度の益金の額又は損金の額に算入する金額を計算しているときは、多額の減価償却費の前倒し計上などの課税上弊害がない限り、これを認める。

(1)　当該組合事業の収入金額、支出金額、資産、負債等をその分配割合に応じて各組合員のこれらの金額として計算する方法

(2)　当該組合事業の収入金額、その収入金額に係る原価の額及び費用の額並びに損失の額をその分配割合に応じて各組合員のこれらの金額として計算する

---

[138] 国税庁HP「平成17年12月26日付課法2-14ほか1課共同『法人税基本通達等の一部改正について』（法令解釈通達）の趣旨説明」

方法

　　この方法による場合には、各組合員は、当該組合事業の取引等について受取配当等の益金不算入、所得税額の控除等の規定の適用はあるが、引当金の繰入れ、準備金の積立て等の規定の適用はない。

(3)　当該組合事業について計算される利益の額又は損失の額をその分配割合に応じて各組合員に分配又は負担させることとする方法

　　この方法による場合には、各組合員は、当該組合事業の取引等について、受取配当等の益金不算入、所得税額の控除、引当金の繰入れ、準備金の積立て等の規定の適用はない。

(注)1　分配割合が各組合員の出資の価額を基礎とした割合と異なる場合は、当該分配割合は各組合員の出資の状況、組合事業への寄与の状況などからみて経済的合理性を有するものでなければならないことに留意する。

　　2　(1)又は(2)の方法による場合における各組合員間で取り決めた分配割合が各組合員の出資の価額を基礎とした割合と異なるときの計算は、例えば、各組合員の出資の価額を基礎とした割合を用いて得た利益の額又は損失の額（以下14-1-2において「出資割損益額」という。）に、各組合員間で取り決めた分配割合に応じた利益の額又は損失の額と当該出資割損益額との差額に相当する金額を加算又は減算して調整する方法によるほか、合理的な計算方法によるものとする。

　　3　(1)又は(2)の方法による場合には、減価償却資産の償却方法及び棚卸資産の評価方法は、組合事業を組合員の事業所とは別個の事業所として選定することができる。

　　4　(1)又は(2)の方法による場合には、組合員に係るものとして計算される収入金額、支出金額、資産、負債等の額は、課税上弊害がない限り、組合員における固有のこれらの金額に含めないで別個に計算することができる。

　　5　(3)の方法による場合において、当該組合事業の支出金額のうちに寄附金又は交際費の額があるときは、当該組合事業を資本又は出資を有しない法人とみなして法第37条《寄付金の損金不算入》又は措置法第61条の4《交際費等の損金不算入》の規定を適用するものとしたときに計算される利益の額又は損失の額を基として各事業年度の益金の額又は損金の額に算入する金額の計算を行うものとする。

解説　　組合事業から生ずる利益金額又は損失金額については各組合員に直接帰属することから、組合員の帰属損益額は、組合事業の資産、負債、収益及び費用のすべてについて自己の分配割合により計算される額を自己の資産、負債、収益及び費用として認識する方法、すなわち総額方式（本通達の(1)に掲げる方式）により計算することになる。他方、従来から、中間方式（本通達の(2)

に掲げる方式）又は純額方式（本通達の(3)に掲げる方式）を認めていることから、税務上の償却限度額を大幅に超えるような多額の減価償却費を前倒しで計上するなどの課税上弊害がない限り、継続適用を要件としてそれらの方式の採用も認めることとしている[139]。

　なお、同趣旨の取扱いが、所得税基本通達36・37共-20に定められているが、次の通り、中間方式と純額方式の適用要件が異なる。

	法人税基本通達14-1-2	所得税基本通達36・37共-20
中間方式と純額方式の適用要件	中間方式又は純額方式により継続して各事業年度の益金の額又は損金の額に算入する金額を計算しているときは、多額の減価償却費の前倒し計上などの課税上弊害がない限り、これを認める。	総額方式により計算することが困難と認められる場合（注）で、かつ、継続して中間方式又は純額方式により計算している場合には、その計算を認める。

（注）組合事業について計算される利益の額又は損失の額のその者への報告等の状況、その者の当該組合事業への関与の状況その他の状況からみて、その者において当該組合事業に係る収入金額、支出金額、資産、負債等を明らかにできない場合は、「総額方式により計算することが困難と認められる場合」に当たる。

<hr>

[139] 国税庁HP「平成17年12月26日付課法2-14ほか1課共同『法人税基本通達等の一部改正について』（法令解釈通達）の趣旨説明」

19 不法原因給付

1 民 法

〈事例〉
　Aは、違法カジノ店で賭博に負け、Bに100万円を支払った。
　後日、Aは、Bに対して、賭博による金銭の授受は、公序良俗に反し無効であるとして、100万円の返還を求めた。

　不法な原因のために物を給付した場合、その物の返還を請求することはできない（民法708）。
　したがって、Aの返還請求は認められない。

民法708条（不法原因給付）
　不法な原因のために給付をした者は、その給付したものの返還を請求することができない。ただし、不法な原因が受益者についてのみ存したときは、この限りでない。

　なお、不法な点が受益者にのみあるときは、給付者は、その給付した物の返還を請求することができるほか（民法708但書）、給付者の側に多少の不法な点があったとしても、受益者の側の不法性に比べればきわめて微弱なものにすぎないときは、給付者は、給付した物の返還を請求することができるとするのが判例である[140]。

---

[140] 最判昭和29年8月31日裁判所HP参照（昭和27年（オ）第13号）

2　税　法

長野地判昭和 27 年 10 月 21 日（行裁例集 3 巻 10 号 1967 頁）

　国家がその存立を全うするためには国民より信託された統治権に基いてそれに必要な費用をその構成員である国民に賦課するのであり、国民は憲法第 30 条に規定するとおり納税義務を負うことを承認し、その資力に応じて国家の財政的基礎を支持しているのである。従って国家の経費分担の基礎となるものは国民の資力であって、その因って生じた原因は経費分担の上において必ずしも考慮すべき事項とはいい得ない。国民の資力は適法な原因に因って生ずることもあるであろうし、不法な原因によって生ずることもあるであろう。而して後者の場合はその原因が法律により否定されることがあるが、それによって資力そのものが否定されない限り租税の対象と為し得るものである。所得は納税義務者の担税力（資力）を測定し得べき経済的事実として定められた課税物件の一種であるからそれが犯罪その他不法な原因に因り生じた所得であっても課税の対象となり得べき性質を持っている。勿論所得が犯罪その他不法な原因により生ずることは常態ではないが、所得そのものは適法な行為に因る所得と同様に納税義務者の資力を構成し課税対象となり得る。税法はその性質上所得そのものを対象とするものであるから、特に法律により不法な原因に因る所得を除外する旨規定していない以上このような所得も課税対象となるものと解すべきである。而して総ての犯罪による不法な原因に因り生ずる所得について課税権が認められるかどうかについて分説すると、㈡財産犯罪による利得の中窃盗、強盗、横領の各犯罪行為に因る利得は犯罪者にその所有権が移転しておらないので所得として課税対象とならないが、㈹詐欺、恐喝の各犯罪行為については利得の移転が瑕疵ある意思表示として取消し得る行為であるからこれが取消の意思表示がなされるまでは一応所有権が移転している。従ってこれによる利得は課税の対象となるものと解せられる。㈥賭博、収賄並に物価統制令等経済統制法規違反の各犯罪行為による利得はこれらの利得が利得者の手裡に留保されていて国家にも帰属せず又不法原因給付（民法第 708 条）として移転者に戻らない点よりして課税所得となり得ると解せられる。而して右に課税の対象とされるものの中詐欺、強喝による利得が裁判上否定された場合又は契約の合意解除の場合或はその他の犯罪による利得の中刑事裁判により没収され又は追徴金を徴収せられた場合には課税計算に算入した年度の分について更正（所得税法第 44 条、法人については当時の法人税法第 29 条）をなすべきものと考え

られる。要するに所得税法、法人税法の趣旨とするところは一に経済的現象にあって収入源泉の適法、不法の問題を考慮していないのであり、帰するところ適法、不法の区別ではなくて所得か否かの区別に存するのである。更に国家の課税権の行使は司法権に何等の消長を来すべきではないから不法な原因に因る所得に課税したからとて司法権の発動ができなくなるわけのものではない。課税の対象となった原因が犯罪であるときには国家は司法権によりその行為者を裁判して刑罰を課するから、叙上の見解はその所得の一部を公然保持せしめることを認めるものではなく犯行自体を容認するものでもない。

解説　犯罪その他不法な原因により生じた所得であっても、それが納税義務者に帰属し、その資力を構成する限り、課税対象となり得るとする裁判例である。

　なお、利息制限法による制限超過の利息・損害金について、「課税の対象となるべき所得を構成するか否かは、必ずしも、その法律的性質いかんによって決せられるものではない。当事者間において約定の利息・損害金として授受され、貸主において当該制限超過部分が元本に充当されたものとして処理することなく、依然として従前通りの元本が残存するものとして取り扱っている以上、制限超過部分をも含めて、現実に収受された約定の利息・損害金の全部が貸主の所得として課税の対象となるものというべきである」とする判例があるほか[141]、租税法の体系書も、「合法な利得のみでなく、不法な利得も課税の対象となると解すべきである。なお、不法な利得は、利得者がそれを私法上有効に保有しうる場合のみでなく、私法上無効であっても、それが現実に利得者の管理支配のもとに入っている場合には、課税の対象となると解すべき」としている[142]。

---

[141] 最判昭和46年11月9日裁判所HP参照（昭和43年（行ツ）第25号）

[142] 金子宏『租税法〔第22版〕』（弘文堂、2017）（188頁）

20　不法行為

1　民　法

〈事例〉

　Aは、責任能力のない未成年者であり、その親であるBは、Aの監督義務者である。

　Aの重大な過失によって、B所有の家屋に火災が発生し、近所の住宅が類焼した。

　ただし、Aの監督義務者たるBには、その監督について重大な過失はなかった。

　他人に損害を及ぼすことを知って（故意）又は注意を怠って（過失）、他人に損害を及ぼした者は、損害賠償責任を負う（民法709）。これを「不法行為による損害賠償責任」という。

> **民法第709条（不法行為による損害賠償）**
> 　故意又は過失によって他人の権利又は法律上保護される利益を侵害した者は、これによって生じた損害を賠償する責任を負う。

　これに対して、「債務不履行による損害賠償責任」（民法415）というものがある（民法第415条については、民法の一部を改正する法律（債権法改正）による改正がある。詳細は❽ **債務不履行**参照）。

> **民法第415条（債務不履行による損害賠償）**
> 　債務者がその債務の本旨に従った履行をしないときは、債権者は、これによって生じた損害の賠償を請求することができる。債務者の責めに帰すべき事由によって履行をすることができなくなったときも、同様とする。

　両者を比較すると、「債務不履行による損害賠償責任」は、債権者と債務者

の関係（契約関係）を前提とするのに対して、「不法行為による損害賠償責任」は、このような関係になくとも成立し得る。

本事例では、失火者と類焼の被害者は、債権者と債務者の関係にないので、「債務不履行による損害賠償責任」ではなく、「不法行為による損害賠償責任」が成立するか否かを検討することになる。

順を追って検討すると、次の通りである。

まず、過失によって他人に損害を与えた者は、その損害を賠償する責任を負うのが原則である（民法709）。

ただし、失火の責任については、特別の規定がある。

失火ノ責任ニ関スル法律

　民法第709条ノ規定ハ失火ノ場合ニハ之ヲ適用セス但シ失火者ニ重大ナル過失アリタルトキハ此ノ限ニ在ラス

この規定は、わが国の木造住宅の密集状況などから、類焼による損害の拡大が多くみられることを踏まえ、失火者は、単なる「過失」があったというだけでは損害賠償責任を負わず、「重大な過失」があった場合にのみ損害賠償責任を負うとするものである。

そうすると、本事例では、失火者であるＡには重大な過失があるので、Ａは、損害賠償責任を負うとも考えられる。

しかしながら、Ａは、「責任能力のない未成年者」であるから、Ａ自身が損害賠償責任を負うことはない（民法712）。

民法第712条（責任能力）

　未成年者は、他人に損害を加えた場合において、自己の行為の責任を弁識するに足りる知能を備えていなかったときは、その行為について賠償の責任を負わない。

それでは、民法第714条により、Ａの監督義務者であるＢに、損害賠償責任を負わせることはできないか？

民法第714条（責任無能力者の監督義務者等の責任）

1　前二条の規定により責任無能力者がその責任を負わない場合において、その責任無能力者を監督する法定の義務を負う者は、その責任無能力者が第三者に加えた損害を賠償する責任を負う。ただし、監督義務者がその義務を怠らなかったとき、又はその義務を怠らなくても損害が生ずべきであったときは、この限りでない。

2　監督義務者に代わって責任無能力者を監督する者も、前項の責任を負う。

この点について、判例は、次の通り述べている。

◇　民法第714条第1項は、責任を弁識する能力のない未成年者が他人に損害を加えた場合、未成年者の監督義務者は、その監督を怠らなかったとき、すなわち監督について過失がなかったときを除き、損害を賠償すべき義務があるとしているが、上記規定の趣旨は、責任を弁識する能力のない未成年者の行為については過失に相当するものの有無を考慮することができず、そのため不法行為の責任を負う者がなければ被害者の救済に欠けるところから、その監督義務者に損害の賠償を義務づけるとともに、監督義務者に過失がなかったときはその責任を免れさせることとしたものである。ところで、失火ノ責任ニ関スル法律は、失火による損害賠償責任を失火者に重大な過失がある場合に限定しているのであって、この両者の趣旨を併せ考えれば、責任を弁識する能力のない未成年者の行為により火災が発生した場合においては、民法第714条第1項に基づき、未成年者の監督義務者が上記火災による損害を賠償すべき義務を負うが、上記監督義務者に未成年者の監督について重大な過失がなかったときは、これを免れるものと解するのが相当というべきであり、未成年者の行為の態様のごときは、これを監督義務者の責任の有無の判断に際して斟酌することは格別として、これについて未成年者自身に重大な過失に相当するものがあるかどうかを考慮するのは相当でない[143]。

　すなわち、責任を弁識する能力のない未成年者の行為により火災が発生した場合においては、その監督義務者は、未成年者の監督について重大な過失がないのであれば、損害賠償責任を免れるということである。

　以上によれば、本事例において、Bも、損害賠償責任を負わない。

---

[143]　最判平成7年1月24日裁判所HP参照（平成3年（オ）第1989号）

【参考】

1　債務不履行による損害賠償責任は、債権者と債務者の関係にある者の間での損害賠償請求であるから、債務を負いながらこれを履行しなかった債務者（加害者）の方が、自分に帰責事由がなかったことを立証しなければならない。

　　これに対して、不法行為による損害賠償責任は、債権者と債務者の関係にない者の間での損害賠償請求であるから、被害者の方が、相手（加害者）の「故意又は過失」を立証しなければならない。

2　不法行為による損害賠償請求権の消滅時効については、次表の通り、改正が行われている。20年の期間制限の性質については、除斥期間（一般に、中断や停止がなく、また、当事者の援用がなくても裁判所がその適用を判断することができる点で、消滅時効と異なる。）を定めたものであるとするのが判例[144]であったが、改正によって、消滅時効であることが明らかにされている[145]。また、人の生命や身体が侵害されたことによって生じた損害賠償請求権の消滅時効についての特則を設けている。

改正法	現行法
（不法行為による損害賠償請求権の消滅時効） 第724条　不法行為による損害賠償の請求権は、次に掲げる場合には、時効によって消滅する。 　一　被害者又はその法定代理人が損害及び加害者を知った時から3年間行使しないとき。 　二　不法行為の時から20年間行使しないとき。 （人の生命又は身体を害する不法行為による損害賠償請求権の消滅時効） 第724条の2　人の生命又は身体を害する不法行為による損害賠償請求権の消滅時効についての前条第1号の規定の適用については、同号中「3年間」とあるのは、「5年間」とする。	（不法行為による損害賠償請求権の期間の制限） 第724条　不法行為による損害賠償の請求権は、被害者又はその法定代理人が損害及び加害者を知った時から3年間行使しないときは、時効によって消滅する。不法行為の時から20年を経過したときも、同様とする。

144）最判平成元年12月21日裁判所HP参照（昭和59年（オ）第1477号）
145）部会資料69A（10-11頁）

　なお、債務不履行による損害賠償請求権の消滅時効については、債権の一般原則（次表の通り、改正が行われている。）が適用される。

改正法	現行法
（債権等の消滅時効） 第166条　債権は、次に掲げる場合には、時効によって消滅する。 　一　債権者が権利を行使することができることを知った時から5年間行使しないとき。 　二　権利を行使することができる時から10年間行使しないとき。 2　債権又は所有権以外の財産権は、権利を行使することができる時から20年間行使しないときは、時効によって消滅する。 3　前二項の規定は、始期付権利又は停止条件付権利の目的物を占有する第三者のために、その占有の開始の時から取得時効が進行することを妨げない。ただし、権利者は、その時効を更新するため、いつでも占有者の承認を求めることができる。 **（人の生命又は身体の侵害による損害賠償請求権の消滅時効）** 第167条　人の生命又は身体の侵害による損害賠償請求権の消滅時効についての前条第1項第2号の規定の適用については、同号中「10年間」とあるのは、「20年間」とする。	**（消滅時効の進行等）** 第166条　消滅時効は、権利を行使することができる時から進行する。 2　前項の規定は、始期付権利又は停止条件付権利の目的物を占有する第三者のために、その占有の開始の時から取得時効が進行することを妨げない。ただし、権利者は、その時効を中断するため、いつでも占有者の承認を求めることができる。 **（債権等の消滅時効）** 第167条　債権は、10年間行使しないときは、消滅する。 2　債権又は所有権以外の財産権は、20年間行使しないときは、消滅する。

3　未成年者の責任能力の有無（民法712）は、個別具体的な事情の下、決せられるべきものであるが、12歳（小学校卒業）程度を1つの目安として、責任能力の有無が問題とされるのが一般的である。

―――――――――――――― Q&A ――――――――――――――

　Q：Aは、責任能力を有する未成年者であり、その親であるBは、Aの監

督義務者である。Aの不法行為によって第三者に損害を与えた場合に、
Bが当該不法行為による損害賠償責任を負うことはあるか？

A：負うことがある。

未成年者が責任能力を有する場合であっても、監督義務者の義務違反
と当該未成年者の不法行為によって生じた結果との間に相当因果関係
を認めうるときは、監督義務者につき民法第709条に基づく不法行為
が成立するとするのが判例である（最判昭49.3.22）。

2　税　法

法人税基本通達 2-1-43（損害賠償金等の帰属の時期）

他の者から支払を受ける損害賠償金（債務の履行遅滞による損害金を含む。以
下2-1-43において同じ。）の額は、その支払を受けるべきことが確定した日の属
する事業年度の益金の額に算入するのであるが、法人がその損害賠償金の額につ
いて実際に支払を受けた日の属する事業年度の益金の額に算入している場合には、
これを認める。

(注) 当該損害賠償金の請求の基因となった損害に係る損失の額は、保険金又は共済金に
　　より補填される部分の金額を除き、その損害の発生した日の属する事業年度の損金の
　　額に算入することができる。

解説　不法行為又は債務不履行による損害賠償金については、(1)損失と同
時に収益計上するという考え方と、(2)その支払いを受けるべきことが確定した
時点で、収益計上するという考え方とがある。本通達は、上記(2)の考え方を原
則としつつ、例外として、現金主義による収益計上を認めるものである。

東京高判平成 21 年 2 月 18 日（税資 259 号順号 11144）

（事案の概要）

　N社の経理部長は、N社の金員を詐取し、これを隠ぺいするため外注費が生じ
たように装ったため、N社の平成12年10月1日から平成13年9月30日までの
事業年度及び平成14年10月1日から平成15年9月30日までの事業年度の各法
人税の確定申告には、架空外注費が損金として計上されていた。

　U税務署長は、上記各事業年度について、架空外注費の損金計上を理由として、

N社に対し、平成16年10月19日付けで法人税の更正処分及び重加算税の賦課決定処分をした（ただし、平成14年10月1日から平成15年9月30日までの事業年度については、平成17年4月14日付けで減額の更正処分がされている。）。

　本件は、N社が、架空外注費の額はこれを計上した事業年度の損金額から控除され、詐取された架空外注費に相当する損害の額は同事業年度の損金の額に算入されるが、金員を詐取した者に対する損害賠償請求権の額は、同事業年度の益金の額に算入する必要がないので、上記各処分は違法であると主張して、更正処分については確定申告に係る金額を超える部分の取消しを、賦課決定処分についてはその金額全部の取消しを求めるのに対し、国が、詐取した者に対する損害賠償請求権の額は、詐取された架空外注費に相当する損害の額を損金の額に算入する事業年度と同じ事業年度の益金の額に算入すべきであると主張して、N社の請求を争う事案である。

（裁判所の判断）

　本件のような不法行為による損害賠償請求権については、通常、損失が発生した時には損害賠償請求権も発生、確定しているから、これらを同時に損金と益金とに計上するのが原則であると考えられる（不法行為による損失の発生と損害賠償請求権の発生、確定はいわば表裏の関係にあるといえるのである。）。

　もっとも、本件のような不法行為による損害賠償請求権については、例えば加害者を知ることが困難であるとか、権利内容を把握することが困難なため、直ちには権利行使（権利の実現）を期待することができないような場合があり得るところである。このような場合には、権利（損害賠償請求権）が法的には発生しているといえるが、未だ権利実現の可能性を客観的に認識することができるとはいえないといえるから、当該事業年度の益金に計上すべきであるとはいえないというべきである（そのような場合にまで、法的基準に拘泥して収益の帰属年度を決することは妥当でないのである。なお、最高裁平成4年10月29日第一小法廷判決・集民166号525頁参照）。このような場合には、当該事業年度に、損失については損金計上するが、損害賠償請求権は益金に計上しない取扱いをすることが許されるのである（法人税基本通達2-1-43が、「他の者から支払を受ける損害賠償金（中略）の額は、その支払を受けるべきことが確定した日の属する事業年度の益金の額に算入するのであるが、法人がその損害賠償金の額について実際に支払を受けた日の属する事業年度の益金の額に算入している場合には、これを認める。」と規定し、損失の計上時期と益金としての損害賠償金請求権の計上時期を切り離す運用を認めているのも、基本的には、第三者による不法行為等に基づく損

害賠償請求権については、その行使を期待することが困難な事例が往々にしてみられることに着目した趣旨のものであると解するのが相当である。）。

　ただし、この判断は、税負担の公平や法的安定性の観点からして客観的にされるべきものであるから、通常人を基準にして、権利（損害賠償請求権）の存在・内容等を把握し得ず、権利行使が期待できないといえるような客観的状況にあったかどうかという観点から判断していくべきである。不法行為が行われた時点が属する事業年度当時ないし納税申告時に納税者がどういう認識でいたか（納税者の主観）は問題とすべきでない。

解説　本判決は、従業員の横領行為による損害賠償請求権については、通常、損失が発生した時には損害賠償請求権も発生、確定しているから、損失と同時に収益計上するという考え方に立ちつつ、加害者を知ることが困難であるとか、権利内容を把握することが困難なため、直ちには権利行使を期待することができないような場合には、損害の発生した時点では収益計上しない取扱いをすることも許されるとしている。

法人税基本通達 2-2-13（損害賠償金）

　法人が、その業務の遂行に関連して他の者に与えた損害につき賠償をする場合において、当該事業年度終了の日までにその賠償すべき額が確定していないときであっても、同日までにその額として相手方に申し出た金額（相手方に対する申出に代えて第三者に寄託した額を含む。）に相当する金額（保険金等によりほてんされることが明らかな部分の金額を除く。）を当該事業年度の未払金に計上したときは、これを認める。

(注)　損害賠償金を年金として支払う場合には、その年金の額は、これを支払うべき日の属する事業年度（その事業年度が連結事業年度に該当する場合には、当該連結事業年度）の損金の額に算入する。

解説　法人が、その業務の遂行に関連して他の者に与えた損害について支払う損害賠償金については、事業年度終了の日までにその額が確定していない場合であっても、相手方に対して申出等をした額があるときは、これに相当する金額を未払金として計上することができるとの取扱いである。

21 使用者等の責任

1 民 法

<blockquote>
〈事例〉

　甲株式会社は、運送業を営んでいる。

　同社の従業員であるＡは、同社所有の自動車を運転して荷物を運送中、注意義務を怠ってＢに接触し、怪我を負わせた。
</blockquote>

　Ａは、接触事故を起こした張本人であり、Ｂの損害について、これを賠償する責任を負う（民法709）。

　また、甲株式会社も、被用者であるＡが、その業務中に第三者に損害を与えていることから、その損害を賠償する責任を負う（民法715①）。これを「使用者責任」という。

　もっとも、甲株式会社が、Ａの選任や監督について相当の注意をしたこと等を立証すれば、使用者責任を免れる（民法715①但書）。

　なお、使用者が賠償責任を負うからといって、被用者が責任を免れるわけではなく、使用者が損害を賠償したときは、被用者に対して求償することができる（民法715③）。

<blockquote>
民法第715条（使用者等の責任）

1　ある事業のために他人を使用する者は、被用者がその事業の執行について第三者に加えた損害を賠償する責任を負う。ただし、使用者が被用者の選任及びその事業の監督について相当の注意をしたとき、又は相当の注意をしても損害が生ずべきであったときは、この限りでない。

2　使用者に代わって事業を監督する者も、前項の責任を負う。

3　前二項の規定は、使用者又は監督者から被用者に対する求償権の行使を妨げない。
</blockquote>

〈事例〉

　甲株式会社は、運送業を営んでいる。

　同社の従業員であるAは、仕事上の必要に応じ、随時、同社所有の自動車の使用を許されていた。

　Aは、勤務時間後に、この自動車を運転していたところ、注意義務を怠ってBに接触し、Bに怪我を負わせた。

　本事例の場合も、民法第715条にいう「（甲株式会社の）事業の執行」と認められるとするのが判例である[146]。

　自動車がA専用ではないとか、接触事故を起こしたのが勤務時間外であったとかという事情は、会社とAとの間の内部関係に過ぎず、外形的には、会社の運転手としての職務行為の範囲に属するものと見られるからである。

―――――――――――――― Q&A ――――――――――――――

Q：請負人Aの過失によって建築中の建物が倒壊し、隣接するB所有の建物に被害を及ぼした。この場合において、建築工事の注文者Cは、Bに対し、使用者として損害賠償の責任を負うか？

A：原則として負わない（民法716本文）。

　請負人Aと注文者Cとの間には、通常、使用者・被用者の関係が認められない。ただし、注文又は指図について注文者Cに過失があったときは、Cは、Bに対し、注文者として損害賠償の責任を負う（民法716但書）。

2　税　法

法人税基本通達9-7-16（法人が支出した役員等の損害賠償金）

　法人の役員又は使用人がした行為等によって他人に与えた損害につき法人がその損害賠償金を支出した場合には、次による。

---

[146] 最判昭和37年11月8日裁判所HP参照（昭和35年（オ）第907号）

> (1) その損害賠償金の対象となった行為等が法人の業務の遂行に関連するものであり、かつ、故意又は重過失に基づかないものである場合には、その支出した損害賠償金の額は給与以外の損金の額に算入する。
> (2) その損害賠償金の対象となった行為等が、法人の業務の遂行に関連するものであるが故意又は重過失に基づくものである場合又は法人の業務の遂行に関連しないものである場合には、その支出した損害賠償金に相当する金額は当該役員又は使用人に対する債権とする。

解説 法人の役員又は使用人がした行為等によって他人に与えた損害につき、法人が支出した損害賠償金の法人税法上の取扱いは、次の通りである（損金：給与以外の損金の額に算入する、債権：役員又は使用人に対する債権とする。）。

		業務関連性	
		有	無
行為者に故意又は重過失	有	債権	債権
	無	損金	債権

なお、この場合の業務関連性は、交通事故等の場合には、自動車の保有者が損害賠償義務を負うものとされることとの関係から、かなり幅の広い解釈が認められるものと解される[147]。

国税庁タックスアンサー「事業主・使用人が加害者として損害賠償金を支払ったとき」（No.1710）

事業主が交通事故などを起こし、損害賠償金を支払ったときの取扱いについて説明します。

この場合の損害賠償金には、慰謝料、示談金、見舞金等の名目を問わず、他人に与えた損害を補てんするために支払う一切の金額が含まれます。

この損害賠償金が事業所得の必要経費となるかどうかは、事故の業務関連性の有無と事故原因に故意又は重大な過失があったかどうかにより判定します。

まず、事故が業務に関連のないものは必要経費になりません。

次に、業務に関連してはいるが、事故原因に故意又は重大な過失があった場合

---

[147] 逐条解説（法）（913頁）

も必要経費になりません。

　なお、重大な過失があったかどうかについては、加害者の職業、地位、事故当時の周囲の状況、侵害した権利の内容及び取締法規の有無などの具体的事情を考慮して、加害者が本来払うべきであった注意を払ったかどうかにより判定します。

　例えば、交通事故の場合ですと、無免許運転、高速度運転、酒気帯び運転、信号無視などによる事故は、特別の事情がない限り重大な過失があったとされます。

　このように、事業主が加害者として支払った損害賠償金が事業所得の必要経費となるのは、商品の配送や売掛金などの集金の途中など業務に関連した事故で、しかも故意又は重大な過失がない場合に限られます。

　次に、使用人の行為に基因する損害賠償金を事業主が負担したときの取扱いについて説明します。

　まず、使用人の行為に関し、事業主に故意又は重大な過失がある場合には、使用人に故意又は重大な過失がないときであっても事業主の必要経費になりません。

　また、使用人の行為に関し、事業主に故意又は重大な過失がない場合には、使用人に故意又は重大な過失があったかどうかを問わず、①業務に関連するものは事業主の必要経費になり、②業務に関連しないもので家族従業員以外の使用人で雇用主の立場上やむを得ず負担したものは事業上の必要経費になり、その他のものは必要経費になりません。

　解説　事業主が交通事故などを起こし、損害賠償金を支払ったときの所得税法上の取扱いは、次の通りである（○：必要経費になる、×：必要経費にならない。）。

		業務関連性	
		有	無
事故原因に 故意又は重過失	有	×	×
	無	○	×

　また、使用人の行為に基因する損害賠償金を事業主が負担したときの所得税法上の取扱いは、次の通りである（○：必要経費になる、×：必要経費にならない。）（所通45-6）。

		業務関連性	
		有	無
使用人の行為に関し、事業主に故意又は重過失	有	×	×
	無	○	（注）

（注）家族従業員以外の使用人の行為に関し雇用主の立場上やむを得ず負担したものは事業
　　上の必要経費になり、その他のものは必要経費にならない。

22　親族の範囲

1　民　法

　親族の範囲は、6親等内の血族、配偶者、3親等内の姻族である（民法725）。

民法第725条（親族の範囲）
　　次に掲げる者は、親族とする。
一　6親等内の血族
二　配偶者
三　3親等内の姻族

　親等の数え方を図示すると、次の通りである（「自分」から見て、①は血族1親等を、❶は姻族1親等をそれぞれ示す。以下同様とする。）。

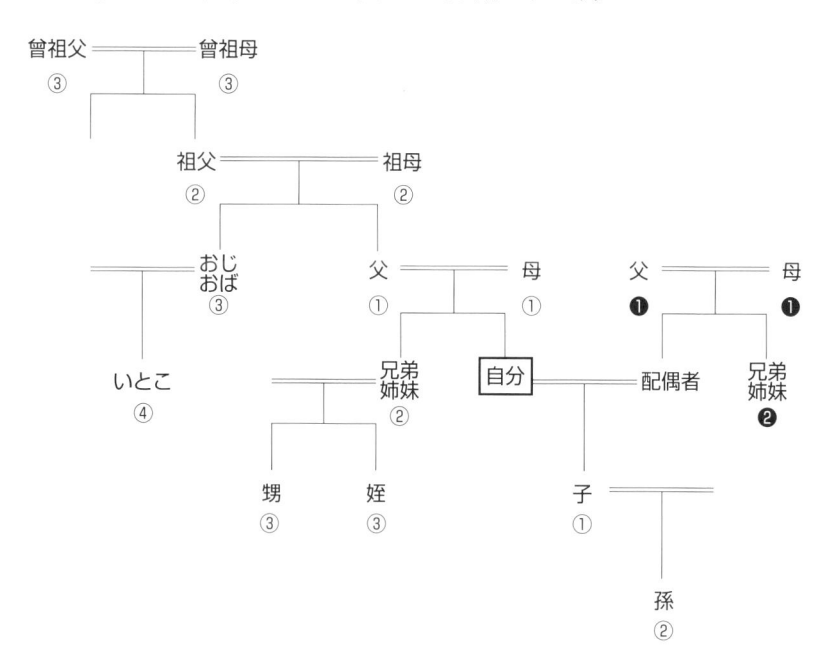

1　血族

　血族には、自然血族と法定血族とがあり、実際に血がつながっているのが自然血族、法律上血縁関係が擬制されるのが法定血族である。

　自然血族関係は、出生によって生じる。

　これに対して、法定血族関係は、養子縁組によって生じる。

　この点、民法第 727 条は、養子縁組による親族関係の発生について、次の通り規定している。

> **民法第 727 条（縁組による親族関係の発生）**
> 　養子と養親及びその血族との間においては、養子縁組の日から、血族間におけるのと同一の親族関係を生ずる。

　親族関係を生ずるのが「『養子』と『養親及びその血族』との間」とされていることからも分かるように、「養子側の血族」と「養親」との間には、法定血族関係は生じない。

　例えば、次図の X・Y を「養親」、D を「養子」とする普通養子縁組がされたとすると、「養子（D）」と「養親の子（Z・W）」との間には法定血族関係が生じるが、「養子の兄弟姉妹（C）」と「養親（X・Y）」との間には法定血族関係は生じないということである。

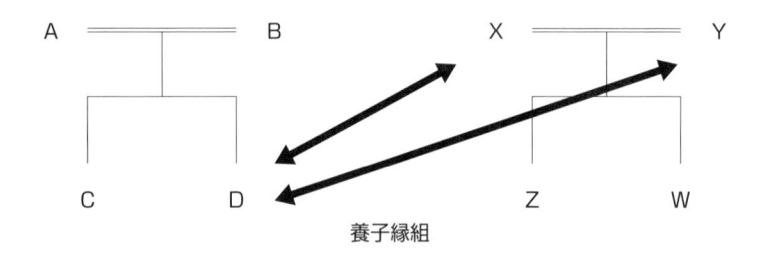

　それでは、養子に子がいる場合、「養子の子」と「養親」との間には法定血族関係が生じないのか？

　その答えは、「養子の子」が養子縁組の前に生まれたか、後に生まれたかで

異なる。

　例えば、次図のXを「養親」、A・Bを「養子」とする普通養子縁組がされ
たとすると、(1)養子縁組の後に生まれた「養子の子（D）」と「養親（X）」と
の間には法定血族関係が生じるが、(2)養子縁組の前に生まれた「養子の子
（C）」と「養親（X）」との間には法定血族関係は生じない[148]。

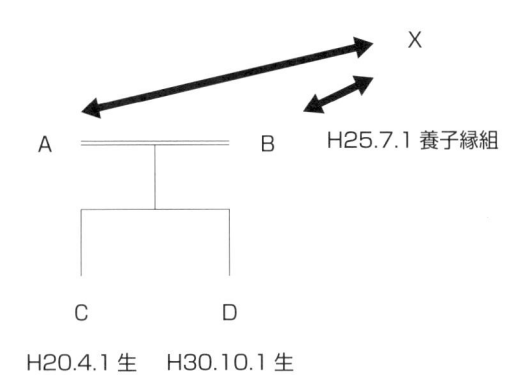

2　姻族

　姻族とは、婚姻を契機に発生する親族をいい、配偶者の血族又は血族の配偶
者がこれに当たる。

　例えば、妻の姉（配偶者の血族）は、2親等の姻族である。一方、妻の姉の
夫（配偶者の血族の配偶者）は姻族ではない。

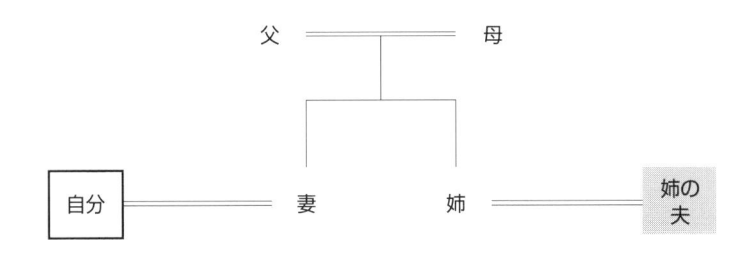

---

[148] 大判昭和7年5月11日（民集11巻1062頁）

2　税 法

法人税法施行令第 4 条（同族関係者の範囲）

　法第 2 条第 10 号（同族会社の意義）に規定する政令で定める特殊の関係のある個人は、次に掲げる者とする。
一　株主等の親族
二　株主等と婚姻の届出をしていないが事実上婚姻関係と同様の事情にある者
三　株主等（個人である株主等に限る。次号において同じ。）の使用人
四　前三号に掲げる者以外の者で株主等から受ける金銭その他の資産によって生計を維持しているもの
五　前三号に掲げる者と生計を一にするこれらの者の親族

解説　同族会社とは、会社の株主等の 3 人以下並びにこれらと特殊の関係のある個人及び法人がその会社の発行済株式又は出資の総数又は総額の 100 分の 50 を超える数又は金額の株式又は出資を有する場合等におけるその会社をいうのであるが（法法 2 十）、ここにいう「特殊の関係のある個人」（同族関係者）には、株主等の親族（民法 725）が含まれる。

法人税基本通達 1-3-5（同族会社の判定の基礎となる株主等）

　同族会社であるかどうかを判定する場合には、必ずしもその株式若しくは出資の所有割合又は議決権の所有割合の大きいものから順にその判定の基礎となる株主等を選定する必要はないのであるから、例えばその順に株主等を選定した場合には同族会社とならない場合であっても、その選定の仕方を変えて判定すれば同族会社となるときは、その会社は法第 2 条第 10 号《同族会社の意義》に規定する同族会社に該当することに留意する。

解説　同族会社の判定の基礎となる株主等の選定の仕方によって、同族関係者の範囲は変わることから、その株式等の所有割合又は議決権の所有割合の大きいものから順にその判定の基礎となる株主等を選定した場合に同族会社とならないからといって、直ちに同族会社に該当しないとの結論が導かれるものではない。

資産課税

第 3 章

1　住　所

1　民　法

　民法上、「住所」とは、生活の本拠（民法 22）、すなわち、その者の生活に最
も関係の深い生活の中心をなす場所をいう[1]。

> **民法第 22 条（住所）**
> 　各人の生活の本拠をその者の住所とする。

　この点、住民票は、住民の居住関係の公証、選挙人名簿の登録その他の住民
に関する行政事務の処理の基礎とするためのもので（住基法 1）、その記載は、
届出に基づき、又は職権で行われるものであるから（住基法 8）、住民票上の
住所は、民法上の住所（生活の本拠）と必ずしも一致するものではない。

> **住民基本台帳法第 8 条（住民票の記載等）**
> 　住民票の記載、消除又は記載の修正（第 18 条を除き、以下「記載等」という。）
> は、第 30 条の 3 第 1 項及び第 2 項、第 30 条の 4 第 3 項並びに第 30 条の 5 の規定
> によるほか、政令で定めるところにより、第 4 章若しくは第 4 章の 3 の規定によ
> る届出に基づき、又は職権で行うものとする。

　また、住所が知れない場合には、居所を住所とみなすこととされている（民
法 23 ①）。
　「居所」とは、人が多少継続的に居住するが、その生活との関係が「生活の
本拠」といえるほど密接ではない場所である。

> **民法第 23 条（居所）**
> 1　住所が知れない場合には、居所を住所とみなす。

---

[1] 最判昭和 29 年 10 月 20 日裁判所 HP 参照（昭和 29 年（オ）第 412 号）、最判昭和 32 年 9 月 13 日
　裁判所 HP 参照（昭和 32 年（オ）第 552 号）、最判昭和 35 年 3 月 22 日裁判所 HP 参照（昭和 35
　年（オ）第 84 号）

> 2 日本に住所を有しない者は、その者が日本人又は外国人のいずれであるかを
> 問わず、日本における居所をその者の住所とみなす。ただし、準拠法を定める
> 法律に従いその者の住所地法によるべき場合は、この限りでない。

ところで、住所が問題になる例として、次のものが挙げられる。

1 民 法

民法第 25 条第 1 項前段は、従来の「住所」又は「居所」を去った者（不在者）がその財産の管理人を置かなかったときは、家庭裁判所は、利害関係人又は検察官の請求により、その財産の管理について必要な処分を命ずることができるとしている。

また、民法第 30 条第 1 項は、従来の「住所」又は「居所」を去った者（不在者）の生死が 7 年間明らかでないときは、家庭裁判所は、利害関係人の請求により、失踪の宣告をすることができるとしている。

2 民事訴訟法

民事訴訟法第 4 条第 1 項は、訴えは、被告の普通裁判籍の所在地を管轄する裁判所の管轄に属するとし、同条第 2 項は、人の普通裁判籍は、(1)「住所」により、(2)日本国内に住所がないとき又は住所が知れないときは「居所」により、(3)日本国内に居所がないとき又は居所が知れないときは「最後の住所」により定まるとしている。

3 公職選挙法

公職選挙法第 9 条第 2 項は、満 18 歳以上の日本国民で、引き続き 3 か月以上市町村の区域内に「住所」を有する者は、その属する地方公共団体の議会の議員及び長の選挙権を有するとし、同法第 10 条第 1 項第 5 号は、市町村の議会の議員の選挙権を有する者で、満 25 歳以上の日本国民は、当該議員の被選挙権を有するとしている。

ここにいう「住所」について、判例は、次の通り述べている。

◇ 住所とは、生活の本拠、すなわち、その者の生活に最も関係の深い一般的生

活、全生活の中心を指すものであり、一定の場所がある者の住所であるか否か
は、客観的に生活の本拠たる実体を具備しているか否かにより決すべきものと
解するのが相当である・・・から、主観的に住所を移転させる意思があること
のみをもって直ちに住所の設定、喪失を生ずるものではなく、また、住所を移
転させる目的で転出届がされ、住民基本台帳上転出の記録がされたとしても、
実際に生活の本拠を移転していなかったときは、住所を移転したものと扱うこ
とはできないのである[2]。

2 税 法

最判平成 23 年 2 月 18 日裁判所 HP 参照（平成 20 年（行ヒ）第 139 号）

　法 1 条の 2 によれば、贈与により取得した財産が国外にあるものである場合に
は、受贈者が当該贈与を受けた時において国内に住所を有することが、当該贈与
についての贈与税の課税要件とされている（同条 1 号）ところ、ここにいう住所
とは、反対の解釈をすべき特段の事由はない以上、生活の本拠、すなわち、その
者の生活に最も関係の深い一般的生活、全生活の中心を指すものであり、一定の
場所がある者の住所であるか否かは、客観的に生活の本拠たる実体を具備してい
るか否かにより決すべきものと解するのが相当である（最高裁昭和 29 年（オ）第
412 号同年 10 月 20 日大法廷判決・民集 8 巻 10 号 1907 頁、最高裁昭和 32 年（オ）
第 552 号同年 9 月 13 日第二小法廷判決・集民 27 号 801 頁、最高裁昭和 35 年
（オ）第 84 号同年 3 月 22 日第三小法廷判決・民集 14 巻 4 号 551 頁参照）。

　これを本件についてみるに、前記事実関係等によれば、上告人は、本件贈与を
受けた当時、本件会社の香港駐在役員及び本件各現地法人の役員として香港に赴
任しつつ国内にも相応の日数滞在していたところ、本件贈与を受けたのは上記赴
任の開始から約 2 年半後のことであり、香港に出国するに当たり住民登録につき
香港への転出の届出をするなどした上、通算約 3 年半にわたる赴任期間である本
件期間中、その約 3 分の 2 の日数を 2 年単位（合計 4 年）で賃借した本件香港居
宅に滞在して過ごし、その間に現地において本件会社又は本件各現地法人の業務
として関係者との面談等の業務に従事しており、これが贈与税回避の目的で仮装
された実体のないものとはうかがわれないのに対して、国内においては、本件期
間中の約 4 分の 1 の日数を本件杉並居宅に滞在して過ごし、その間に本件会社の

---

[2] 最判平成 9 年 8 月 25 日裁判所 HP 参照（平成 9 年（行ツ）第 78 号）

業務に従事していたにとどまるというのであるから、本件贈与を受けた時におい
て、本件香港居宅は生活の本拠たる実体を有していたものというべきであり、本
件杉並居宅が生活の本拠たる実体を有していたということはできない。

　（略）

　以上によれば、上告人は、本件贈与を受けた時において、法1条の2第1号所
定の贈与税の課税要件である国内（同法の施行地）における住所を有していたと
いうことはできないというべきである。

解説　本件贈与が行われた当時、贈与税の課税は贈与時に受贈者の住所又
は受贈財産の所在のいずれかが国内にあることが要件とされていたため（旧相
法1の2、2の2）、贈与者が所有する財産を国外へ移転し、更に受贈者の住所
を国外に移転させた後に贈与を実行することによって、わが国の贈与税の負担
を回避するという方法が一般に紹介されていた。

　本判決は、ここにいう「住所」は、民法からの借用概念であるとして、「反
対の解釈をすべき特段の事由はない以上、生活の本拠、すなわち、その者の生
活に最も関係の深い一般的生活、全生活の中心を指すものであ（る）」と判示
した。

　その上で、最高裁は、具体的事情に照らして、上告人は、本件贈与を受けた
時において、国内に住所を有していたということはできないとして、国側敗訴
の判決を言い渡した。

2 失踪宣告

1 民法

〈事例〉

　Aは、平成22年4月1日の朝、出勤のため家を出たが、同日以降、帰宅せず、連絡も途絶えている。

　Aの妻Bは、警察に捜索願いをしたが、手がかりは見つかっていない。

　一定の者の生死が一定期間明らかでないときは、家庭裁判所は、利害関係人の請求により、失踪の宣告をすることができる。

　具体的には、(1)従来の住所・居所を去った者（不在者）の生死が7年間明らかでないとき、又は、(2)戦争、船舶の沈没、天災などの危難に遭遇した者の生死が、その危難が去った後1年間明らかでないときである（民法30）。

　また、失踪宣告の申立てをすることのできる利害関係人は、例えば、不在者の配偶者、相続人、親権者などである。

民法第30条（失踪の宣告）

1　不在者の生死が7年間明らかでないときは、家庭裁判所は、利害関係人の請求により、失踪の宣告をすることができる。

2　戦地に臨んだ者、沈没した船舶の中に在った者その他死亡の原因となるべき危難に遭遇した者の生死が、それぞれ、戦争が止んだ後、船舶が沈没した後又はその他の危難が去った後1年間明らかでないときも、前項と同様とする。

　失踪宣告を受けると、(1)不在者については、7年間の満了時に、(2)危難に遭遇した者については、その危難が去った時に、それぞれ死亡したものとみなされる（民法31）。

民法第31条（失踪の宣告の効力）

　前条第1項の規定により失踪の宣告を受けた者は同項の期間が満了した時に、

> 同条第2項の規定により失踪の宣告を受けた者はその危難が去った時に、死亡したものとみなす。

　本事例では、Aが行方不明となって7年以上が経過しているので、Aの妻Bは、Aについて、失踪宣告の申立てをすることができる。

　そして、失踪宣告がされると、Aは、7年間が満了した時に死亡したものとみなされる。

〈事例〉

　Aは、平成22年4月1日の朝、出勤のため家を出たが、同日以降、帰宅せず、連絡も途絶えている。

　Aの生死が不明のまま7年以上が経過し、Aの妻Bの申立てにより、Aについて失踪宣告がされた後、Aが平成22年4月1日に転落事故で死亡していたことが判明した。

---

　(1)失踪者が生存していた場合、又は、(2)失踪宣告により死亡したものとみなされた時（7年間の満了時又は危難が去った時）と異なる時に死亡していた場合において、その証明があったときは、家庭裁判所は、本人又は利害関係人の申立てにより、失踪宣告を取り消さなければならないこととされている（民法32①）。

　本事例では、Aは、7年間が満了した時に死亡したものとみなされていたが、実際には異なる時に死亡していたので、Aの妻Bは、失踪宣告の取消しの申立てをすることができる。

　なお、失踪申告の取消しの申立てをし、それが認められない限り、Aが死亡したものとみなされる時期が、現実の死亡時期にまでさかのぼることはない。

民法第32条（失踪の宣告の取消し）

1　失踪者が生存すること又は前条に規定する時と異なる時に死亡したことの証明があったときは、家庭裁判所は、本人又は利害関係人の請求により、失踪の宣告を取り消さなければならない。この場合において、その取消しは、失踪の宣告後その取消し前に善意でした行為の効力に及ぼさない。

2　失踪の宣告によって財産を得た者は、その取消しによって権利を失う。ただし、現に利益を受けている限度においてのみ、その財産を返還する義務を負う。

Q&A

Q1：Aは、家を出たまま行方不明となり、生死が不明のまま7年以上が経過した。Aの相続人Bの申立てにより、Aについて失踪宣告がされ、Bは、Aから現金を相続したが、Aが死んだものと信じ、遊興費としてその全額を費消した。その後、生存していたAの申立てにより、Aの失踪宣告が取り消された。Bは、Aに現金を返還する必要はあるか？

A：返還する必要はない。

失踪宣告によって財産を得た者は、失踪宣告の取消しによって権利を失うが、現存利得を返還すれば足りる（民法32②）。本問では、Bは、現金を相続したが、遊興費として全額を費消しているので、現存利得はないとされる。なお、相続した現金を（遊興費ではなく）生活費として費消していた場合は、現存利得はある（浮いたお金がある）とされ、返還する必要が生じる。

Q2：Aは、家を出たまま行方不明となり、生死が不明のまま7年以上が経過した。Aの相続人Bの申立てにより、Aについて失踪宣告がされ、Bは、Aから甲土地を相続したが、Aが死んだものと信じ、これをCに売却した。その後、生存していたAの申立てにより、Aの失踪宣告が取り消された。Aは、Cに対し、甲土地の返還を請求することができるか？

A：どちらともいえない。

売買の当時、Aが生存していることを、BもCも知らなかったのであれば、Aは、甲土地の返還を請求することはできないが、BとCのいずれか一方でも、Aが生存していることを知っていたのであれば、Aは、甲土地の返還を請求することができるとするのが判例（大判昭

13.2.7）である。

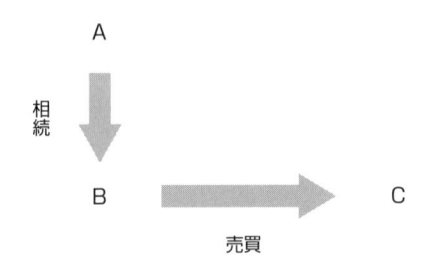

2　税法

相続税法基本通達 27-4（「相続の開始があったことを知った日」の意義）

　法第 27 条第 1 項及び第 2 項に規定する「相続の開始があったことを知った日」とは、自己のために相続の開始があったことを知った日をいうのであるが、次に掲げる者については、次に掲げる日をいうものとして取り扱うものとする。

　なお、当該相続に係る被相続人を特定贈与者とする相続時精算課税適用者に係る「相続の開始があったことを知った日」とは、次に掲げる日にかかわらず、当該特定贈与者が死亡したこと又は当該特定贈与者について民法第 30 条《失踪の宣告》の規定による失踪の宣告に関する審判の確定のあったことを知った日となるのであるから留意する。

(1)　民法第 30 条及び第 31 条の規定により失踪の宣告を受け死亡したものとみなされた者の相続人又は受贈者　これらの者が当該失踪の宣告に関する審判の確定のあったことを知った日

(2)～(9)　（略）

解説　相続税の申告書は、相続の開始があったことを知った日の翌日から 10 か月以内に提出しなければならないこととされている（相法 27 ①）。ここにいう「相続の開始があったことを知った日」とは、原則として、「自己のために相続の開始があったことを知った日」をいうのであるが、例外として、本通達の(1)では、民法第 30 条及び第 31 条の規定により失踪の宣告を受け死亡したものとみなされた者の相続人については、「相続の開始があったことを知った

日」とは、その者が当該失踪の宣告に関する審判の確定のあったことを知った日をいうものとされている。

相続税法第32条（更正の請求の特則）

1　相続税又は贈与税について申告書を提出した者又は決定を受けた者は、次の各号のいずれかに該当する事由により当該申告又は決定に係る課税価格及び相続税額又は贈与税額（当該申告書を提出した後又は当該決定を受けた後修正申告書の提出又は更正があった場合には、当該修正申告又は更正に係る課税価格及び相続税額又は贈与税額）が過大となったときは、当該各号に規定する事由が生じたことを知った日の翌日から4月以内に限り、納税地の所轄税務署長に対し、その課税価格及び相続税額又は贈与税額につき更正の請求（国税通則法第23条第1項（更正の請求）の規定による更正の請求をいう。第33条の2において同じ。）をすることができる。

一　（略）

二　民法第787条（認知の訴え）又は第892条から第894条まで（推定相続人の廃除等）の規定による認知、相続人の廃除又はその取消しに関する裁判の確定、同法第884条（相続回復請求権）に規定する相続の回復、同法第919条第2項（相続の承認及び放棄の撤回及び取消し）の規定による相続の放棄の取消しその他の事由により相続人に異動を生じたこと。

三～十　（略）

解説　更正の請求の特則として、民法第787条《認知の訴え》又は第892条《推定相続人の廃除》、第893条《遺言による推定相続人の廃除》及び第894条《推定相続人の廃除の取消し》の規定による認知、相続人の廃除又はその取消しに関する裁判の確定、民法第884条《相続回復請求権》に規定する相続の回復、民法第919条《相続の承認及び放棄の撤回及び取消し》第2項の規定による相続の放棄の取消しその他の事由により相続人に異動を生じたことを原因として、当初の申告に係る税額等が過大となった場合には、これらの事由が生じたことを知った日の翌日から4か月以内に限り、更正の請求をすることができることとされている。

　なお、期限後申告の特則として、本条第1項第2号に掲げる事由が生じたため、新たに相続税の申告書を提出すべき要件に該当することとなった者は、期

限後申告書を提出することができる旨が相続税法第30条第1項に規定されている。

　また、修正申告の特則として、相続税の期限内申告書又は期限後申告書を提出した者は、本条第1項第2号に掲げる事由が生じたため既に確定した相続税額に不足を生じた場合には、修正申告書を提出することができる旨が相続税法第31条第1項に規定されている。

相続税法基本通達32-1（「その他の事由により相続人に異動が生じたこと」の意義）

　法第32条第1項第2号に規定する「その他の事由により相続人に異動が生じたこと」とは、民法第886条に規定する胎児の出生、相続人に対する失踪の宣告又はその取消し等により相続人に異動を生じた場合をいうのであるから留意する。

解説　相続人に対する失踪の宣告又はその取消し等により相続人に異動を生じたことは、相続税法第32条《更正の請求の特則》第1項第2号に規定する「その他の事由により相続人に異動が生じたこと」に該当する。

❸ 相隣関係

1　民　法

　公道に通じない土地の所有者（次図ではA）は、その土地を囲んでいる他の土地を通行することができる（民法210①）。この権利を「隣地通行権」という。

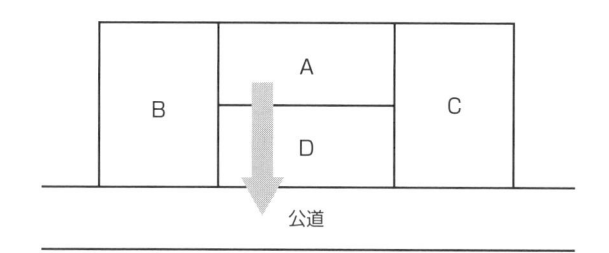

　「公道に通じない」というだけで通行権が発生し、所有権を取得していれば、登記を経由していなくても、通行権を主張することができる[3]。

> **民法第210条（公道に至るための他の土地の通行権）**
> 1　他の土地に囲まれて公道に通じない土地の所有者は、公道に至るため、その土地を囲んでいる他の土地を通行することができる。
> 2　池沼、河川、水路若しくは海を通らなければ公道に至ることができないとき、又は崖があって土地と公道とに著しい高低差があるときも、前項と同様とする。

　もっとも、隣地を通行できるといっても、その場所や方法は、通行権者のために必要な限度で、かつ、隣地のために損害が最も少ないものを選ばなければならず（民法211①）、また、隣地の損害に対して償金を支払わなければならないこととされている（民法212）。

---

[3] 最判昭和47年4月14日裁判所 HP 参照（昭和46年（オ）第630号）

> **民法第211条**
>
> 1　前条の場合には、通行の場所及び方法は、同条の規定による通行権を有する者のために必要であり、かつ、他の土地のために損害が最も少ないものを選ばなければならない。
> 2　前条の規定による通行権を有する者は、必要があるときは、通路を開設することができる。

> **民法第212条**
>
> 　第210条の規定による通行権を有する者は、その通行する他の土地の損害に対して償金を支払わなければならない。ただし、通路の開設のために生じた損害に対するものを除き、1年ごとにその償金を支払うことができる。

　現実には、民法第211条第1項の「通行権を有する者のために必要であり、かつ、他の土地のために損害が最も少ないもの」との要件は、争点となり得る。

　例えば、通行権を有する者にとっては、自動車による通行を必要とすべき状況にあるとしても、隣地所有者にとっては、自動車による通行を認めると、一般に、通路としてより多くの土地を割く必要がある上、自動車事故が発生する危険性が生ずることも否定できない。

　この場合の判断について、判例は、次の通り述べている。

◇　自動車による通行を前提とする210条通行権の成否及びその具体的内容は、他の土地について自動車による通行を認める必要性、周辺の土地の状況、自動車による通行を前提とする210条通行権が認められることにより他の土地の所有者が被る不利益等の諸事情を総合考慮して判断すべきである[4]。

　以上は、もともと公道に通じない状況にある土地についての議論であるが、土地を分割したり、その一部を譲渡したりすることによって公道に通じない土地が生じることもある。

　この場合、公道に通じないこととなった土地の所有者は、分割又は譲渡に係る他の土地に限って、通行することができ、また、償金を支払うことを要しな

---

[4]　最判平成18年3月16日裁判所HP参照（平成17年（受）第1208号）

い（民法 213）。

> **民法第 213 条**
>
> 1　分割によって公道に通じない土地が生じたときは、その土地の所有者は、公道に至るため、他の分割者の所有地のみを通行することができる。この場合においては、償金を支払うことを要しない。
> 2　前項の規定は、土地の所有者がその土地の一部を譲り渡した場合について準用する。

　例えば、土地所有者（次図ではA）が、所有地を分割し、公道に通じないこととなったほうの土地を所有し続ける一方、公道に通じているほうの土地を第三者（次図ではD）に売却した場合、売主（A）の所有地の隣地のうち、買主（D）の土地のみが、無償の通行権を主張されることとなる。

　これは、買主（D）は、売買の当事者であるから、無償の通行権を主張されることを織り込んで買い受けたはずであり、その不利益は甘受しなければならないということである。

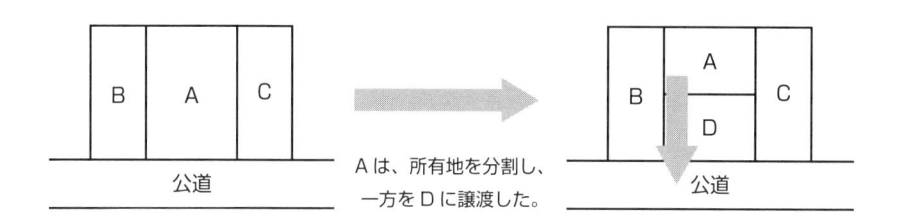

Aは、所有地を分割し、一方をDに譲渡した。

2　税　法

> **相続税法第 41 条（物納の要件）**
>
> 1　税務署長は、納税義務者について第 33 条又は国税通則法第 35 条第 2 項（申告納税方式による国税等の納付）の規定により納付すべき相続税額を延納によっても金銭で納付することを困難とする事由がある場合においては、納税義務者の申請により、その納付を困難とする金額として政令で定める額を限度と

して、物納の許可をすることができる。この場合において、物納に充てる財産（以下「物納財産」という。）の性質、形状その他の特徴により当該政令で定める額を超える価額の物納財産を収納することについて、税務署長においてやむを得ない事情があると認めるときは、当該政令で定める額を超えて物納の許可をすることができる。

2　前項の規定による物納に充てることができる財産は、納税義務者の課税価格計算の基礎となった財産（当該財産により取得した財産を含み、第21条の9第3項の規定の適用を受ける財産を除く。）でこの法律の施行地にあるもののうち次に掲げるもの（管理又は処分をするのに不適格なものとして政令で定めるもの（第45条第1項において「管理処分不適格財産」という。）を除く。）とする。

一　不動産及び船舶

二　次に掲げる有価証券（その権利の帰属が社債、株式等の振替に関する法律（平成13年法律第75号）の規定により振替口座簿の記載又は記録により定まるもの及び登録国債を含む。）

　　イ～ト　（略）

三　動産

3～5　（略）

解説　国税の納付は、原則として、金銭をもって行い、例外として、証券等をもって行うことも認められているが（通法34①）、本条は、相続税について、一定の要件の下、相続財産による物納を認めるものである。ただし、物納に充てることができる財産は、一定のものに限られており、管理又は処分をするのに不適格なものによる物納は認められない。

相続税法施行令第18条（管理処分不適格財産）

　法第41条第2項に規定する政令で定める財産は、次の各号に掲げる財産の区分に応じ当該各号に定めるものとする。

一　不動産　次に掲げるもの

　　イ～ニ　（略）

　　ホ　他の土地に囲まれて公道に通じない土地で民法第210条（公道に至るための他の土地の通行権）の規定による通行権の内容が明確でないもの

　　ヘ～ワ　（略）

　二〜三　（略）

解説　本条は、その財産による物納が認められない「管理又は処分をするのに不適格なもの」を定めるものであり、その1つとして「他の土地に囲まれて公道に通じない土地で民法第210条（・・・）の規定による通行権の内容が明確でないもの」が掲げられている。

4 用益権

1 民 法

　地上権とは、他人の土地において工作物又は竹木を所有するため、その土地を使用する権利である（民法265）。ここにいう「工作物」とは、建物・橋梁・トンネルなど、地上及び地下のあらゆる設備をいう。

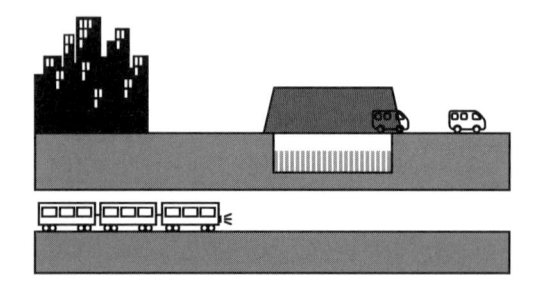

　また、永小作権とは、他人の土地において耕作又は牧畜をする権利である（民法270）。果樹・桑などは永小作権の目的となることから、地上権の目的となる「竹木」には含まれない。

　他人の土地を使用する権利としては、賃借権もあるが、地上権と永小作権が物権であるのに対して、賃借権は債権である。以下、これらの権利を比較する。

1 譲渡性

　地上権と永小作権は、物権の性質上、自由に譲渡することができ、土地所有者の承諾を要しない。

　ただし、特約で譲渡を禁止することができ、(1)地上権の場合は、土地所有者と地上権者との間の契約として有効となる（次の登記記録例の通り、譲渡禁止特約を登記することはできず、第三者に対抗することはできない。）のに対して、(2)永小作権の場合は、土地所有者と永小作権者との間で有効となるだけでなく、

次の登記記録例の通り、譲渡禁止特約を登記することによって、第三者にも対抗することができる（民法272但書、不動産登記法79三）。

・地上権の設定の登記[5]

権　利　部（乙区）（所有権以外の権利に関する事項）			
順位番号	登記の目的	受付年月日・受付番号	権利者その他の事項
1	地上権設定	平成○年○月○日 第○号	原因　平成○年○月○日設定 目的　鉄筋コンクリート造建物所有 存続期間　○年 地代　1平方メートル1年○万円 支払時期　毎年○月○日 地上権者　（住所省略）　A

・永小作権の設定の登記[6]

権　利　部（乙区）（所有権以外の権利に関する事項）			
順位番号	登記の目的	受付年月日・受付番号	権利者その他の事項
1	永小作権設定	平成○年○月○日 第○号	原因　平成○年○月○日設定 小作料　1年○万円 支払時期　毎年○月○日 存続期間　○年 特約　譲渡・賃貸することができない 永小作権者　（住所省略）　A

　一方、賃借権は、債権の性質上、賃貸人の承諾を得なければ譲渡することができない（民法612）。

	地上権	永小作権	賃借権
譲　渡　性	あり（注1）	あり（注2）	賃貸人の承諾が条件

（注1）譲渡禁止特約は、当事者間では有効
（注2）譲渡禁止特約は、登記することによって、第三者に対抗可

---

[5] 登記記録例（番号254）
[6] 登記記録例（番号277）

2 地代

　民法は、永小作権の内容について、「小作料を支払って・・・をする権利を有する」（民法270）とし、賃借権について、「賃料を支払うことを約することによって、その効力を生ずる」（民法601）としていることから、永小作権は「小作料」を、賃借権は「賃料」をそれぞれ要素とするが、地上権は無償でも構わない。

　なお、借主に対価の支払義務がない貸借関係は、「使用貸借」である（民法593）。

	地上権	永小作権	賃借権
地代・小作料・賃料	要素ではない	要素である	要素である

3-1　存続期間（契約で定める場合）

　民法は、永小作権について、「存続期間は、20年以上50年以下とする」（民法278①）と、賃借権について、「存続期間は、20年（民法の一部を改正する法律（債権法改正）による改正後は、50年）を超えることができない」（民法604①）とするが、地上権については、存続期間の上限・下限を規定していない。

	地上権	永小作権	賃借権
存続期間	制限なし	20年以上 50年以下	20年以下（注）

（注）改正後は、50年以下

　なお、建物の所有を目的とする地上権又は土地の賃借権（借地権）については、借地借家法第3条が、存続期間の下限を30年とする旨規定している。ただし、事業用定期借地権については、存続期間を10年以上50年未満とすることができる（借地借家23）。

3-2　存続期間（契約で定めない場合）

　存続期間の定めのない地上権については、民法上、これを存続させずに消滅

させる方法として、別段の慣習がない限り、地上権者は、その権利を放棄することができ（ただし、地代を支払うべきときは、1年前に予告をし、又は期限の到来していない1年分の地代を支払わなければならない。）、地上権者がその権利を放棄しないときは、裁判所が、当事者の請求により、20年以上50年以下の範囲内において、その存続期間を定めることとされている（民法268）。また、地代を支払う場合については、不可抗力によって、引き続き3年以上全く収益を得ず、又は5年以上地代より少ない収益を得たときは、地上権者は、その権利を放棄することができる（民法266、275）。

　存続期間の定めのない永小作権については、別段の慣習がある場合を除き、存続期間は30年とされている（民法278③）。

　存続期間の定めのない賃借権については、各当事者は、いつでも解約の申入れをすることができ、解約の申入れの日から一定の期間を経過することによって終了することとされている（民法617①）。この「一定の期間」は、⑴土地の賃貸借にあっては、1年、⑵建物の賃貸借にあっては、3か月（賃貸人が解約の申入れをした場合については、借地借家法第27条第1項によって、6か月に修正される。）、⑶動産及び貸席の賃貸借にあっては、1日とされている。

　なお、建物の所有を目的とする地上権又は土地の賃借権（借地権）については、借地借家法第3条が、存続期間を30年とする旨規定している。

4　土地所有者の義務

　賃貸借において、土地所有者（賃貸人）は、賃貸物の使用及び収益に必要な修繕をする義務を負う（民法606①）のに対して、地上権では、特約のない限り、土地所有者（設定者）は、このような積極的な義務を負わない。

2　税　法

相続税法第23条（地上権及び永小作権の評価）
地上権（借地借家法（平成3年法律第90号）に規定する借地権又は民法第269

条の2第1項（地下又は空間を目的とする地上権）の地上権に該当するものを除く。以下同じ。）及び永小作権の価額は、その残存期間に応じ、その目的となっている土地のこれらの権利を取得した時におけるこれらの権利が設定されていない場合の時価に、次に定める割合を乗じて算出した金額による。

　残存期間が 10 年以下のもの　100 分の 5

　残存期間が 10 年を超え 15 年以下のもの　100 分の 10

　残存期間が 15 年を超え 20 年以下のもの　100 分の 20

　残存期間が 20 年を超え 25 年以下のもの　100 分の 30

　残存期間が 25 年を超え 30 年以下のもの及び地上権で存続期間の定めのないもの　100 分の 40

　残存期間が 30 年を超え 35 年以下のもの　100 分の 50

　残存期間が 35 年を超え 40 年以下のもの　100 分の 60

　残存期間が 40 年を超え 45 年以下のもの　100 分の 70

　残存期間が 45 年を超え 50 年以下のもの　100 分の 80

　残存期間が 50 年を超えるもの　100 分の 90

解説　地上権及び永小作権の価額は、土地の時価を基礎として、その残存期間の長さに応じて累進的に高くなる割合を乗じて算出する。一方、地上権の目的となっている宅地の価額は、その宅地の自用地としての価額から本条又は地価税法第 24 条《地上権及び永小作権の評価》の規定により評価したその地上権の価額を控除した金額によって評価する（評通 25(3)）。なお、建物の所有を目的とする地上権は借地権に含まれるから、ここにいう「地上権」からは除かれている（相通 23-1、評通 9 ）。

相続税法第 41 条（物納の要件）

1　税務署長は、納税義務者について第 33 条又は国税通則法第 35 条第 2 項（申告納税方式による国税等の納付）の規定により納付すべき相続税額を延納によっても金銭で納付することを困難とする事由がある場合においては、納税義務者の申請により、その納付を困難とする金額として政令で定める額を限度として、物納の許可をすることができる。この場合において、物納に充てる財産（以下「物納財産」という。）の性質、形状その他の特徴により当該政令で定める額を超える価額の物納財産を収納することについて、税務署長においてやむを得ない事情があると認めるときは、当該政令で定める額を超えて物納の許可

をすることができる。

2　前項の規定による物納に充てることができる財産は、納税義務者の課税価格計算の基礎となった財産（当該財産により取得した財産を含み、第21条の9第3項の規定の適用を受ける財産を除く。）でこの法律の施行地にあるもののうち次に掲げるもの（管理又は処分をするのに不適格なものとして政令で定めるもの（第45条第1項において「管理処分不適格財産」という。）を除く。）とする。

一　不動産及び船舶

二　次に掲げる有価証券（その権利の帰属が社債、株式等の振替に関する法律（平成13年法律第75号）の規定により振替口座簿の記載又は記録により定まるもの及び登録国債を含む。）

　イ～ト　（略）

三　動産

3～5　（略）

解説　国税の納付は、原則として、金銭をもって行い、例外として、証券等をもって行うことも認められているが（通法34①）、本条は、相続税について、一定の要件の下、相続財産による物納を認めるものである。ただし、物納に充てることができる財産は、一定のものに限られており、管理又は処分をするのに不適格なものによる物納は認められない。

相続税法施行令第18条（管理処分不適格財産）

　法第41条第2項に規定する政令で定める財産は、次の各号に掲げる財産の区分に応じ当該各号に定めるものとする。

一　不動産　次に掲げるもの

　イ　（略）

　ロ　権利の帰属について争いがある不動産として財務省令で定めるもの

　ハ～ワ　（略）

二～三　（略）

解説　本条は、その財産による物納が認められない「管理又は処分をするのに不適格なもの」を定めるものであり、その1つとして「権利の帰属について争いがある不動産として財務省令で定めるもの」が掲げられている。この財

務省令で定める不動産は、次に掲げるものとされている（相規21 ②)。

 (1) 所有権の存否又は帰属について争いがある不動産

 (2) 地上権、永小作権、賃借権その他の所有権以外の使用及び収益を目的と
  する権利の存否又は帰属について争いがある不動産

5　使用貸借

1　現行法

〈事例〉

　AとBは、A所有の甲家屋について、Aを貸主、Bを借主とする使用貸借契約を締結した。

　甲家屋の室内に設置してある照明器具の電球が切れたので、Bは、新しいものに交換した。

　また、台風によって甲家屋の屋根が壊れたため、Bは、業者に修理を依頼した。

　貸借には、大きく分けると、(1)借主が目的物の所有権を取得し、その目的物を消費することができ、返還は、これと同種・同等・同量の物をもってすれば足りる「消費貸借」と、(2)借主は目的物の所有権を取得せず、その目的物を使用収益することができるにとどまり、これをそのまま返還しなければならない「使用貸借」及び「賃貸借」とがある。

　このうち「使用貸借」は、借主が無償で目的物を使用収益し、貸主はこれを忍容する義務を負い、目的物の通常の必要費は借主がこれを負担する（現行法595①）のに対して、「賃貸借」は、借主が賃料の支払義務を負い（現行法601）、貸主は目的物の使用収益に必要な修繕をする義務を負う（現行法606①）。

現行法第595条（借用物の費用の負担）

1　借主は、借用物の通常の必要費を負担する。

2　第583条第2項の規定は、前項の通常の必要費以外の費用について準用する。

> **現行法第583条（買戻しの実行）**
> 1　売主は、第580条に規定する期間内に代金及び契約の費用を提供しなければ、買戻しをすることができない。
> 2　買主又は転得者が不動産について費用を支出したときは、売主は、第196条の規定に従い、その償還をしなければならない。ただし、有益費については、裁判所は、売主の請求により、その償還について相当の期限を許与することができる。

　本事例では、甲家屋の貸借は「使用貸借」とされているところ、電球の代金は「通常の必要費」に当たると考えられるので、Bは、これを負担しなければならないが（現行法595①）、台風による破損を修繕した費用は「通常の必要費」に当たらないと考えられるので、Aは、その償還をしなければならない（現行法595②、583②）。

〈事例〉

　Aは、所有家屋の焼失により住宅に窮していたところ、Bから「適当な家屋に移るまでしばらくの間、私の別宅を住居として使って構わない」との申出があり、Bの別宅を無償で借り受けたが、そのまま7年が経過した。

　使用貸借による借用物の返還の時期は、次の通りとされている。

	有	返還の時期の定めの有無	
		無	
		使用収益の目的の定めの有無	
		有	無
使用貸借の終了	契約に定めた時期（現行法597①）	契約に定めた目的に従い使用収益を終わった時（現行法597②本文）	－
使用貸借の解除	－	使用収益をするのに足りる期間を経過したときは、貸主は、直ちに返還を請求することができる（現行法597②但書）	貸主は、いつでも返還を請求することができる（現行法597③）

　以上のほか、使用貸借は、借主の死亡によっても終了する（民法599）。使用貸借は、親族等の情義的な関係によるものが多く、借主の死亡をもって使用貸借関係を終了させる（したがって、借主の相続人はその地位を承継しない）趣旨である。

現行法第599条（借主の死亡による使用貸借の終了）
　使用貸借は、借主の死亡によって、その効力を失う。

　本事例では、返還の時期の定めはないものの、使用収益の目的（適当な家屋を見つけるまでの一時的住居）が定められているものと解すべきである。
　そして、既に7年が経過しており、適当な家屋を見付けるのに必要な期間は十分経過したものと認められるから、Bは、直ちに返還を請求することができるものと考えられる[7]。

2 改正法

改正法第593条（使用貸借）
　使用貸借は、当事者の一方がある物を引き渡すことを約し、相手方がその受け取った物について無償で使用及び収益をして契約が終了したときに返還をすることを約することによって、その効力を生ずる。

| 改正ポイント |　現行法第593条は、「使用貸借は、・・・相手方からある物を受け取ることによって、その効力を生ずる」と規定し、使用貸借は、目的物の引渡しによって、効力を生ずるものとしている。従来、使用貸借は、親族等の情義的な関係によるものが多かったと考えられるが、現代社会においては、そのような情義的な関係によるものだけではなく、経済的な取引の一環として行われることも多くなっており、目的物の引渡し前でも、使用貸借に契約の拘束力を認める必要があるので、本条は、「使用貸借は、・・・を約することによって、その効力を生ずる」とし、使用貸借は、合意によって、効力を生ずるもの

---

[7] 最判昭和34年8月18日裁判所HP参照（昭和32年（オ）第765号）

とするものである[8]。

> **改正法第 597 条（期間満了等による使用貸借の終了）**
> 1 当事者が使用貸借の期間を定めたときは、使用貸借は、その期間が満了することによって終了する。
> 2 当事者が使用貸借の期間を定めなかった場合において、使用及び収益の目的を定めたときは、使用貸借は、借主がその目的に従い使用及び収益を終えることによって終了する。
> 3 使用貸借は、借主の死亡によって終了する。

改正ポイント1 現行法第 597 条は、使用貸借の終了についての規定であるが、「借主は、・・・返還をしなければならない」とする規定となっている。しかし、使用貸借における目的物の返還債務等は、使用貸借の終了により生ずるものであるから、その発生時期である「使用貸借の終了」を明示した規定とするのが合理的である。そこで、本条第 1 項及び第 2 項は、それぞれ現行法第 597 条第 1 項及び第 597 条第 2 項本文を実質的に維持した上で、「使用貸借は、・・・終了する」とする規定とするものである[9]。

改正ポイント2 現行法第 599 条の規律を維持し、使用貸借の終了事由の 1 つとして本条第 3 項に移している。

> **改正法第 598 条（使用貸借の解除）**
> 1 貸主は、前条第 2 項に規定する場合において、同項の目的に従い借主が使用及び収益をするのに足りる期間を経過したときは、契約の解除をすることができる。
> 2 当事者が使用貸借の期間並びに使用及び収益の目的を定めなかったときは、貸主は、いつでも契約の解除をすることができる。
> 3 借主は、いつでも契約の解除をすることができる。

改正ポイント1 本条第 1 項及び第 2 項は、それぞれ現行法第 597 条第 2 項但書及び第 597 条第 3 項を実質的に維持した上で、解除による使用貸借の終了

---

8) 部会資料 70A（60 頁）
9) 部会資料 70A（62 頁）

を明文化するものである[10]。改正法第597条は使用貸借の終了原因を、同法第598条は使用貸借の解除権をそれぞれ規定するものとして整理されている。

改正ポイント2　本条第3項は、使用貸借の借主が、いつでも使用貸借を解除することができる旨を明文化するものである[11]。

3 税 法

昭和48年11月1日付直資2-189「使用貸借に係る土地についての相続税及び贈与税の取扱いについて」

（使用貸借による土地の借受けがあった場合）

1　建物又は構築物（以下「建物等」という。）の所有を目的として使用貸借による土地の借受けがあった場合においては、借地権（建物等の所有を目的とする地上権又は賃借権をいう。以下同じ。）の設定に際し、その設定の対価として通常権利金その他の一時金（以下「権利金」という。）を支払う取引上の慣行がある地域（以下「借地権の慣行のある地域」という。）においても、当該土地の使用貸借に係る使用権の価額は、零として取り扱う。

　　この場合において、使用貸借とは、民法（明治29年法律第89号）第593条に規定する契約をいう。したがって、例えば、土地の借受者と所有者との間に当該借受けに係る土地の公租公課に相当する金額以下の金額の授受があるにすぎないものはこれに該当し、当該土地の借受けについて地代の授受がないものであっても権利金その他地代に代わるべき経済的利益の授受のあるものはこれに該当しない。

（使用貸借による借地権の転借があった場合）

2　借地権を有する者（以下「借地権者」という。）からその借地権の目的となっている土地の全部又は一部を使用貸借により借り受けてその土地の上に建物等を建築した場合又は借地権の目的となっている土地の上に存する建物等を取得し、その借地権者からその建物等の敷地を使用貸借により借り受けることとなった場合においては、借地権の慣行のある地域においても、当該借地権の使用貸借に係る使用権の価額は、零として取り扱う。

---

[10] 部会資料70A（62頁）
[11] 部会資料70A（63頁）

　この場合において、その貸借が使用貸借に該当するものであることについては、当該使用貸借に係る借受者、当該借地権者及び当該土地の所有者についてその事実を確認するものとする。

(注)
1　上記の確認に当たっては、別紙様式1「借地権の使用貸借に関する確認書」を用いる。
2　上記確認の結果、その貸借が上記の使用貸借に該当しないものであるときは、その実態に応じ、借地権又は転借権の贈与として贈与税の課税関係を生ずる場合があることに留意する。

(使用貸借に係る土地等を相続又は贈与により取得した場合)

3　使用貸借に係る土地又は借地権を相続（遺贈及び死因贈与を含む。以下同じ。）又は贈与（死因贈与を除く。以下同じ。）により取得した場合における相続税又は贈与税の課税価格に算入すべき価額は、当該土地の上に存する建物等又は当該借地権の目的となっている土地の上に存する建物等の自用又は貸付けの区分にかかわらず、すべて当該土地又は借地権が自用のものであるとした場合の価額とする。

(使用貸借に係る土地等の上に存する建物等を相続又は贈与により取得した場合)

4　使用貸借に係る土地の上に存する建物等又は使用貸借に係る借地権の目的となっている土地の上に存する建物等を相続又は贈与により取得した場合における相続税又は贈与税の課税価格に算入すべき価額は、当該建物等の自用又は貸付けの区分に応じ、それぞれ当該建物等が自用又は貸付けのものであるとした場合の価額とする。

(借地権の目的となっている土地を当該借地権者以外の者が取得し地代の授受が行われないこととなった場合)

5　借地権の目的となっている土地を当該借地権者以外の者が取得し、その土地の取得者と当該借地権者との間に当該土地の使用の対価としての地代の授受が行われないこととなった場合においては、その土地の取得者は、当該借地権者から当該土地に係る借地権の贈与を受けたものとして取り扱う。ただし、当該土地の使用の対価としての地代の授受が行われないこととなった理由が使用貸借に基づくものでないとしてその土地の取得者からその者の住所地の所轄税務署長に対し、当該借地権者との連署による「当該借地権者は従前の土地の所有者との間の土地の賃貸借契約に基づく借地権者としての地位を放棄していない」

旨の申出書が提出されたときは、この限りではない。

(注)

1　上記の「土地の使用の対価としての地代の授受が行われないこととなった場合」には、例えば、土地の公租公課に相当する金額以下の金額の授受がある場合を含み、権利金その他地代に代わるべき経済的利益の授受のある場合は含まれないことに留意する。

2　上記の申出書は、別紙様式2「借地権者の地位に変更がない旨の申出書」を用いる。

(経過的取扱い)

6・7　(略)

解説　本通達（以下「使用貸借通達」という。）については、札幌地裁平成26年5月13日判決（訟月61巻1号223頁）が、次の通り判示している。すなわち、「使用貸借通達1は、個人間で建物等の所有を目的として使用貸借による土地の借受けがあった場合には、課税実務上、当該土地の使用貸借に係る使用権の価額は、零として取り扱うこととしているところ、建物所有を目的とする土地の使用貸借は、夫婦や親子などの親族間で行われることが多く、他人間における土地の賃貸借のような土地の使用権に対する強い権利意識もないのが通常であり、かつ、使用借権は借地借家法上の借地権のような強い法的保護を受けられないほか、借主の死亡が使用貸借の終了原因とされているなど、建物所有を目的とする土地の使用借権は、その経済的交換価値において、借地権に比し極めて弱いものであることからすれば、使用貸借通達1の内容は合理的なものであると認められる」。

また、同判決は、「使用貸借通達3は、使用貸借に係る土地を相続により取得した場合における相続税の課税価格に算入すべき価額は、当該土地の上に存する建物等の自用又は貸付けの区分にかかわらず、すべて当該土地が自用のものであるとした場合の価額とするとしているところ、建物賃借人の敷地利用権は、一般に建物所有者の敷地利用権に従属しその範囲内で行使されるにすぎないものであるから、建物所有目的の使用貸借により借り受けた土地の上に建築された建物の賃借人の敷地利用権も、建物所有者の敷地利用権すなわち土地の使用借権の範囲内で行使されるものにすぎず、使用貸借通達1により土地の使

用借権の価額を零として取り扱うこととした以上、同様に零として取り扱うことは当然であり、使用貸借通達3の内容も合理的なものであると認められる」と判示している。

6　婚　姻

1　民　法

　婚姻は、戸籍法の定めるところにより届出をすることによって、その効力を生ずる（民法 739 ①）。

　この点、婚姻届が受理されれば、戸籍簿への記入がなされていなくても、婚姻は有効に成立するとする判例がある[12]。

　婚姻の実質的要件には、次のものがあり、これらに違反する婚姻の届出は受理されない（民法 740）。仮に、誤って受理されたとしても、その婚姻（未成年者の婚姻についての父母の同意（民法 737）を欠くものを除く。）は、取り消すことができる（民法 744）。

婚姻適齢 （民法 731）	男は、18 歳に、女は、16 歳にならなければ、婚姻をすることができない。 （注）男女ともに 18 歳に統一する改正法が、2018 年 6 月 13 日に成立した。同改正は、2022 年 4 月 1 日から施行される。
重婚の禁止 （民法 732）	配偶者のある者は、重ねて婚姻をすることができない。
再婚禁止期間 （民法 733）	女は、前婚の解消又は取消しの日から起算して 100 日[13] を経過した後でなければ、再婚をすることができない。 （注）父性の推定の重複を回避する趣旨であるから、次に掲げる場合には、適用しない。 　　1　女が前婚の解消又は取消しの時に懐胎していなかった場合 　　2　女が前婚の解消又は取消しの後に出産した場合
近親者間の婚姻の禁止 （民法 734）	直系血族（父母、子など）又は 3 親等内の傍系血族（おじ・おば、兄弟姉妹、甥・姪など）の間では、婚姻をすることができない。ただし、養子と養方の傍系血族との間では、この限りでない。 （注）特別養子縁組によって実方との親族関係が終了した後も、特別養子と実親との間では、血のつながりがなくなるわけではないから、婚姻をすることができない。

[12]　大判昭和 16 年 7 月 29 日（民集 20 巻 1019 頁）
[13]　最判平成 27 年 12 月 16 日裁判所 HP 参照（平成 25 年（オ）第 1079 号）

直系姻族間の婚姻の禁止（民法 735）	直系姻族の間では、婚姻をすることができない。離婚若しくは姻族関係終了の意思表示又は特別養子縁組によって姻族関係が終了した後も、同様である。 （例）夫は、亡妻の母（直系姻族）と婚姻することはできないが、亡妻の妹（傍系姻族）と婚姻することはできる。
養親子等の間の婚姻の禁止（民法 736）	養子若しくはその配偶者又は養子の直系卑属若しくはその配偶者と養親又はその直系尊属との間では、離縁によって親族関係が終了した後でも、婚姻をすることができない。 （例）養親と養子は、離縁後も婚姻することができない。
未成年者の婚姻についての父母の同意（民法 737）	未成年の子が婚姻をするには、父母の同意を得なければならない。 （注） 　1　父母の一方が同意しないときは、他の一方の同意だけで足りる。父母の一方が知れないとき、死亡したとき、又はその意思を表示することができないときも、同様とされている。 　2　2018 年 6 月 13 日に成立した成年年齢の引下げ等を内容とする改正法では、この規定は削除されている。

　また、婚姻は、当事者間に婚姻をする意思がない場合、又は、当事者が婚姻の届出をしない場合は、無効とされる（民法 742）。

　この点に関して、次の判例がある。

◇　婚姻届が A の意思に基づいて作成され、A がその作成当時婚姻意思を有していて、A と B との間に事実上の夫婦共同生活関係が存続していたとすれば、その届書が市役所の係官に受理されるまでの間に A が完全に昏睡状態に陥り、意識を失ったとしても、届出書受理以前に翻意するなど婚姻の意思を失う特段の事情のないかぎり、上記届書の受理によって、婚姻は、有効に成立したものと解すべきである[14]。

◇　民法第 742 条第 1 号にいう「当事者間に婚姻をする意思がないとき」とは、当事者間に真に社会観念上夫婦であると認められる関係の設定を欲する効果意思を有しない場合を指すものと解すべきであり、したがって、たとえ婚姻の届出自体について当事者間に意思の合致があり、ひいて当事者間に、一応、所論法律上の夫婦という身分関係を設定する意思はあったと認めうる場合であっても、それが、単に他の目的を達するための便法として仮託されたものにすぎな

---

[14] 最判昭和 44 年 4 月 3 日裁判所 HP 参照（昭和 41 年（オ）第 1317 号）

いものであって、前述のように真に夫婦関係の設定を欲する効果意思がなかった場合には、婚姻はその効力を生じないものと解すべきである[15]。

◇　事実上の夫婦の一方が他方の意思に基づかないで婚姻届を作成提出した場合において、当時両名に夫婦としての実質的生活関係が存在しており、後に他方の配偶者が届出の事実を知ってこれを追認したときは、上記婚姻は追認によりその届出の当初に遡って有効となると解するのを相当とする[16]。

　なお、離婚については、協議離婚の届出が、真に法律上の婚姻関係を解消する意思の合致に基づいてされたものであれば、それが単に生活扶助を受けるための方便としてされたものであって、夫婦は事実上の婚姻関係を継続しているとしても、その協議離婚は無効とはいえないとするのが判例である[17]。

2　税　法

相続税法施行令第4条の6（贈与税の配偶者控除の婚姻期間の計算及び居住用不動産の範囲）

1　法第21条の6第1項に規定する贈与をした者が同項に規定する婚姻期間が20年以上である配偶者に該当するか否かの判定は、同項の財産の贈与の時の現況によるものとする。

2　法第21条の6第1項に規定する婚姻期間は、同項に規定する配偶者と当該配偶者からの贈与により同項に規定する居住用不動産又は金銭を取得した者との婚姻につき民法第739条第1項（婚姻の届出）の届出があった日から当該居住用不動産又は金銭の贈与があった日までの期間（当該期間中に当該居住用不動産又は金銭を取得した者が当該贈与をした者の配偶者でなかった期間がある場合には、当該配偶者でなかった期間を除く。）により計算する。

解説　婚姻期間が20年以上である配偶者から居住用不動産又は金銭の贈与を受けた者が、その贈与を受けた日の属する年の翌年3月15日までにその居

---

[15] 最判昭和44年10月31日裁判所HP参照（昭和42年（オ）第1108号）

[16] 最判昭和47年7月25日裁判所HP参照（昭和45年（オ）第238号）

[17] 最判昭和57年3月26日裁判所HP参照（昭和56年（オ）第1197号）

住用不動産をその者の居住の用に供し、かつ、その後引き続き居住の用に供する見込みである場合又は同日までにその金銭をもって居住用不動産を取得して、これをその者の居住の用に供し、かつ、その後引き続き居住の用に供する見込みである場合においては、贈与税の課税価格の計算上、基礎控除 110 万円のほかに、最高 2,000 万円までの配偶者控除が認められる（相法 21 の 5、21 の 6 ①、措法 72 の 2 の 4 ①）。本条第 2 項は、この「婚姻期間」について、婚姻の届出があった日から起算するとしている。

相続税法施行令第 12 条（延納の許可限度額）

1　法第 38 条第 1 項に規定する政令で定める額は、第 1 号に掲げる額から第 2 号に掲げる額を控除した残額とする。
　一　法第 33 条又は国税通則法第 35 条第 2 項（申告納税方式による国税等の納付）の規定により納付すべき相続税額
　二　納税義務者が前号の相続税額に係る納期限又は納付すべき日において有する現金、預貯金その他換価の容易な財産（法第 41 条第 2 項各号に掲げる財産を除く。）の価額に相当する金額からその者及びその者と生計を一にする配偶者その他の親族（その者と婚姻の届出をしていないが事実上婚姻関係と同様の事情にある者及び当該事情にある者の親族を含む。）の生活のために通常必要とされる費用の 3 月分に相当する金額（その者が負担すべきものに限る。）並びにその者の事業の継続のために当面必要な運転資金の額を控除した残額
2　前項の規定は、法第 38 条第 3 項に規定する政令で定める額について準用する。この場合において、前項各号中「相続税額」とあるのは、「贈与税額」と読み替えるものとする。

解説　納付すべき相続税額又は贈与税額が 10 万円を超え、かつ、納税義務者について納期限までに、又は納付すべき日に金銭で納付することを困難とする事由がある場合には、原則として、担保を提供して、その納付を困難とする金額として次の算式により計算した額の範囲内において、5 年以内（不動産等の割合に応じて、期間は異なる。）の延納の申請をすることができる（相法 38 ①③④）。

〈算式〉

　A－｛B－（C＋D）｝

　　（注）算式中のAからDまでは、次の通りである。
　　　　　A　納付すべき相続税額又は贈与税額
　　　　　B　納税義務者が相続税額又は贈与税額に係る納期限又は納付すべき日に
　　　　　　おいて有する現金、預貯金その他換価の容易な財産の価額
　　　　　C　納税義務者及びその者と生計を一にする配偶者その他の親族の生活の
　　　　　　ために通常必要とされる費用の3か月分に相当する金額
　　　　　D　納税義務者の事業の継続のために当面必要な運転資金の額

　そして、上記Cの「(納税義務者と) 生計を一にする配偶者その他の親族」に
は、その者と婚姻の届出をしていないが、事実上婚姻関係と同様の事情にある
者等が含まれる。

7　財産分与

1　民　法

　協議上の離婚をした者の一方は、相手方に対して財産の分与を請求すること
ができる（民法768①）。この権利を「財産分与請求権」という。

　この制度について、判例[18]は、「夫婦が婚姻中に有していた実質上共同の財
産を清算分配し、かつ、離婚後における一方の当事者の生計の維持をはかるこ
とを目的とするものであ（る）」としつつ、「損害賠償（注＝慰謝料）のための
給付をも含めて財産分与の額および方法を定めることもできる」とする。

　財産分与請求権は、「離婚をした」（民法768①）との文言からも明らかなよ
うに、離婚をするまでは発生せず、したがって、離婚前に財産分与の予約をし
たとしても、これに基づいて所有権移転請求権の仮登記を申請することはでき
ないとするのが不動産登記に関する先例である（昭和57.1.16民三第251号回
答）。

　また、財産分与請求権の具体的な内容については、当事者の協議によって決
定されることを原則とするが、離婚後、当事者間に協議が調わないとき、又は
協議をすることができないときは、離婚の時から2年を経過するまでは、家庭
裁判所に対して協議に代わる処分を請求することができ（民法768②）、家庭裁
判所は、当事者双方がその協力によって得た財産の額その他一切の事情を考慮
して、分与をさせるべきかどうか並びに分与の額及び方法を定める（民法768
③）。

　一方、離婚の協議が調わず、離婚の調停も不成立に終わり、離婚の訴えを提
起する場合には、離婚と併せて財産分与に関する処分を申し立てることができ
る。この申立てがあるときは、裁判所は、離婚の訴えに係る請求を認容する判
決において、財産の分与に関する処分についての裁判をしなければならないこ

---

[18] 最判昭和46年7月23日裁判所HP参照（昭和43年（オ）第142号）

ととされている（民法 771、768、人事 32 ①）。

　なお、財産分与請求権について、(1)既に財産分与がなされた場合において
も、別個に、離婚による慰藉料を請求することができるか、(2)その具体的内容
が形成される前に、これを保全するために債権者代位権を行使することができ
るか、(3)財産分与を詐害行為として取り消すことができるか、(4)内縁解消の場
合にも認められるかの各論点について、それぞれ次の判例がある。

◇　離婚における財産分与の制度は、夫婦が婚姻中に有していた実質上共同の財産
　を清算分配し、かつ、離婚後における一方の当事者の生計の維持をはかること
　を目的とするものであって、分与を請求するにあたりその相手方たる当事者が
　離婚につき有責の者であることを必要とはしないから、財産分与の請求権は、
　相手方の有責な行為によって離婚をやむなくされ精神的苦痛を被ったことに対
　する慰謝料の請求権とは、その性質を必ずしも同じくするものではない。した
　がって、すでに財産分与がなされたからといって、その後不法行為を理由とし
　て別途慰謝料の請求をすることは妨げられないというべきである。もっと
　も、・・・財産分与として、損害賠償の要素をも含めて給付がなされた場合に
　は、さらに請求者が相手方の不法行為を理由に離婚そのものによる慰謝料の支
　払を請求したときに、その額を定めるにあたっては、上記の趣旨において財産
　分与がなされている事情をも斟酌しなければならないのであり、このような財
　産分与によって請求者の精神的苦痛がすべて慰謝されたものと認められるとき
　には、もはや重ねて慰謝料の請求を認容することはできないものと解すべきで
　ある[19]。

◇　離婚によって生ずることあるべき財産分与請求権は、一個の私権たる性格を有
　するものではあるが、協議あるいは審判等によって具体的内容が形成されるま
　では、その範囲及び内容が不確定・不明確であるから、かかる財産分与請求権
　を保全するために債権者代位権を行使することはできないものと解するのが相
　当である[20]。

◇　離婚に伴う財産分与は、民法第 768 条第 3 項の規定の趣旨に反して不相当に過
　大であり、財産分与に仮託してされた財産処分であると認めるに足りるような

---

[19] 最判昭和 46 年 7 月 23 日裁判所 HP 参照（昭和 43 年（オ）第 142 号）
[20] 最判昭和 55 年 7 月 11 日裁判所 HP 参照（昭和 53 年（オ）第 321 号）

特段の事情のない限り、詐害行為とはならない。そして、離婚に伴う財産分与として金銭の給付をする旨の合意がされた場合において、このような特段の事情があるときは、不相当に過大な部分について、その限度において詐害行為として取り消されるべきものと解するのが相当である[21]。

◇ 内縁の夫婦について、離別による内縁解消の場合に民法の財産分与の規定を類推適用することは、準婚的法律関係の保護に適するものとしてその合理性を承認し得るとしても、死亡による内縁解消のときに、相続の開始した遺産につき財産分与の法理による遺産清算の道を開くことは、相続による財産承継の構造の中に異質の契機を持ち込むもので、法の予定しないところである[22]。

2 税法

相続税法基本通達 9-8（婚姻の取消し又は離婚により財産の取得があった場合）

婚姻の取消し又は離婚による財産の分与によって取得した財産（民法第768条《財産分与》、第771条《協議上の離婚の規定の準用》及び第749条《離婚の規定の準用》参照）については、贈与により取得した財産とはならないのであるから留意する。ただし、その分与に係る財産の額が婚姻中の夫婦の協力によって得た財産の額その他一切の事情を考慮してもなお過当であると認められる場合における当該過当である部分又は離婚を手段として贈与税若しくは相続税のほ脱を図ると認められる場合における当該離婚により取得した財産の価額は、贈与によって取得した財産となるのであるから留意する。

解説 離婚等による財産分与は、贈与とは異なる性格のものであるから、これによって取得した財産について、不相当に過大である部分や贈与税又は相続税のほ脱を図る手段としての離婚により取得した財産の価額を除き、贈与により取得した財産とはならないとするものである。

---

[21] 最判平成12年3月9日裁判所HP参照（平成10年（オ）第560号）
[22] 最決平成12年3月10日裁判所HP参照（平成11年（許）第18号）

◆関連事項◆

　最高裁が、「財産分与として不動産等の資産を譲渡した場合、分与者は、これによって、分与義務の消滅という経済的利益を享受したものというべきである」として、財産分与としてされた不動産の譲渡は、譲渡所得課税の対象となるとの判断を示した[23]ことを受けて、所得税基本通達 33-1 の 4 は、「民法第 768 条《財産分与》（同法第 749 条及び第 771 条において準用する場合を含む。）の規定による財産の分与として資産の移転があった場合には、その分与をした者は、その分与をした時においてその時の価額により当該資産を譲渡したこととなる」との取扱いを明らかにしている。

大阪地判昭和 58 年 3 月 24 日（税資 129 号 668 頁）

（事案の概要）

　訴外人は、その所有家屋で原告と同棲し、原告は、内縁の妻の地位を取得した。

　訴外人は、臨終が間近かに迫ったとき、金 300 万円を原告名義の郵便局の定額貯金に入金させ、金 370 万円を銀行の係員を通じて原告名義の同銀行の定期預金にさせた。

　また、訴外人は、原告に金 65 万円を交付した。

　その後、訴外人は、（原告との内縁関係を解消することのないまま）死亡した。

（裁判所の判断）

　原告は、右金 670 万円、金 65 万円を受領したのは、原告と訴外人間の内縁関係の清算、すなわち、財産分与、又は原告の寄与分に準ずるものとして受領した旨主張する。

　しかし、財産分与は、夫婦が婚姻関係を生前に解消しようとするときに、その清算を目的として行われるものであるから、正式な婚姻関係にあったこと及びそれが生前に解消されることが要件になる（生前に解消されない場合は相続によって処理される）。

　ところが、原告と訴外人とは正式の婚姻関係にはなかったものであり、そして、内縁関係が生前に解消したものではないから、財産分与を考慮する余地がない。もっとも、私法上内縁関係の解消の際に財産分与に準じた取扱いをする事例がないわけではないが、その場合でも、内縁関係が生前に解消された場合に限られる

---

[23] 最判昭和 50 年 5 月 27 日裁判所 HP 参照（昭和 47 年（行ツ）第 4 号）

のであって、内縁関係を継続しながら財産分与の取扱いをすることは許されない。
・・・

　そして、事実に即して本件を検討すると、・・・訴外人が、右各金員を、訴外人の仕事及び家庭に対する原告の貢献に感謝する趣旨で原告に譲渡したものであるとしても、それは、単に、法律行為の動機にすぎないものであって、訴外人が、原告との間で、法律上の対価なくして、右各金員を原告に譲渡する旨黙示的に合意したことに変わりはないというべきである。

　結局、右合意に基づく金員の交付は、法19条所定の「贈与により財産を取得した」に該当するとしなければならない。

解説　内縁の夫婦間で生前に贈与がされ、内縁関係を解消することのないまま贈与者が死亡したという事実関係の下、本判決は、当該贈与により受贈者が交付を受けた金員は、離婚等による財産の分与によって取得した財産に該当せず、また、法律上の対価性を認めることもできないから、贈与によって取得した財産となるとした。

❽ 認 知

1　民 法

　嫡出でない子（婚外子）については、母が誰であるかは、分娩の事実によって明らかとなるから[24]、通常、父が誰であるかが問題となる。

　この点、嫡出でない子については、父との間に動物的な父子関係があったとしても、父が子を「認知」しない限り、法律上の父子関係は発生しない。

　そこで、父が子を認知する方法や、父に認知してもらえない子がどのような手段をとり得るかが問題となる。

民法第779条（認知）
　嫡出でない子は、その父又は母がこれを認知することができる。

　まず、民法第779条は、「認知することができる」と規定していることから、認知者が任意に認知する場合の規定である。

　認知者が任意に認知する方法としては、(1)戸籍法の定めるところにより届出をする方法と(2)遺言による方法とがある（民法781）。

　この点について、次のような判例がある。

◇　嫡出でない子につき、父から、これを嫡出子とする出生届がされ、又は嫡出でない子としての出生届がされた場合において、上記の各出生届が戸籍事務管掌者によって受理されたときは、その各届は認知届としての効力を有するものと解するのが相当である[25]。

　もっとも、動物的な父子関係がありながら、認知者が任意に認知しないこともある。

　このような場合、婚外子側は、家庭裁判所に認知の調停の申立てをすること

---

[24] 最判昭和37年4月27日裁判所HP参照（昭和35年（オ）第1189号）
[25] 最判昭和53年2月24日裁判所HP参照（昭和51年（オ）第361号）

ができ（家事 257 ①、244）、それでも合意に至らない場合は、認知の訴えを提起することができる（民法 787）。

　認知の訴えは、判決で、強制的に法律上の父子関係を認めさせようというものである。

民法第 787 条（認知の訴え）

　子、その直系卑属又はこれらの者の法定代理人は、認知の訴えを提起することができる。ただし、父又は母の死亡の日から 3 年を経過したときは、この限りでない。

　ところで、前記の通り、認知者は、届出又は遺言によって一方的に子を認知することができるのが原則であるが、いくつか例外が定められている。

　1 つ目は、成年の子の認知である。民法第 782 条は、認知者が一方的に成年の子を認知することはできないとする。

　これは、子が成人するまでは放っておきながら、自分が面倒をみてもらう立場になったら、その子を認知して頼ろうとするような身勝手を許さないという趣旨である。

民法第 782 条（成年の子の認知）

　成年の子は、その承諾がなければ、これを認知することができない。

---

　2 つ目は、胎児の認知である。民法第 783 条第 1 項は、お腹の中の子を認知するには、その母の承諾が必要であるとする。

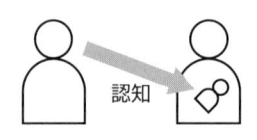

　3 つ目は、死亡した子の認知である。民法第 783 条第 2 項は、子が死亡している場合であっても、孫がいるようなときには、その孫に（代襲）相続権等を発生させることができるため、その死んだ子を認知することができるとする。

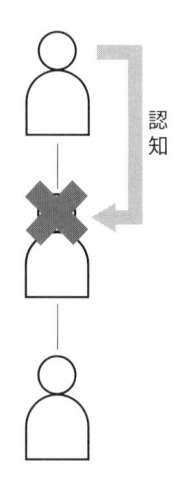

民法第783条（胎児又は死亡した子の認知）

1　父は、胎内に在る子でも、認知することができる。この場合においては、母の承諾を得なければならない。

2　父又は母は、死亡した子でも、その直系卑属があるときに限り、認知することができる。この場合において、その直系卑属が成年者であるときは、その承諾を得なければならない。

　以上の手続によって、認知をすると、その効力は、出生のときにさかのぼるとされている（民法784）。

民法第784条（認知の効力）

　認知は、出生の時にさかのぼってその効力を生ずる。ただし、第三者が既に取得した権利を害することはできない。

　このため、父が子を認知すると、出生時からの扶養料を分担して負担することになる。

2　税　法

相続税法第 32 条（更正の請求の特則）

1　相続税又は贈与税について申告書を提出した者又は決定を受けた者は、次の
各号のいずれかに該当する事由により当該申告又は決定に係る課税価格及び相
続税額又は贈与税額（当該申告書を提出した後又は当該決定を受けた後修正申
告書の提出又は更正があった場合には、当該修正申告又は更正に係る課税価格
及び相続税額又は贈与税額）が過大となったときは、当該各号に規定する事由
が生じたことを知った日の翌日から 4 月以内に限り、納税地の所轄税務署長に
対し、その課税価格及び相続税額又は贈与税額につき更正の請求（国税通則法
第 23 条第 1 項（更正の請求）の規定による更正の請求をいう。第 33 条の 2 に
おいて同じ。）をすることができる。

一　（略）

二　民法第 787 条（認知の訴え）又は第 892 条から第 894 条まで（推定相続人
の廃除等）の規定による認知、相続人の廃除又はその取消しに関する裁判の
確定、同法第 884 条（相続回復請求権）に規定する相続の回復、同法第 919
条第 2 項（相続の承認及び放棄の撤回及び取消し）の規定による相続の放棄
の取消しその他の事由により相続人に異動を生じたこと。

三〜十　（略）

解説　更正の請求の特則として、民法第 787 条《認知の訴え》又は第 892
条《推定相続人の廃除》、第 893 条《遺言による推定相続人の廃除》及び第
894 条《推定相続人の廃除の取消し》の規定による認知、相続人の廃除又はそ
の取消しに関する裁判の確定、民法第 884 条《相続回復請求権》に規定する相
続の回復、民法第 919 条《相続の承認及び放棄の撤回及び取消し》第 2 項の規
定による相続の放棄の取消しその他の事由により相続人に異動を生じたことを
原因として、当初の申告に係る税額等が過大となった場合には、これらの事由
が生じたことを知った日の翌日から 4 か月以内に限り、更正の請求をすること
ができることとされている。

　なお、期限後申告の特則として、本条第 1 項第 2 号に掲げる事由が生じたた

め、新たに相続税の申告書を提出すべき要件に該当することとなった者は、期限後申告書を提出することができる旨が相続税法第 30 条第 1 項に規定されている。

　また、修正申告の特則として、相続税の期限内申告書又は期限後申告書を提出した者は、本条第 1 項第 2 号に掲げる事由が生じたため既に確定した相続税額に不足を生じた場合には、修正申告書を提出することができる旨が相続税法第 31 条第 1 項に規定されている。

> ◆関連事項◆
>
> 　遺産分割後に認知を受けた者（C）に対して、他の相続人（A及びB）が、価額の支払に代えて、遺産分割によって取得した遺産の一部を給付した場合、これは代物弁済に該当するから、原則として、A及びBに対して譲渡所得課税が行われるが、一定の書類等により、Cが遺産の現物分割により上記遺産の一部を取得したものと認めることができる場合には、A及びBに対する譲渡所得課税は行われない[26]。

---

[26] 国税庁質疑応答事例「遺産分割後に認知を受けた者に遺産の一部を給付した場合の譲渡所得の課税」

9 養 子

1 − 1 民 法 （普通養子）

　縁組は、戸籍法の定めるところにより届出をすることによって、その効力を生ずることとされている（民法799、739）。

　ただし、縁組の実質的要件として次のものがあり、これらに違反する届出は、受理されない（民法800）。

養親となる者の年齢 （民法792）	成年に達しない者は、養子をすることができない。
尊属又は年長者を養子とすることの禁止 （民法793）	尊属又は年長者は、これを養子とすることができない。
後見人が被後見人を養子とする縁組 （民法794）	後見人が被後見人を養子とするには、家庭裁判所の許可を得なければならない。
配偶者のある者が未成年者を養子とする縁組 （民法795）	配偶者のある者が未成年者を養子とするには、配偶者とともにしなければならない。 （注）配偶者の嫡出子（連れ子）を養子とする場合等は、この限りでない。
配偶者のある者の縁組 （民法796）	配偶者のある者が縁組をするには、その配偶者の同意を得なければならない。 （注）配偶者とともに縁組をする場合等は、この限りでない。
15歳未満の者を養子とする縁組 （民法797）	15歳未満の者は、単独で（自らを養子とする）縁組をすることができない。 （注） 　1　この場合、法定代理人が、養子に代わって、縁組の承諾をすることによって、縁組をすることができる。 　2　法定代理人が上記1の承諾をするには、養子となる者の父母でその監護をすべき者であるもの等が他にあるときは、その同意を得なければならない。

未成年者を養子と する縁組 (民法 798)	未成年者を養子とするには、家庭裁判所の許可を得なければならない。 (注) 1　15 歳以上の未成年者が、単独で（自らを養子とする）縁組をする場合も、同様である。 2　自己又は配偶者の直系卑属を養子とする場合は、この限りでない。

　また、縁組も、婚姻と同様に、当事者間に縁組をする意思がない場合、又は、当事者が縁組の届出をしない場合は、無効とされる（民法 802）。

　この点に関して、次のような判例がある。

◇　女子をして芸妓稼業をなさしむるため、これと養子縁組をなしたる場合においては、あるいは当事者間に真に養子縁組をなすの意思ありて、芸妓稼業をなさしむるは単に縁組をなすの縁由たるに過ぎざることあり、あるいは芸妓稼業をなさしむることをもって要素となし養子縁組の届出をなしたるのみにして、真に縁組をなすの意思を有せざることあるものにして、そのいずれに属するやは各場合につき決すべき事実問題なり。原院は本件養子縁組は後者の場合に属すと認定したること既に説明したる如くにして、原院が本件養子縁組は無効なりと判示したるは相当なり[27]。

◇　専ら相続税の節税のために養子縁組をする場合であっても、直ちに当該養子縁組について民法第 802 条第 1 号にいう「当事者間に縁組をする意思がないとき」に当たるとすることはできない[28]。

　養子縁組が有効に成立すると、養子は、縁組の日から、養親の嫡出子の身分を取得し（民法 809）、養親側の血族との間に法定血族関係が生じる。ただし、養子側の血族と養親との間には法定血族関係は生じない（詳細は、第 2 編の❷❷ **親族の範囲** 参照）。

　普通養子の場合、養子と実親及び実方との親族関係は終了しない。したがって、普通養子は、実親の遺産を相続することもできるし、養親の遺産を相続することもできる。

---

[27]　大判大正 11 年 9 月 2 日（民集 1-448）
[28]　最判平成 29 年 1 月 31 日裁判所 HP 参照（平成 28 年（受）第 1255 号）

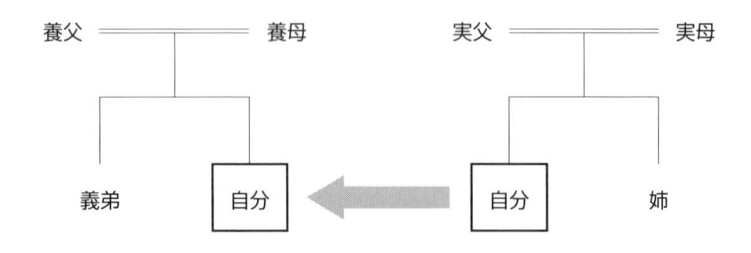

1 − 2 民 法（特別養子）

　特別養子縁組とは、実方との親族関係が終了する縁組（民法817の2）、すなわち、実親との縁を切って、養親の子となる縁組である。

　したがって、単に届出をすれば成立するというものではなく、父母による養子となる者の監護が著しく困難又は不適当であることその他特別の事情がある場合において、子の利益のため特に必要があると認められるときに（民法817の7）、家庭裁判所の審判によって成立するものである（家事39・別表第1(63)）。

　このほかの特別養子縁組の成立要件は、次の通りである。

養親の夫婦共同縁組 （民法817の3）	養親となる者は、配偶者のある者でなければならず、夫婦の一方は、他の一方が養親とならないときは、養親となることができない。 （注）夫婦の一方が、他の一方の嫡出子（連れ子）の養親となる場合は、この限りでない。
養親となる者の年齢 （民法817の4）	25歳に達しない者は、養親となることができない。 （注）養親となる夫婦の一方が25歳に達している場合、他方は20歳に達していれば足りる。
養子となる者の年齢 （民法817の5）	家庭裁判所に対する特別養子縁組の成立の審判の申立時に6歳に達している者は、養子となることができない。 （注）養子となる者が8歳未満であって6歳に達する前から引き続き養親となる者に監護されている場合は、この限りでない。

| 父母の同意
（民法 817 の 6） | 特別養子縁組の成立には、養子となる者の父母の同意がなければならない。
（注）父母による虐待、悪意の遺棄その他養子となる者の利益を著しく害する事由がある場合等は、この限りでない。 |

2　税　法

相続税法第 15 条（遺産に係る基礎控除）

1　相続税の総額を計算する場合においては、同一の被相続人から相続又は遺贈により財産を取得した全ての者に係る相続税の課税価格（第 19 条の規定の適用がある場合には、同条の規定により相続税の課税価格とみなされた金額。次条から第 18 条まで及び第 19 条の 2 において同じ。）の合計額から、3,000 万円と 600 万円に当該被相続人の相続人の数を乗じて算出した金額との合計額（以下「遺産に係る基礎控除額」という。）を控除する。

2　前項の相続人の数は、同項に規定する被相続人の民法第 5 編第 2 章（相続人）の規定による相続人の数（当該被相続人に養子がある場合の当該相続人の数に算入する当該被相続人の養子の数は、次の各号に掲げる場合の区分に応じ当該各号に定める養子の数に限るものとし、相続の放棄があった場合には、その放棄がなかったものとした場合における相続人の数とする。）とする。

一　当該被相続人に実子がある場合又は当該被相続人に実子がなく、養子の数が 1 人である場合　1 人

二　当該被相続人に実子がなく、養子の数が 2 人以上である場合　2 人

3　前項の規定の適用については、次に掲げる者は実子とみなす。

一　民法第 817 条の 2 第 1 項（特別養子縁組の成立）に規定する特別養子縁組による養子となった者、当該被相続人の配偶者の実子で当該被相続人の養子となった者その他これらに準ずる者として政令で定める者

二　実子若しくは養子又はその直系卑属が相続開始以前に死亡し、又は相続権を失ったため民法第 5 編第 2 章の規定による相続人（相続の放棄があった場合には、その放棄がなかったものとした場合における相続人）となったその者の直系卑属

解説　遺産に係る基礎控除額は、次の算式により計算する。

〈算式〉
　3,000 万円 + 600 万円×被相続人の相続人の数

　この算式の「相続人の数」は、原則として、被相続人の民法第 5 編第 2 章（相続人）の規定による相続人の数をいうのであるが、被相続人に養子がある場合には、養子の数は、1 人又は 2 人に限るものとし、相続の放棄があった場合には、その放棄がなかったものとするなどの措置が講じられている。

　したがって、税負担の軽減を目的として養子の数を恣意的に増やしても、基礎控除額は、一定額以上は大きくならない。

相続税法基本通達 15-2（法第 15 条第 2 項に規定する相続人の数）

　相続の放棄があった場合等における法第 15 条第 2 項に規定する相続人の数について、設例を基に示せば、次の通りである。

設例 1 〜 3　　（略）

設例 4

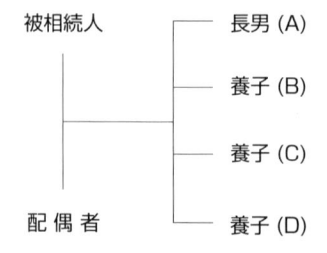

　上記の場合において、（B）が民法第 817 条の 2 第 1 項《特別養子縁組の成立》に規定する特別養子縁組による養子となった者であるときの法第 15 条第 2 項に規定する相続人の数は、（A）、（B）、（B）を除く養子 1 人（（C）又は（D）のいずれか 1 人を特定することを要しないのであるから留意する。）及び配偶者の 4 人となる。

設例5

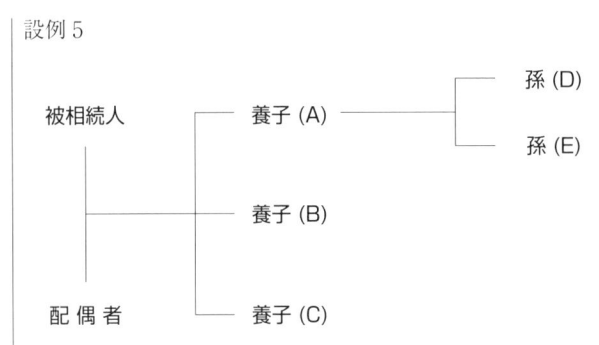

　上記の場合において、相続開始以前に（A）が死亡したときの法第15条第2項に規定する相続人の数は、（D）及び（E）の被代襲者である（A）は関係はなく、養子1人（（B）又は（C）のいずれか1人を特定することを要しないのであるから留意する。）、（D）、（E）及び配偶者の4人となる。また、（A）が相続権を失った者である場合においても同様である。

解説　本通達は、相続税法第15条第2項に規定する相続人の範囲を設例を基に示したものである。設例4は、養子（特別養子を除く。）は、（C）及び（D）の2人であるところ、養子の数は、1人に限るとされ、設例5は、養子（相続開始以前に死亡した者を除く。）は、（B）及び（C）の2人であるところ、養子の数は、1人に限るとされる措置の例示である。

　なお、⑴特別養子縁組による養子となった者及び⑵養子が相続開始以前に死亡したため相続人となったその者の直系卑属は、いずれも実子とみなされる（相法15③）。

相続税法第18条（相続税額の加算）

1　相続又は遺贈により財産を取得した者が当該相続又は遺贈に係る被相続人の1親等の血族（当該被相続人の直系卑属が相続開始以前に死亡し、又は相続権を失ったため、代襲して相続人となった当該被相続人の直系卑属を含む。）及び配偶者以外の者である場合においては、その者に係る相続税額は、前条の規定にかかわらず、同条の規定により算出した金額にその100分の20に相当する金額を加算した金額とする。

2　前項の1親等の血族には、同項の被相続人の直系卑属が当該被相続人の養子となっている場合を含まないものとする。ただし、当該被相続人の直系卑属が

> 相続開始以前に死亡し、又は相続権を失ったため、代襲して相続人となっている場合は、この限りでない。

解説 被相続人の直系卑属（例えば、孫）がその被相続人の養子となっている場合には、その者に係る相続税額について、原則として、相続税額の2割加算が行われる。

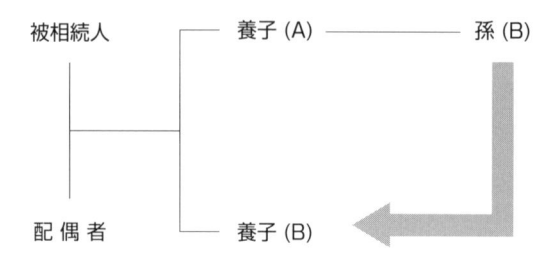

10 扶養義務者

1 民　法

　民法第730条は、「直系血族及び同居の親族は、互いに扶け合わなければならない」とするが、この規定に基づいて、扶養料を請求できるという性格のものではない。

　扶養料の請求は、次の規定に基づいてすることができる。

民法第877条（扶養義務者）
1　直系血族及び兄弟姉妹は、互いに扶養をする義務がある。
2　家庭裁判所は、特別の事情があるときは、前項に規定する場合のほか、3親等内の親族間においても扶養の義務を負わせることができる。
3　前項の規定による審判があった後事情に変更を生じたときは、家庭裁判所は、その審判を取り消すことができる。

　まず、民法第877条第1項は、「直系血族」と「兄弟姉妹」について、当然に互いを扶養する義務を負うとする。

　次に、同条第2項は、特別の事情があるときは、3親等内の親族に扶養義務を負わせることができるとする。「親族」は「姻族」を含むから、例えば、夫を亡くした妻が、姑（1親等の姻族）の扶養義務を負うことがあるということである（なお、この場合であっても、妻は、姻族関係終了の意思表示をすることにより、法律上の扶養義務を負うことはなくなる。いわゆる「死後離婚」である。）。

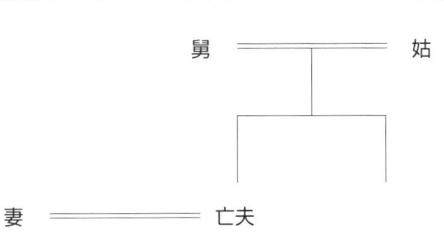

なお、配偶者については、民法第752条が、「夫婦は同居し、互いに協力し扶助しなければならない」としているほか、同法第760条が婚姻費用の分担義務を定めている。

［2］ 税 法

相続税法第1条の2（定義）

この法律において、次の各号に掲げる用語の意義は、当該各号に定めるところによる。

- 一 扶養義務者 配偶者及び民法（明治29年法律第89号）第877条（扶養義務者）に規定する親族をいう。
- 二〜六 （略）

解説 相続税法上、扶養義務者とは、配偶者及び民法第877条に規定する親族をいうこととされている。

相続税法第21条の3（贈与税の非課税財産）

1 次に掲げる財産の価額は、贈与税の課税価格に算入しない。
- 一 （略）
- 二 扶養義務者相互間において生活費又は教育費に充てるためにした贈与により取得した財産のうち通常必要と認められるもの
- 三〜六 （略）
2 （略）

解説 扶養義務者相互間において生活費又は教育費に充てるためにした贈与により取得した財産のうち通常必要と認められるものの価額は、贈与税の課税価格に算入しないこととされている。

なお、本条第1項第2号にいう「生活費」及び「教育費」の意義については、次の通達において明らかにされている。

> 相続税基本通達
> （「生活費」の意義）
> 21の3-3 法第21条の3第1項第2号に規定する「生活費」とは、その者の

通常の日常生活を営むのに必要な費用（教育費を除く。）をいい、治療費、養育費その他これらに準ずるもの（保険金又は損害賠償金により補てんされる部分の金額を除く。）を含むものとして取り扱うものとする。

（「教育費」の意義）

21 の 3-4　法第 21 条の 3 第 1 項第 2 号に規定する「教育費」とは、被扶養者の教育上通常必要と認められる学資、教材費、文具費等をいい、義務教育費に限らないのであるから留意する。

11　相続回復請求権

1　民　法

　民法第 884 条は、相続回復請求権について、消滅時効期間を定めるのみで、その内容は条文上明らかではない。

民法第 884 条（相続回復請求権）

　相続回復の請求権は、相続人又はその法定代理人が相続権を侵害された事実を知った時から 5 年間行使しないときは、時効によって消滅する。相続開始の時から 20 年を経過したときも、同様とする。

　判例は、相続回復請求権について、次の通り述べている。

◇　民法第 884 条の相続回復請求の制度は、いわゆる表見相続人が真正相続人の相続権を否定し相続の目的たる権利を侵害している場合に、真正相続人が自己の相続権を主張して表見相続人に対し侵害の排除を請求することにより、真正相続人に相続権を回復させようとするものである。そして、同条が相続回復請求権について消滅時効を定めたのは、表見相続人が外見上相続により相続財産を取得したような事実状態が生じたのち相当年月を経てからこの事実状態を覆滅して真正相続人に権利を回復させることにより当事者又は第三者の権利義務関係に混乱を生じさせることのないよう相続権の帰属及びこれに伴う法律関係を早期にかつ終局的に確定させるという趣旨に出たものである[29]。

　例えば、Aが、相続人であると称して、相続財産を占有管理することにより、Bの相続権を侵害している場合、Bは、その侵害の排除を求めることができるということである。

---

[29]　最判昭和 53 年 12 月 20 日裁判所 HP 参照（昭和 48 年（オ）第 854 号）

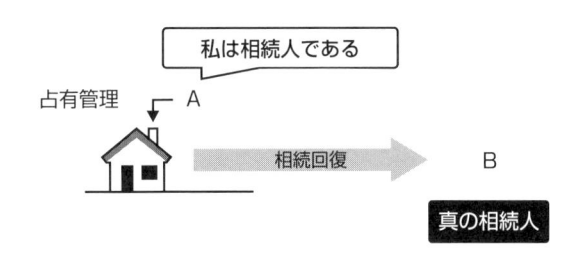

　もっとも、いつまでも侵害の排除を求めることができるとすると、法律関係が不安定になるので、相続回復請求権は、比較的短い期間（5年又は20年）で、時効により消滅することとして、法律関係を早期にかつ終局的に確定させようとしている。

　ただし、判例は、次の通り述べ、この消滅時効を援用する（時効の利益を受ける）ことができる者の範囲を限定的に捉えている。

◇　相続財産について、自己に相続権がないことを知りながら、又はその者に相続権があると信ぜられるべき合理的事由があるわけではないにもかかわらず、自ら相続人と称してこれを侵害している者は、自己の侵害行為を正当行為であるかのように糊塗するための口実として名を相続にかりているもの又はこれと同視されるべきものであるにすぎず、実質において一般の物権侵害者ないし不法行為者であって、いわば相続回復請求制度の埒外にある者にほかならず、その当然の帰結として相続回復請求権の消滅時効の援用を認められるべき者にはあたらないというべきである[30]。

　例えば、Aが、自分は相続人でないことを知りながら、相続人であると称して、Bの相続権を侵害している場合、Aは、不法占有者と変わらないから、Bの相続回復請求権の消滅時効を援用することはできないということである。

2　税　法

相続税法第32条（更正の請求の特則）
1　相続税又は贈与税について申告書を提出した者又は決定を受けた者は、次の

---

[30] 最判昭和53年12月20日裁判所HP参照（昭和48年（オ）第854号）

各号のいずれかに該当する事由により当該申告又は決定に係る課税価格及び相続税額又は贈与税額（当該申告書を提出した後又は当該決定を受けた後修正申告書の提出又は更正があった場合には、当該修正申告又は更正に係る課税価格及び相続税額又は贈与税額）が過大となったときは、当該各号に規定する事由が生じたことを知った日の翌日から 4 月以内に限り、納税地の所轄税務署長に対し、その課税価格及び相続税額又は贈与税額につき更正の請求（国税通則法第 23 条第 1 項（更正の請求）の規定による更正の請求をいう。第 33 条の 2 において同じ。）をすることができる。

一　（略）

二　民法第 787 条（認知の訴え）又は第 892 条から第 894 条まで（推定相続人の廃除等）の規定による認知、相続人の廃除又はその取消しに関する裁判の確定、同法第 884 条（相続回復請求権）に規定する相続の回復、同法第 919 条第 2 項（相続の承認及び放棄の撤回及び取消し）の規定による相続の放棄の取消しその他の事由により相続人に異動を生じたこと。

三～十　（略）

解説　更正の請求の特則として、民法第 787 条《認知の訴え》又は第 892 条《推定相続人の廃除》、第 893 条《遺言による推定相続人の廃除》及び第 894 条《推定相続人の廃除の取消し》の規定による認知、相続人の廃除又はその取消しに関する裁判の確定、民法第 884 条《相続回復請求権》に規定する相続の回復、民法第 919 条《相続の承認及び放棄の撤回及び取消し》第 2 項の規定による相続の放棄の取消しその他の事由により相続人に異動を生じたことを原因として、当初の申告に係る税額等が過大となった場合には、これらの事由が生じたことを知った日の翌日から 4 か月以内に限り、更正の請求をすることができることとされている。

　なお、期限後申告の特則として、本条第 1 項第 2 号に掲げる事由が生じたため、新たに相続税の申告書を提出すべき要件に該当することとなった者は、期限後申告書を提出することができる旨が相続税法第 30 条第 1 項に規定されている。

　また、修正申告の特則として、相続税の期限内申告書又は期限後申告書を提出した者は、本条第 1 項第 2 号に掲げる事由が生じたため既に確定した相続税額に不足を生じた場合には、修正申告書を提出することができる旨が相続税法

第 31 条第 1 項に規定されている。

12 相続人

1 −1 民 法（相続人の範囲）

　死亡した人（被相続人）に配偶者がいる場合、その配偶者は常に相続人になる（民法890）。

　配偶者以外の者は、次の「第1順位」から「第3順位」までの順位に従って、(1)まず、「第1順位」の者が、相続人となるが、(2)「第1順位」の者がいないときは、「第2順位」の者が相続人となり、(3)「第1順位」の者も「第2順位」の者もいないときは、「第3順位」の者が相続人となる（民法887、889）。

　そして、上記(1)の場合は、「配偶者」と「第1順位」の者が、上記(2)の場合は、「配偶者」と「第2順位」の者が、上記(3)の場合は、「配偶者」と「第3順位」の者が、それぞれ同順位とされる（民法890）。

　なお、民法第886条第1項は、「胎児は、相続については、既に生まれたものとみなす」と規定していることから、胎児も相続人となるが、死産の場合には、この規定の適用はない（民法886②）。

（第1順位）

　被相続人の「子」が、相続人となる（民法887①）。

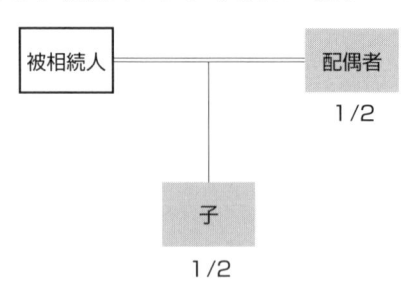

（注）相続分は、配偶者が「2分の1」である（民法900 一）。残りは、第1順位の者で頭割

りしていく。図では、子が1人であるから、子の相続分は「2分の1」となっているが、例えば、子が2人であったとすると、子の相続分は「4分の1」ずつとなる（民法900四）。

被相続人の「子」が、既に死亡しているときは、その子の子、すなわち、被相続人の「孫」が相続人となる（民法887②）。

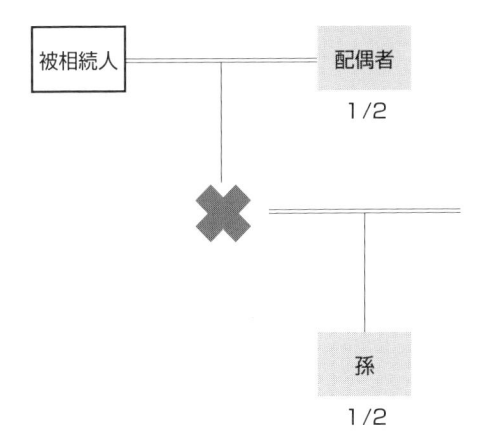

被相続人の「孫」も、既に死亡しているときは、その孫の子、すなわち、被相続人の「ひ孫」が相続人となる（民法887③）。

以下、同様に、被相続人の直系卑属（玄孫、来孫等）が相続人となる。これを「代襲相続」といい、相続人が既に死亡しているときだけではなく、「相続欠格」や「廃除」によって相続権を失ったときも、代襲相続が認められる。

（第2順位）

被相続人の「父母」が、相続人となる（民法889①一）。

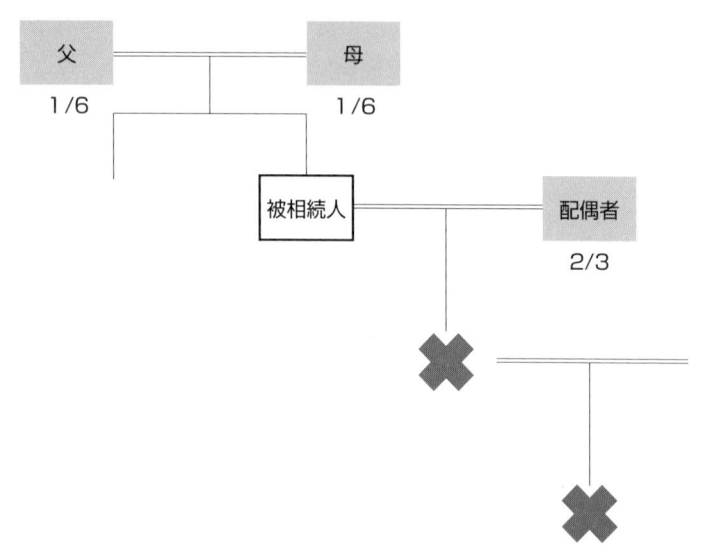

（注）相続分は、配偶者が「3分の2」である（民法900二）。残りは、第2順位の者で頭割りしていく。図では、両親ともに健在であるから、それぞれの相続分は「6分の1」ずつとなっているが、父（母）が既に死亡していたとすると、母（父）の相続分は「3分の1」となる（民法900四）。

　被相続人の「父母」が、既に死亡しているときは、被相続人の「祖父母」が、相続人となる（民法 889 ① 一）。

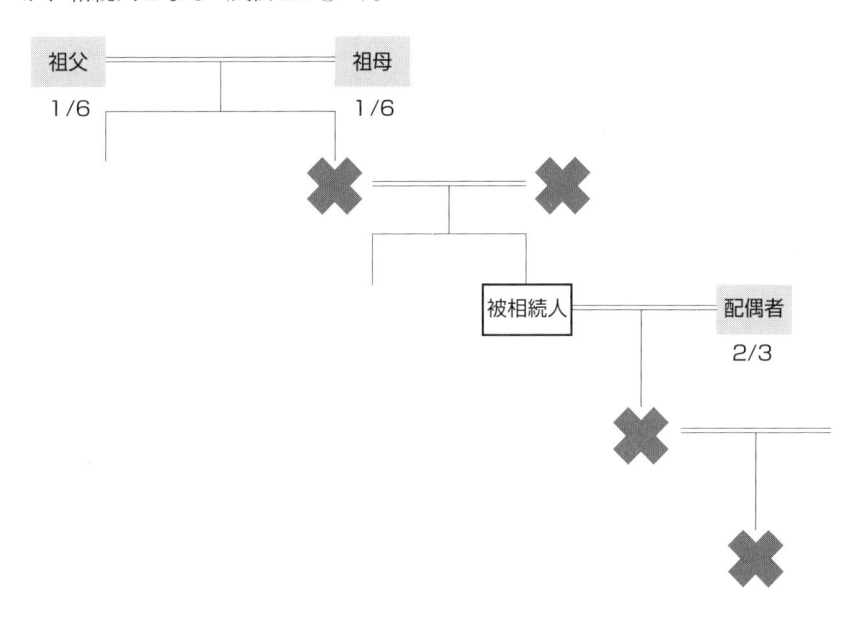

　以下、同様に、「親等の異なる者の間では、その近い者を先にする」という法則の下、被相続人の直系尊属（曽祖父母、高祖父母等）が相続人となる。

（第3順位）

被相続人の「兄弟姉妹」が、相続人となる（民法889①二）。

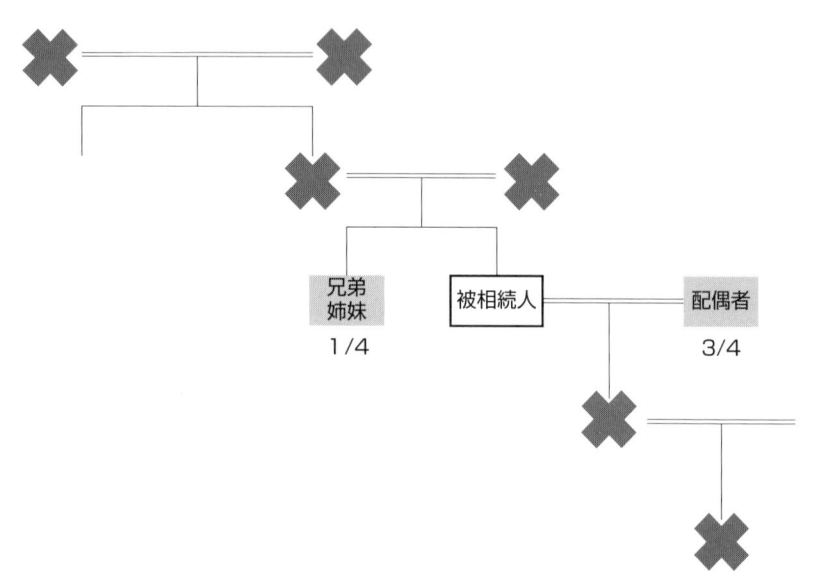

（注）相続分は、配偶者が「4分の3」である（民法900三）。残りは、第2順位の者で頭割りしていく。図は、例えば、2人兄弟で、長男が亡くなった場合、次男の相続分は「4分の1」になるということを示したものであるが、例えば、3人姉妹で、次女が亡くなったとすると、長女と三女の相続分は「8分の1」ずつとなる（民法900四）。

　被相続人の「兄弟姉妹」が、既に死亡しているときは、その兄弟姉妹の子、すなわち、被相続人の「甥（姪）」が、相続人となる（民法889②）。

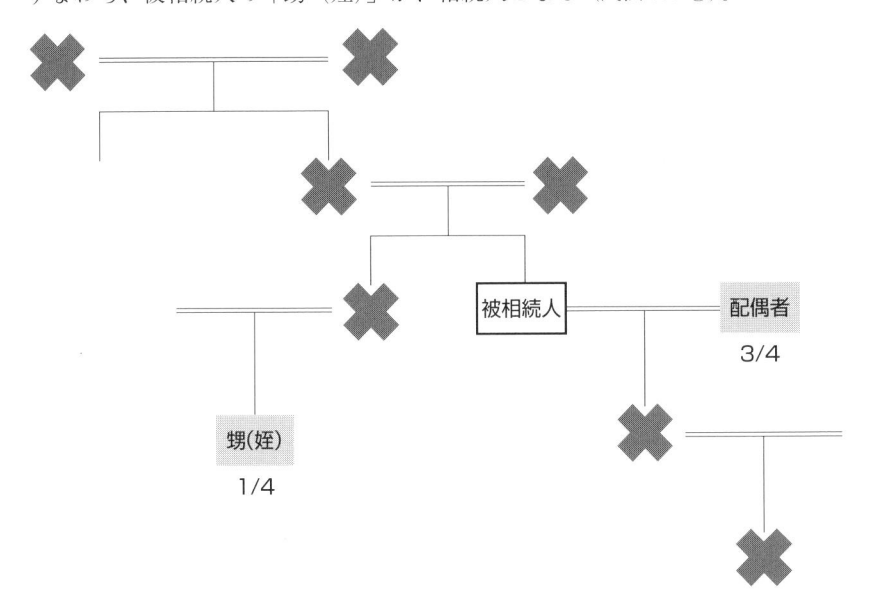

　なお、被相続人の「甥（姪）」も、既に死亡しているときであっても、その甥（姪）の子は、相続人とならない（民法第889条第2項は、同法第887条第3項を準用していない。）。

1 − 2　民 法（相続欠格と廃除）

1　相続欠格

　故意に被相続人を死亡させ、刑に処せられた者（民法891 一）や、被相続人の遺言書を偽造・変造等した者（民法891 五）など、民法第891条に掲げる者は、相続人となることができない。

民法第891条（相続人の欠格事由）
　次に掲げる者は、相続人となることができない。

> 一　故意に被相続人又は相続について先順位若しくは同順位にある者を死亡するに至らせ、又は至らせようとしたために、刑に処せられた者
>
> 二　被相続人の殺害されたことを知って、これを告発せず、又は告訴しなかった者。ただし、その者に是非の弁別がないとき、又は殺害者が自己の配偶者若しくは直系血族であったときは、この限りでない。
>
> 三　詐欺又は強迫によって、被相続人が相続に関する遺言をし、撤回し、取り消し、又は変更することを妨げた者
>
> 四　詐欺又は強迫によって、被相続人に相続に関する遺言をさせ、撤回させ、取り消させ、又は変更させた者
>
> 五　相続に関する被相続人の遺言書を偽造し、変造し、破棄し、又は隠匿した者

　もっとも、被相続人の遺言書を訂正等した場合であっても、法形式を整える趣旨でこれをしたにすぎないときには、民法第891条第5号の欠格事由には当たらないするのが判例である。

> ◇　相続に関する被相続人の遺言書がその方式を欠くために無効である場合又は有効な遺言書についてされている訂正がその方式を欠くために無効である場合に、相続人がその方式を具備させることにより有効な遺言書としての外形又は有効な訂正としての外形を作出する行為は、民法891条5号にいう遺言書の偽造又は変造にあたるけれども、相続人が遺言者たる被相続人の意思を実現させるためにその法形式を整える趣旨で上記の行為をしたにすぎないときには、その相続人は同号所定の相続欠格者にはあたらないものと解するのが相当である[31]。

2　廃　除

　民法第891条《相続人の欠格事由》に掲げる者は、法律上当然に相続人となることができないのに対して、被相続人の意思で、相続人となるべき者の相続権を奪うこともできる。

　具体的には、(1)被相続人に対して虐待等をした者、又は、(2)著しい非行があった者について、家庭裁判所に廃除の請求をし、廃除の審判（家事39・別表

---

[31] 最判昭和56年4月3日裁判所HP参照（昭和55年（オ）第596号）

第1（86））が確定すると、その者は、相続権を奪われる（民法892）。

民法第892条（推定相続人の廃除）
　遺留分を有する推定相続人（相続が開始した場合に相続人となるべき者をいう。以下同じ。）が、被相続人に対して虐待をし、若しくはこれに重大な侮辱を加えたとき、又は推定相続人にその他の著しい非行があったときは、被相続人は、その推定相続人の廃除を家庭裁判所に請求することができる。

　この廃除の請求は、被相続人が生前にすることもできるし（民法892）、遺言でその意思を表示することもできる（民法893）。

民法第893条（遺言による推定相続人の廃除）
　被相続人が遺言で推定相続人を廃除する意思を表示したときは、遺言執行者は、その遺言が効力を生じた後、遅滞なく、その推定相続人の廃除を家庭裁判所に請求しなければならない。この場合において、その推定相続人の廃除は、被相続人の死亡の時にさかのぼってその効力を生ずる。

　ただし、廃除の対象は、「遺留分を有する推定相続人」に限定されている。これは、遺留分を有しない者（兄弟姉妹）に遺産を相続させたくないのであれば、その者以外の者に全財産を遺贈する旨の遺言をすれば足りるからである（遺留分を有しない者が、この遺贈の減殺を請求することはできない。）。

　なお、その後、廃除された者が態度を改めたような場合に、被相続人が廃除を取り消したいときは、家庭裁判所に廃除の取消しを請求することができる（民法894①）。そして、取消しの審判（家事39・別表第1（87））が確定すると、その者は相続権を回復する。

　この廃除の取消しも、被相続人が生前にすることもできるし（民法894①）、遺言でその意思を表示することもできる（民法894②、893）。

民法第894条（推定相続人の廃除の取消し）
1　被相続人は、いつでも、推定相続人の廃除の取消しを家庭裁判所に請求することができる。
2　前条の規定は、推定相続人の廃除の取消しについて準用する。

1 －3 民 法（特別受益者の相続分）

〈事例〉

　Aには、妻B、Bとの間の子C及びDがいる。Aが1,200万円の財産を残して死亡した。

　Aは、亡くなる前に、Cだけに生計の資本として400万円を贈与していた。

　本事例において、相続人B、C及びDの各相続分を原則通り計算すると、次の通りとなる。

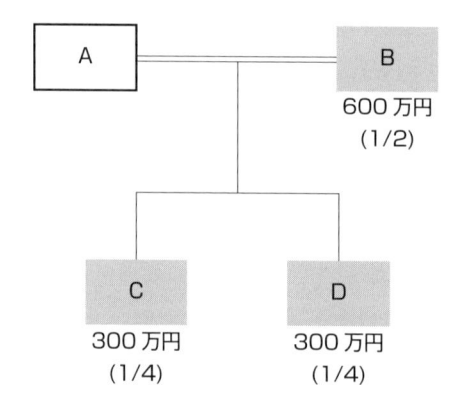

　そうすると、Cは、結果的に700万円（生前贈与400万円と相続分300万円）を取得できることになり、BとDは不公平に感じるであろう。

　そこで、各人の相続分を次の通り修正する。

　まず、被相続人Aの相続財産1,200万円に、生前贈与で子Cに渡った400万円を加えた1,600万円を相続財産とみなし、相続分をいったん次の通りとする。

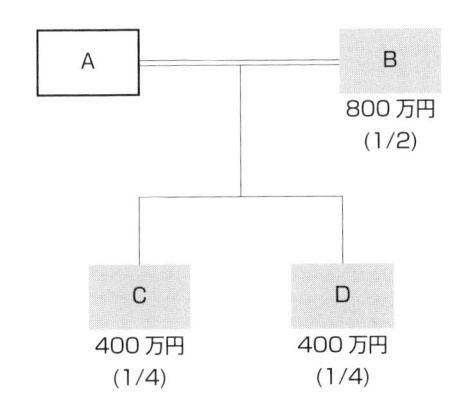

　そして、Cは、生前贈与により既に400万円をもらっているから、この額をCの相続分から控除して、Cの相続分を「零」とする。

　そうすると、Cは、結果的に400万円（生前贈与）を取得できるにとどまり、B（相続分800万円）やD（相続分400万円）との公平が保たれるのである。

　このように、共同相続人のうちの一部の者が、被相続人から、遺贈又は一定の贈与（特別受益）を受けた場合は、被相続人の相続開始時における財産の価額にその贈与の価額を加えたものを相続財産とみなし（注）、これに各相続人の相続分の割合を乗じて得た額をもって、いったん各相続人の相続分とする。そして、被相続人から特別受益を受けた者については、上記により算定した相続分から、特別受益の価額を控除した残額をもって、相続分とすることとされている（民法903①）。

　　（注）遺贈の価額は、「被相続人の相続開始時における財産の価額」に含まれているから、「贈与の価額」のみを加えるとの規定になっている。

民法第903条（特別受益者の相続分）

1　共同相続人中に、被相続人から、遺贈を受け、又は婚姻若しくは養子縁組のため若しくは生計の資本として贈与を受けた者があるときは、被相続人が相続開始の時において有した財産の価額にその贈与の価額を加えたものを相続財産とみなし、前三条の規定により算定した相続分の中からその遺贈又は贈与の価額を控除した残額をもってその者の相続分とする。

2　遺贈又は贈与の価額が、相続分の価額に等しく、又はこれを超えるときは、

> 受遺者又は受贈者は、その相続分を受けることができない。
> 3　被相続人が前二項の規定と異なった意思を表示したときは、その意思表示は、遺留分に関する規定に違反しない範囲内で、その効力を有する。

　なお、共同相続人中に、被相続人を被保険者とする養老保険契約に基づき死亡保険金請求権を取得する者（保険金受取人）がある場合に、その価額を被相続人の相続開始時における財産の価額に加える必要があるか（持戻しの対象となるか）が争われた裁判で、最高裁は、特段の事情がある場合には、上記死亡保険金請求権は、持戻しの対象となると判示した。

◇　養老保険契約に基づき保険金受取人とされた相続人が取得する死亡保険金請求権又はこれを行使して取得した死亡保険金は、民法第 903 条第 1 項に規定する遺贈又は贈与に係る財産には当たらないと解するのが相当である。もっとも、上記死亡保険金請求権の取得のための費用である保険料は、被相続人が生前保険者に支払ったものであり、保険契約者である被相続人の死亡により保険金受取人である相続人に死亡保険金請求権が発生することなどにかんがみると、保険金受取人である相続人とその他の共同相続人との間に生ずる不公平が民法第 903 条の趣旨に照らし到底是認することができないほどに著しいものであると評価すべき特段の事情が存する場合には、同条の類推適用により、当該死亡保険金請求権は特別受益に準じて持戻しの対象となると解するのが相当である。上記特段の事情の有無については、保険金の額、この額の遺産の総額に対する比率のほか、同居の有無、被相続人の介護等に対する貢献の度合いなどの保険金受取人である相続人及び他の共同相続人と被相続人との関係、各相続人の生活実態等の諸般の事情を総合考慮して判断すべきである[32]。

1 － 4　民 法 （寄与分）

〈事例〉

　Aには、妻B、Bとの間の子C及びDがいる。Aが 1,600 万円の財産を残して死亡した。

---

[32] 最決平成 16 年 10 月 29 日裁判所 HP 参照（平成 16 年（許）第 11 号）

> 　Cは、相続財産の増加に特別の寄与をし、寄与分として400万円が認められる。

　本事例において、相続人B、C及びDの各相続分を原則どおり計算すると、次の通りとなる。

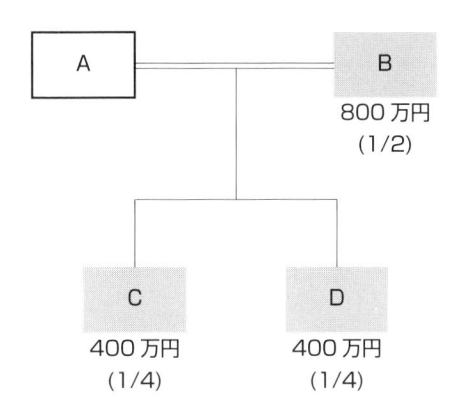

　そうすると、Cは、自分がAの財産の増加に貢献したことが考慮されず、不公平に感じるであろう。

　そこで、各人の相続分を次の通り修正する。

　まず、遺産の1,600万円から、Bの寄与分400万を控除した1,200万円を相続財産とみなし、相続分をいったん次の通りとする。

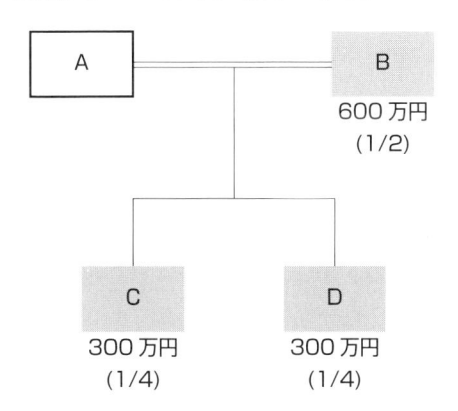

　そして、Cには寄与分として400万円が認められるから、この額をCの相続

分に加えて、Cの相続分を 700 万円とする。

　そうすると、Cは、結果的に 700 万円（相続分 300 万円と寄与分 400 万円）を取得できることになり、公平が保たれるのである。

　このように、共同相続人のうち一部の者が、被相続人の事業に関する労務の提供又は財産上の給付、被相続人の療養看護その他の方法により被相続人の財産の維持又は増加について特別の寄与をした場合は、被相続人の相続開始時における財産の価額からその者の寄与分を控除したものを相続財産とみなし、これに各相続人の相続分の割合を乗じて得た額をもって、いったん各相続人の相続分とする。そして、特別の寄与をした者については、上記により算定した相続分に寄与分を加えた額をもって、相続分とすることとされている（民法 904 の 2 ①）。

民法第 904 条の 2　（寄与分）

1　共同相続人中に、被相続人の事業に関する労務の提供又は財産上の給付、被相続人の療養看護その他の方法により被相続人の財産の維持又は増加について特別の寄与をした者があるときは、被相続人が相続開始の時において有した財産の価額から共同相続人の協議で定めたその者の寄与分を控除したものを相続財産とみなし、第 900 条から第 902 条までの規定により算定した相続分に寄与分を加えた額をもってその者の相続分とする。

2　前項の協議が調わないとき、又は協議をすることができないときは、家庭裁判所は、同項に規定する寄与をした者の請求により、寄与の時期、方法及び程度、相続財産の額その他一切の事情を考慮して、寄与分を定める。

3　寄与分は、被相続人が相続開始の時において有した財産の価額から遺贈の価額を控除した残額を超えることができない。

4　第 2 項の請求は、第 907 条第 2 項の規定による請求があった場合又は第 910 条に規定する場合にすることができる。

　なお、この場合の「寄与」は、「特別の寄与」であることを要するから、専業主婦が家事をしたり、入院中の夫を見舞ったりしても、通常、「特別の寄与」と言えないであろう。

1 － 5 　民　法（相続の承認及び放棄）

相続の承認及び放棄の制度には、次の３つがある。

①	単純承認	被相続人の財産も債務も全面的に引き受けること
②	相続の放棄	被相続人の財産も債務も全く引き受けないこと
③	限定承認	被相続人の財産でその債務を弁済し、財産が残ったらこれを引き受けること

　相続人は、自己のために相続の開始があったことを知った時から３か月以内に、単純承認するか、限定承認するか、相続の放棄をするかを決めなければならないこととされている（民法915①）。この期間内に限定承認又は相続の放棄をしなかった場合には、相続人は、単純承認をしたものとみなされる（民法921二）。

　この３か月の起算点は、「自己のために相続の開始があったことを知った時」であり、例えば、父親が亡くなったケースであれば、息子は、亡くなってすぐに自己のために相続の開始があったことを知るのが通常であろう。

　もっとも、文字どおり「自己のために相続の開始があったことを知った時から３か月以内」とすると、不都合が生じることもある。

　例えば、父親が多額の借金を抱え、債権者から訴えられていたが、息子がそのことを知らずに単純承認をし、父親の死亡から３か月の期間が経過したところで、判決正本が届いて、多額の借金の存在に初めて気付いたというような場合である。

　息子は、多額の借金の存在を知っていれば、相続の放棄をしたであろうが、既に３か月の期間が経過しているので、今となっては、相続の放棄をすることができないのが原則である。

　このような場合に関して、次の判例がある。

◇　民法第915条第1項が、相続人に対し、単純承認若しくは限定承認又は放棄をするについて3か月の期間（以下「熟慮期間」という。）を許与しているのは、

　相続人が、相続開始の原因たる事実及びこれにより自己が法律上相続人となった事実を知った場合には、通常、上記各事実を知った時から 3 か月以内に、調査すること等によって、相続財産の有無等を認識し又は認識することができ、したがって、単純承認若しくは限定承認又は放棄のいずれかを選択すべき前提条件が具備されるとの考えに基づいているのであるから、熟慮期間は、原則として、相続人が前記の各事実を知った時から起算すべきものであるが、相続人が、上記各事実を知った場合であっても、その時から 3 か月以内に限定承認又は相続放棄をしなかったのが、被相続人に相続財産が全く存在しないと信じたためであり、かつ、被相続人の生活歴、被相続人と相続人との間の交際状態その他諸般の状況からみて当該相続人に対し相続財産の有無の調査を期待することが著しく困難な事情があって、相続人においてそのように信ずるについて相当な理由があると認められるときには、相続人が前記の各事実を知った時から熟慮期間を起算すべきであるとすることは相当でないものというべきであり、熟慮期間は相続人が相続財産の全部又は一部の存在を認識した時又は通常これを認識しうべき時から起算すべきものと解するのが相当である[33]。

　すなわち、このような場合、3 か月の起算点は、相続人が相続財産の全部若しくは一部の存在を認識した時又は通常これを認識し得たであろう時であるとしている。

　なお、「限定承認」と「相続の放棄」の方式は、それぞれ次の通りである。相続人が数人あるときは、限定承認は、共同相続人の全員が共同してのみこれをすることができる（民法 923）のに対して、相続の放棄は、単独でもこれをすることができる。

民法第 924 条（限定承認の方式）

　相続人は、限定承認をしようとするときは、第 915 条第 1 項の期間内に、相続財産の目録を作成して家庭裁判所に提出し、限定承認をする旨を申述しなければならない。

民法第 938 条（相続の放棄の方式）

　相続の放棄をしようとする者は、その旨を家庭裁判所に申述しなければならな

---

[33] 最判昭和 59 年 4 月 27 日裁判所 HP 参照（昭和 57 年（オ）第 82 号）

い。

2　税　法

相続税法第3条（相続又は遺贈により取得したものとみなす場合）

1　次の各号のいずれかに該当する場合においては、当該各号に掲げる者が、当該各号に掲げる財産を相続又は遺贈により取得したものとみなす。この場合において、その者が相続人（相続を放棄した者及び相続権を失った者を含まない。第15条、第16条、第19条の2第1項、第19条の3第1項、第19条の4第1項及び第63条の場合並びに「第15条第2項に規定する相続人の数」という場合を除き、以下同じ。）であるときは当該財産を相続により取得したものとみなし、その者が相続人以外の者であるときは当該財産を遺贈により取得したものとみなす。

一～六　（略）

2・3　（略）

解説　本条第1項は、一定の場合に、一定の者が、財産を相続又は遺贈により取得したものとみなす旨規定するものであるが、同条項中、相続税法にいう「相続人」の意義が明らかにされている。すなわち、相続税法上、「相続人」には、相続を放棄した者及び相続権を失った者は含まれないのが原則であるが、「第15条、第16条、第19条の2第1項、第19条の3第1項、第19条の4第1項及び第63条の場合並びに『第15条第2項に規定する相続人の数』という場合を除（く）」として、これらの条項においては異なる取扱いが規定されていることを示唆している。

　以下では、相続税法第15条、第16条及び第19条の2第1項の各条項にいう「相続人」について、解説している。

相続税法第15条（遺産に係る基礎控除）

1　相続税の総額を計算する場合においては、同一の被相続人から相続又は遺贈により財産を取得した全ての者に係る相続税の課税価格（第19条の規定の適用がある場合には、同条の規定により相続税の課税価格とみなされた金額。次条

から第18条まで及び第19条の2において同じ。）の合計額から、3,000万円と
600万円に当該被相続人の相続人の数を乗じて算出した金額との合計額（以下
「遺産に係る基礎控除額」という。）を控除する。

2　前項の相続人の数は、同項に規定する被相続人の民法第5編第2章（相続人）
の規定による相続人の数（当該被相続人に養子がある場合の当該相続人の数に
算入する当該被相続人の養子の数は、次の各号に掲げる場合の区分に応じ当該
各号に定める養子の数に限るものとし、相続の放棄があった場合には、その放
棄がなかったものとした場合における相続人の数とする。）とする。

一　当該被相続人に実子がある場合又は当該被相続人に実子がなく、養子の数
が1人である場合　1人

二　当該被相続人に実子がなく、養子の数が2人以上である場合　2人

3　前項の規定の適用については、次に掲げる者は実子とみなす。

一　民法第817条の2第1項（特別養子縁組の成立）に規定する特別養子縁組
による養子となった者、当該被相続人の配偶者の実子で当該被相続人の養子
となった者その他これらに準ずる者として政令で定める者

二　実子若しくは養子又はその直系卑属が相続開始以前に死亡し、又は相続権
を失ったため民法第5編第2章の規定による相続人（相続の放棄があった場
合には、その放棄がなかったものとした場合における相続人）となったその
者の直系卑属

解説　遺産に係る基礎控除額は、次の算式により計算する。

〈算式〉
3,000万円 + 600万円 × 被相続人の相続人の数

　この算式の「相続人の数」は、原則として、被相続人の民法第5編第2章
（相続人）の規定による相続人の数をいうのであるが、被相続人に養子がある
場合には、養子の数は、1人又は2人に限るものとし、相続の放棄があった場
合には、その放棄がなかったものとするなどの措置が講じられている。

　したがって、税負担の軽減を目的として相続の放棄をしても（例えば、被相
続人の唯一の子が相続の放棄をして、複数の兄弟姉妹が相続人となったとしても）、
基礎控除額が増えることはない。

相続税法基本通達 15-2（法第 15 条第 2 項に規定する相続人の数）

　相続の放棄があった場合等における法第 15 条第 2 項に規定する相続人の数について、設例を基に示せば、次の通りである。

設例 1

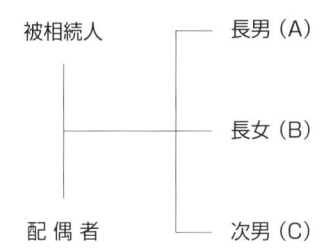

　上記の場合において、（B）、（C）及び配偶者が相続を放棄したときの法第 15 条第 2 項に規定する相続人の数は、（A）、（B）、（C）及び配偶者の 4 人となる。

設例 2　（略）

設例 3

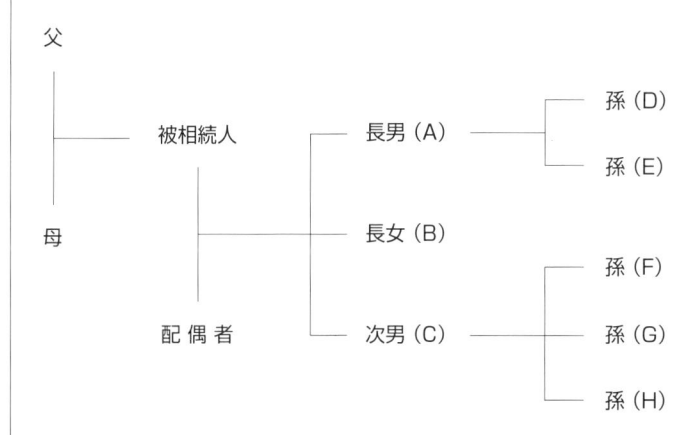

　上記の場合において、（A）、（B）及び（C）が相続の放棄をしたときにおいては、民法の規定による相続人の数は、父、母及び配偶者の 3 人であるが、法第 15 条第 2 項に規定する相続人の数は、（A）、（B）、（C）及び配偶者の 4 人となる。

設例4・設例5　（略）

解説　本通達は、相続税法第15条第2項に規定する相続人の範囲を設例を基に示したものである。設例1及び3は、相続の放棄があった場合には、その放棄がなかったものとする措置の例示である。

相続税法基本通達 15-3 （胎児がある場合の相続人の数）

　相続人となるべき胎児が相続税の申告書を提出する日までに出生していない場合においては、当該胎児は法第15条第1項に規定する相続人の数には算入しないことに取り扱うものとする。

解説　民法上、胎児は、相続については既に生まれたものとみなされるが（民法886①）、相続税法上の取扱いとしては、相続税の申告書を提出する日までに出生していなければ、相続税法第15条第1項に規定する相続人の数に算入しないとするものである。

相続税法第16条 （相続税の総額）

　相続税の総額は、同一の被相続人から相続又は遺贈により財産を取得した全ての者に係る相続税の課税価格に相当する金額の合計額からその遺産に係る基礎控除額を控除した残額を当該被相続人の前条第2項に規定する相続人の数に応じた相続人が民法第900条（法定相続分）及び第901条（代襲相続人の相続分）の規定による相続分に応じて取得したものとした場合におけるその各取得金額（当該相続人が、1人である場合又はない場合には、当該控除した残額）につきそれぞれその金額を次の表の上欄に掲げる金額に区分してそれぞれの金額に同表の下欄に掲げる税率を乗じて計算した金額を合計した金額とする。

1,000万円以下の金額	100分の10
1,000万円を超え3,000万円以下の金額	100分の15
3,000万円を超え5,000万円以下の金額	100分の20
5,000万円を超え1億円以下の金額	100分の30
1億円を超え2億円以下の金額	100分の40
2億円を超え3億円以下の金額	100分の45
3億円を超え6億円以下の金額	100分の50
6億円を超える金額	100分の55

解説　本条の「各取得金額」は、遺産が分割されたかどうかにかかわらず、また、相続又は遺贈によって財産を取得した者が誰であるかにかかわらず、相続税の課税価格の合計額から遺産に係る基礎控除額を控除した後の金額を、相続税法第15条第2項に規定する「相続人の数」に応じた相続人が民法第900条《法定相続分》及び第901条《代襲相続人の相続分》の規定による相続分に応じて取得したものとして計算する（相通16-1）。ここにいう「相続人の数」は、原則として、被相続人の民法第5編第2章（相続人）の規定による相続人の数をいうのであるが、被相続人に養子がある場合には、養子の数は、1人又は2人に限るものとし、相続の放棄があった場合には、その放棄がなかったものとするなどの措置を講じた後の数とされている。

相続税法第19条の2（配偶者に対する相続税額の軽減）

1　被相続人の配偶者が当該被相続人からの相続又は遺贈により財産を取得した場合には、当該配偶者については、第1号に掲げる金額から第2号に掲げる金額を控除した残額があるときは、当該残額をもってその納付すべき相続税額とし、第1号に掲げる金額が第2号に掲げる金額以下であるときは、その納付すべき相続税額は、ないものとする。

一　当該配偶者につき第15条から第17条まで及び前条の規定により算出した金額

二　当該相続又は遺贈により財産を取得した全ての者に係る相続税の総額に、次に掲げる金額のうちいずれか少ない金額が当該相続又は遺贈により財産を取得した全ての者に係る相続税の課税価格の合計額のうちに占める割合を乗じて算出した金額

　イ　当該相続又は遺贈により財産を取得した全ての者に係る相続税の課税価格の合計額に民法第900条（法定相続分）の規定による当該配偶者の相続分（相続の放棄があった場合には、その放棄がなかったものとした場合における相続分）を乗じて算出した金額（当該被相続人の相続人（相続の放棄があった場合には、その放棄がなかったものとした場合における相続人）が当該配偶者のみである場合には、当該合計額）に相当する金額（当該金額が1億6,000万円に満たない場合には、1億6,000万円）

　ロ　当該相続又は遺贈により財産を取得した配偶者に係る相続税の課税価格に相当する金額

2～6 （略）

解説 配偶者の税額軽減額の計算は、次の算式による。

〈算式〉

$$A \times \frac{C又はDのいずれか少ない金額}{B}$$

（注）算式中のAからDまでは、原則として、次の通りである。
- A 当該相続又は遺贈により財産を取得した全ての者に係る相続税の総額
- B 当該相続又は遺贈により財産を取得した全ての者に係る相続税の課税価格の合計額
- C 当該相続又は遺贈により財産を取得した全ての者に係る相続税の課税価格の合計額に民法第900条《法定相続分》の規定による当該配偶者の相続分を乗じて算出した金額に相当する金額（当該金額が1億6,000万円に満たない場合には、1億6,000万円）
- D 当該相続又は遺贈により財産を取得した配偶者に係る相続税の課税価格に相当する金額

ただし、上記Cの「民法第900条《法定相続分》の規定による当該配偶者の相続分」については、相続の放棄があった場合には、その放棄がなかったものとした場合における相続分とされている。

また、上記Cの金額は、被相続人の相続人が配偶者のみである場合には、当該相続又は遺贈により財産を取得した全ての者に係る相続税の課税価格の合計額に相当する金額（当該金額が1億6,000万円に満たない場合には、1億6,000万円）となるところ、ここにいう「相続人」についても、相続の放棄があった場合には、その放棄がなかったものとした場合における「相続人」とされている。

相続税法第32条（更正の請求の特則）

1 相続税又は贈与税について申告書を提出した者又は決定を受けた者は、次の各号のいずれかに該当する事由により当該申告又は決定に係る課税価格及び相続税額又は贈与税額（当該申告書を提出した後又は当該決定を受けた後修正申告書の提出又は更正があった場合には、当該修正申告又は更正に係る課税価格及び相続税額又は贈与税額）が過大となったときは、当該各号に規定する事由

が生じたことを知った日の翌日から4月以内に限り、納税地の所轄税務署長に対し、その課税価格及び相続税額又は贈与税額につき更正の請求（国税通則法第23条第1項（更正の請求）の規定による更正の請求をいう。第33条の2において同じ。）をすることができる。

一　（略）

二　民法第787条（認知の訴え）又は第892条から第894条まで（推定相続人の廃除等）の規定による認知、相続人の廃除又はその取消しに関する裁判の確定、同法第884条（相続回復請求権）に規定する相続の回復、同法第919条第2項（相続の承認及び放棄の撤回及び取消し）の規定による相続の放棄の取消しその他の事由により相続人に異動を生じたこと。

三～十　（略）

解説　更正の請求の特則として、民法第787条《認知の訴え》又は第892条《推定相続人の廃除》、第893条《遺言による推定相続人の廃除》及び第894条《推定相続人の廃除の取消し》の規定による認知、相続人の廃除又はその取消しに関する裁判の確定、民法第884条《相続回復請求権》に規定する相続の回復、民法第919条《相続の承認及び放棄の撤回及び取消し》第2項の規定による相続の放棄の取消しその他の事由により相続人に異動を生じたことを原因として、当初の申告に係る税額等が過大となった場合には、これらの事由が生じたことを知った日の翌日から4か月以内に限り、更正の請求をすることができることとされている。

なお、期限後申告の特則として、本条第1項第2号に掲げる事由が生じたため、新たに相続税の申告書を提出すべき要件に該当することとなった者は、期限後申告書を提出することができる旨が相続税法第30条第1項に規定されている。

また、修正申告の特則として、相続税の期限内申告書又は期限後申告書を提出した者は、本条第1項第2号に掲げる事由が生じたため既に確定した相続税額に不足を生じた場合には、修正申告書を提出することができる旨が相続税法第31条第1項に規定されている。

相続税法基本通達 32-1（「その他の事由により相続人に異動が生じたこと」の意義）

　法第 32 条第 1 項第 2 号に規定する「その他の事由により相続人に異動が生じたこと」とは、民法第 886 条に規定する胎児の出生、相続人に対する失踪の宣告又はその取消し等により相続人に異動を生じた場合をいうのであるから留意する。

解説　胎児の出生等により相続人に異動を生じたことは、相続税法第 32 条《更正の請求の特則》第 2 号に規定する「その他の事由により相続人に異動が生じたこと」に該当する。

13　相続の効力

1　民 法

　相続人は、相続開始の時から、被相続人の財産に属した一切の権利義務を承継する。これは、「包括承継」であるといわれている（民法 896 本文）。

　ただし、包括承継の例外として、一身専属権は、相続の対象にならない（民法 896 但書）。

　例えば、生活保護法の規定に基づき国から生活保護を受ける権利は、一身専属の権利であって、相続の対象となり得ないとする判例がある。

　◇　生活保護法の規定に基づき要保護者または被保護者が国から生活保護を受けるのは、単なる国の恩恵ないし社会政策の実施に伴う反射的利益ではなく、法的権利であって、保護受給権とも称すべきものと解すべきである。しかし、この権利は、被保護者自身の最低限度の生活を維持するために当該個人に与えられた一身専属の権利であって、他にこれを譲渡し得ないし、相続の対象ともなり得ないというべきである。また、被保護者の生存中の扶助ですでに遅滞にあるものの給付を求める権利についても、医療扶助の場合はもちろんのこと、金銭給付を内容とする生活扶助の場合でも、それは当該被保護者の最低限度の生活の需要を満たすことを目的とするものであって、法の予定する目的以外に流用することを許さないものであるから、当該被保護者の死亡によって当然消滅し、相続の対象となり得ない、と解するのが相当である。また、所論不当利得返還請求権は、保護受給権を前提としてはじめて成立するものであり、その保護受給権が右に述べたように一身専属の権利である以上、相続の対象となり得ないと解するのが相当である[34]。

　また、(1)養老保険契約で、被保険者が死亡した場合の受取人が「被保険者死亡の場合はその相続人」と指定されているような場合は、相続人に直接支払われるものであって、いったん被相続人に支払われて、これが相続されるもので

---

[34] 最判昭和 42 年 5 月 24 日裁判所 HP 参照（昭和 39 年（行ツ）第 14 号）

はないとする判例や、(2)死亡退職金は遺族に払うという会社との契約であるから、相続財産ではないとする判例がある。

◇ 養老保険契約において保険金受取人を単に「被保険者またはその死亡の場合はその相続人」と約定し、被保険者死亡の場合の受取人を特定人の氏名を挙げることなく抽象的に指定している場合でも、保険契約者の意思を合理的に推測して、保険事故発生の時において被指定者を特定し得る以上、このような指定も有効であり、特段の事情のない限り、上記指定は、被保険者死亡の時（保険金請求権発生当時）の相続人たるべき者個人を受取人として特に指定したいわゆる他人のための保険契約と解するのが相当である。そして、このように保険金受取人としてその請求権発生当時の相続人たるべき個人を特に指定した場合には、上記請求権は、保険契約の効力発生と同時に上記相続人の固有財産となり、被保険者（兼保険契約者）の遺産より離脱しているものといわねばならない[35]。

◇ 「職員の退職手当に関する規程」によると、死亡退職金の支給を受ける者の第1順位は内縁の配偶者を含む配偶者であって、配偶者があるときは子は全く支給を受けないこと、直系血族間でも親等の近い父母が孫より先順位となり、嫡出子と非嫡出子が平等に扱われ、父母や養父母については養方が実方に優先すること、死亡した者の収入によって生計を維持していたか否かにより順位に差異を生ずることなど、受給権者の範囲及び順位につき民法の規定する相続人の順位決定の原則とは著しく異なった定め方がされているというのであり、これによってみれば、上記規程は、専ら職員の収入に依拠していた遺族の生活保障を目的とし、民法とは別の立場で受給権者を定めたもので、受給権者たる遺族は、相続人としてではなく、上記規程の定めにより直接これを自己固有の権利として取得するものと解するのが相当であり、そうすると、上記死亡退職金の受給権は相続財産に属さず、受給権者である遺族が存在しない場合に相続財産として他の相続人による相続の対象となるものではないというべきである[36]。

なお、家系図、仏壇、墓地については、相続とは別の制度がある。すなわち、これらの所有権は、(1)被相続人の指定に従って、(2)指定がなければ、慣習に従って、(3)慣習が明らかでないときは、家庭裁判所の定めに従って、祖先の

---

[35] 最判昭和40年2月2日裁判所HP参照（昭和36年（オ）第1028号）
[36] 最判昭和55年11月27日裁判所HP参照（昭和54年（オ）第1298号）

祭祀を主宰すべき者が承継する（民法897）。

民法第897条（祭祀に関する権利の承継）

1　系譜、祭具及び墳墓の所有権は、前条の規定にかかわらず、慣習に従って祖先の祭祀を主宰すべき者が承継する。ただし、被相続人の指定に従って祖先の祭祀を主宰すべき者があるときは、その者が承継する。

2　前項本文の場合において慣習が明らかでないときは、同項の権利を承継すべき者は、家庭裁判所が定める。

２　税　法

相続税法第３条（相続又は遺贈により取得したものとみなす場合）

1　次の各号のいずれかに該当する場合においては、当該各号に掲げる者が、当該各号に掲げる財産を相続又は遺贈により取得したものとみなす。この場合において、その者が相続人（相続を放棄した者及び相続権を失った者を含まない。第15条、第16条、第19条の2第1項、第19条の3第1項、第19条の4第1項及び第63条の場合並びに「第15条第2項に規定する相続人の数」という場合を除き、以下同じ。）であるときは当該財産を相続により取得したものとみなし、その者が相続人以外の者であるときは当該財産を遺贈により取得したものとみなす。

一　（略）

二　被相続人の死亡により相続人その他の者が当該被相続人に支給されるべきであった退職手当金、功労金その他これらに準ずる給与（政令で定める給付を含む。）で被相続人の死亡後3年以内に支給が確定したものの支給を受けた場合においては、当該給与の支給を受けた者について、当該給与

三〜六　（略）

2・3　（略）

解説　被相続人の死亡により、相続人その他の者がその被相続人に支給されるべきであった退職手当金、功労金その他これらに準ずる給与で被相続人の死亡後3年以内に支給が確定したものの支給を受けた場合においては、その給

与の支給を受けた者が、その給与を相続又は遺贈により取得したものとみなすこととされている。

なお、被相続人の死亡により、相続人その他の者が受ける金品が、本条第1項第2号に規定する「被相続人に支給されるべきであった退職手当金、功労金その他これらに準ずる給与」に該当するかどうかは、(1)その金品が退職給与規程等の定めに基づいて受ける場合においては、その退職給与規程等により判定し、(2)その他の場合においては、その被相続人の地位、功労等を考慮し、その被相続人の雇用主等が営む事業と類似する事業における被相続人と同様な地位にある者が受け、又は受けると認められる額等を勘案して判定するものとされている（相通 3-19）。

相続税法第 12 条（相続税の非課税財産）

1　次に掲げる財産の価額は、相続税の課税価格に算入しない。
　一　（略）
　二　墓所、霊びょう及び祭具並びにこれらに準ずるもの
　三〜六　（略）
2　（略）

解説　民法上、系譜、祭具及び墳墓の所有権は、相続とは別の制度によって、慣習等に従って祖先の祭祀を主宰すべき者が承継することとされていることから（民法 897 ①）、「墓所、霊びょう及び祭具並びにこれらに準ずるもの」は、非課税とされている。

なお、本条第1項第2号にいう「墓所、霊びょう」の意義及び「これらに準ずるもの」の範囲については、次の通達において明らかにされている。

相続税基本通達

（「墓所、霊びょう」の意義）

12-1　法第 12 条第 1 項第 2 号に規定する「墓所、霊びょう」には、墓地、墓石及びおたまやのようなもののほか、これらのものの尊厳の維持に要する土地その他の物件をも含むものとして取り扱うものとする。

（祭具等の範囲）

12-2　法第12条第1項第2号に規定する「これらに準ずるもの」とは、庭内神し、神たな、神体、神具、仏壇、位はい、仏像、仏具、古墳等で日常礼拝の用に供しているものをいうのであるが、商品、骨とう品又は投資の対象として所有するものはこれに含まれないものとする。

相続税法第13条（債務控除）

1　相続又は遺贈（包括遺贈及び被相続人からの相続人に対する遺贈に限る。以下この条において同じ。）により財産を取得した者が第1条の3第1項第1号又は第2号の規定に該当する者である場合においては、当該相続又は遺贈により取得した財産については、課税価格に算入すべき価額は、当該財産の価額から次に掲げるものの金額のうちその者の負担に属する部分の金額を控除した金額による。

　一　被相続人の債務で相続開始の際現に存するもの（公租公課を含む。）

　二　被相続人に係る葬式費用

2　相続又は遺贈により財産を取得した者が第1条の3第1項第3号の規定に該当する者である場合においては、当該相続又は遺贈により取得した財産でこの法律の施行地にあるものについては、課税価格に算入すべき価額は、当該財産の価額から被相続人の債務で次に掲げるものの金額のうちその者の負担に属する部分の金額を控除した金額による。

　一　その財産に係る公租公課

　二　その財産を目的とする留置権、特別の先取特権、質権又は抵当権で担保される債務

　三　前二号に掲げる債務を除くほか、その財産の取得、維持又は管理のために生じた債務

　四　その財産に関する贈与の義務

　五　前各号に掲げる債務を除くほか、被相続人が死亡の際この法律の施行地に営業所又は事業所を有していた場合においては、当該営業所又は事業所に係る営業上又は事業上の債務

3　（略）

解説　相続の効力は包括承継であり、相続人は、被相続人の財産とともに債務も相続により承継するから（民法896本文）、課税価格に算入すべき価額の計算上、「被相続人の債務で相続開始の際現に存するもの（公租公課を含む。）」

の金額のうちその者の負担に属する部分の金額を控除することを認めるものである。

　一方、「被相続人に係る葬式費用」は、被相続人の債務ではないが、課税価格に算入すべき価額の計算上、被相続人の債務とともに、その金額のうちその者の負担に属する部分の金額を控除することが認められている。

　なお、制限納税義務者（相法1の3①三）については、その者が相続等により取得した財産で国内にあるものに対し、相続税を課することとされている（相法2②）こととの関係上、控除される債務はその財産に係るものに限定されている。

相続税法第19条（相続開始前3年以内に贈与があった場合の相続税額）

1　相続又は遺贈により財産を取得した者が当該相続の開始前3年以内に当該相続に係る被相続人から贈与により財産を取得したことがある場合においては、その者については、当該贈与により取得した財産（第21条の2第1項から第3項まで、第21条の3及び第21条の4の規定により当該取得の日の属する年分の贈与税の課税価格計算の基礎に算入されるもの（特定贈与財産を除く。）に限る。以下この条及び第51条第2項において同じ。）の価額を相続税の課税価格に加算した価額を相続税の課税価格とみなし、第15条から前条までの規定を適用して算出した金額（当該贈与により取得した財産の取得につき課せられた贈与税があるときは、当該金額から当該財産に係る贈与税の税額（第21条の8の規定による控除前の税額とし、延滞税、利子税、過少申告加算税、無申告加算税及び重加算税に相当する税額を除く。）として政令の定めるところにより計算した金額を控除した金額）をもって、その納付すべき相続税額とする。

2　前項に規定する特定贈与財産とは、第21条の6第1項に規定する婚姻期間が20年以上である配偶者に該当する被相続人からの贈与により当該被相続人の配偶者が取得した同項に規定する居住用不動産又は金銭で次の各号に掲げる場合に該当するもののうち、当該各号に掲げる場合の区分に応じ、当該各号に定める部分をいう。

　一　当該贈与が当該相続の開始の年の前年以前にされた場合で、当該被相続人の配偶者が当該贈与による取得の日の属する年分の贈与税につき第21条の6第1項の規定の適用を受けているとき　同項の規定により控除された金額に相当する部分

> 二　当該贈与が当該相続の開始の年においてされた場合で、当該被相続人の配偶者が当該被相続人からの贈与について既に第21条の6第1項の規定の適用を受けた者でないとき（政令で定める場合に限る。）　同項の規定の適用があるものとした場合に、同項の規定により控除されることとなる金額に相当する部分

解説　相続人が、相続の開始前3年以内に被相続人から贈与により財産を取得していた場合、その財産は、民法上、相続財産には該当しないのであるが、相続税額の計算上は、その財産のうち贈与税の課税価格計算の基礎に算入されるもの（特定贈与財産を除く。）の価額を課税価格に加算した価額を課税価格とみなすこととされている。

　なお、上記の「特定贈与財産」とは、贈与税の配偶者控除の特例（相法21の6①）の適用を受けている、又は受けようとする居住用不動産又は金銭のうち、その配偶者控除額に相当する金額をいう。

　また、その贈与により取得した財産に係る贈与税の税額は、相続税額の計算上、控除されることになる。

14　遺産の分割

1　民　法

　例えば、Aが死亡し、その妻B並びに子C及びDに相続が開始したとすると、Bは「2分の1」、Cは「4分の1」、Dは「4分の1」の割合で、Aの遺産を共有する状態になるが（民法898）、これを、Bは「甲土地」、Cは「乙建物」、Dは「丙株式」を取得するなどとして、具体的に分けていくことを「遺産分割」という。

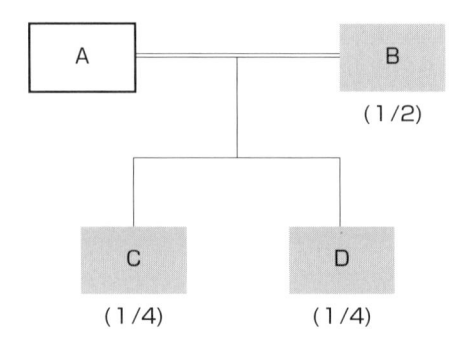

　共同相続人は、被相続人が遺言で禁じた場合を除き、いつでも、その協議で、遺産の分割をすることができ、協議が調わないとき、又は協議をすることができないときは、各共同相続人は、遺産の分割を家庭裁判所に請求することができる（民法907①②）。

民法第907条（遺産の分割の協議又は審判等）

1　共同相続人は、次条の規定により被相続人が遺言で禁じた場合を除き、いつでも、その協議で、遺産の分割をすることができる。

2　遺産の分割について、共同相続人間に協議が調わないとき、又は協議をすることができないときは、各共同相続人は、その分割を家庭裁判所に請求することができる。

3　前項の場合において特別の事由があるときは、家庭裁判所は、期間を定めて、

遺産の全部又は一部について、その分割を禁ずることができる。

なお、共同相続人間において成立した遺産分割協議については、合意による解除をすることはできるが、債務不履行による解除をすることはできないとするのが判例である。

◇　共同相続人間において遺産分割協議が成立した場合に、相続人の1人が他の相続人に対してその協議において負担した債務を履行しないときであっても、他の相続人は民法第541条《履行遅滞等による解除権》によって上記遺産分割協議を解除することができないと解するのが相当である[37]。

◇　共同相続人の全員が、既に成立している遺産分割協議の全部又は一部を合意により解除した上、改めて遺産分割協議をすることは、法律上、当然には妨げられるものではない[38]。

1　遺産分割の対象

判例は、その性質上分割することができる給付を目的とする債権（可分債権）は、遺産分割の対象にならないとする。

すなわち、相続人が複数いる場合において、その相続財産中に可分債権（例えば、損害賠償請求権）があるときは、その債権は、法律上当然に分割され、各共同相続人がその相続分に応じて権利を承継する。

ただし、預貯金債権は、ここにいう「可分債権」に当たらないので、遺産分割の対象になる。

◇　相続人数人ある場合において、その相続財産中に可分債権あるときは、その債権は法律上当然分割され各共同相続人がその相続分に応じて権利を承継するものと解するを相当とする[39]。

◇　共同相続された普通預金債権、通常貯金債権及び定期貯金債権は、いずれも、相続開始と同時に当然に相続分に応じて分割されることはなく、遺産分割の対

---

[37]　最判平成元年2月9日裁判所HP参照（昭和59年（オ）第717号）
[38]　最判平成2年9月27日裁判所HP参照（昭和63年（オ）第115号）
[39]　最判昭和29年4月8日裁判所HP参照（昭和27年（オ）第1119号）

象となるものと解するのが相当である[40]。

2 遺産分割の主体

　相続人の一部を除外して行った遺産分割は、原則として無効である。

　この点、認知によって形成される父子関係については、民法第784条が、次の通り規定している。

民法第784条（認知の効力）

　認知は、出生の時にさかのぼってその効力を生ずる。ただし、第三者が既に取得した権利を害することはできない。

　したがって、被相続人の死亡後に、判決等によって認知された子が現れたような場合、その子は当初から相続人であったことになり、既になされた遺産分割は、その子を除外して行ったものとして無効になるとも考えられるが、民法第910条は、その遺産分割を無効とせず、その子は、価額による支払いを請求することができるのみである旨規定する。

民法第910条（相続の開始後に認知された者の価額の支払請求権）

　相続の開始後認知によって相続人となった者が遺産の分割を請求しようとする場合において、他の共同相続人が既にその分割その他の処分をしたときは、価額のみによる支払の請求権を有する。

　一方、母子関係は、分娩の事実によって明らかであるから[41]、母の死亡により開始した相続については、相続人の存在が遺産分割後に明らかになった場合であっても、民法第910条を類推適用することはできないとする判例がある。

　◇　母子関係が存在する場合には認知によって形成される父子関係に関する民法第784条《認知の効力》但書を類推適用すべきではなく、また、同法第910条《相続の開始後に認知された者の価額の支払請求権》は、取引の安全と被認知者の保護との調整をはかる規定ではなく、共同相続人の既得権と被認知者の保

---

[40] 最決平成28年12月19日裁判所HP参照（平成27年（許）第11号）
[41] 最判昭和37年4月27日裁判所HP参照（昭和35年（オ）第1189号）

護との調整をはかる規定であって、遺産分割その他の処分のなされたときに当該相続人の他に共同相続人が存在しなかった場合における当該相続人の保護をはかるところに主眼があり、第三取得者はその相続人が保護される場合にその結果として保護されるのにすぎないのであるから、相続人の存在が遺産分割その他の処分後に明らかになった場合については同法条を類推適用することができないものと解するのが相当である[42]。

2　税　法

相続税法第19条の2（配偶者に対する相続税額の軽減）

1　被相続人の配偶者が当該被相続人からの相続又は遺贈により財産を取得した場合には、当該配偶者については、第1号に掲げる金額から第2号に掲げる金額を控除した残額があるときは、当該残額をもってその納付すべき相続税額とし、第1号に掲げる金額が第2号に掲げる金額以下であるときは、その納付すべき相続税額は、ないものとする。

一　当該配偶者につき第15条から第17条まで及び前条の規定により算出した金額

二　当該相続又は遺贈により財産を取得した全ての者に係る相続税の総額に、次に掲げる金額のうちいずれか少ない金額が当該相続又は遺贈により財産を取得した全ての者に係る相続税の課税価格の合計額のうちに占める割合を乗じて算出した金額

　イ　当該相続又は遺贈により財産を取得した全ての者に係る相続税の課税価格の合計額に民法第900条（法定相続分）の規定による当該配偶者の相続分（相続の放棄があった場合には、その放棄がなかったものとした場合における相続分）を乗じて算出した金額（当該被相続人の相続人（相続の放棄があった場合には、その放棄がなかったものとした場合における相続人）が当該配偶者のみである場合には、当該合計額）に相当する金額（当該金額が1億6,000万円に満たない場合には、1億6,000万円）

　ロ　当該相続又は遺贈により財産を取得した配偶者に係る相続税の課税価格に相当する金額

2　前項の相続又は遺贈に係る第27条の規定による申告書の提出期限（以下この

---

[42] 最判昭和54年3月23日裁判所HP参照（昭和51年（オ）第553号）

項において「申告期限」という。）までに、当該相続又は遺贈により取得した財産の全部又は一部が共同相続人又は包括受遺者によってまだ分割されていない場合における前項の規定の適用については、その分割されていない財産は、同項第2号ロの課税価格の計算の基礎とされる財産に含まれないものとする。ただし、その分割されていない財産が申告期限から3年以内（当該期間が経過するまでの間に当該財産が分割されなかったことにつき、当該相続又は遺贈に関し訴えの提起がされたことその他の政令で定めるやむを得ない事情がある場合において、政令で定めるところにより納税地の所轄税務署長の承認を受けたときは、当該財産の分割ができることとなった日として政令で定める日の翌日から4月以内）に分割された場合には、その分割された財産については、この限りでない。

3〜6　（略）

解説　配偶者の税額軽減額の計算は、次の算式によるが、申告期限までに共同相続人又は包括受遺者によってまだ分割されていない財産は、次のDの金額に含まれないものとされている。

〈算式〉

$$A \times \frac{\text{C又はDのいずれか少ない金額}}{B}$$

（注）算式中のAからDまでは、原則として、次の通りである。
- A　当該相続又は遺贈により財産を取得した全ての者に係る相続税の総額
- B　当該相続又は遺贈により財産を取得した全ての者に係る相続税の課税価格の合計額
- C　当該相続又は遺贈により財産を取得した全ての者に係る相続税の課税価格の合計額に民法第900条《法定相続分》の規定による当該配偶者の相続分を乗じて算出した金額に相当する金額（当該金額が1億6,000万円に満たない場合には、1億6,000万円）
- D　当該相続又は遺贈により財産を取得した配偶者に係る相続税の課税価格に相当する金額

ただし、相続税の申告書とともに「申告期限後3年以内の分割見込書」を提出した上で、申告期限までに分割されていなかった財産が、その後3年以内に分割されたときは、これを知った日の翌日から4か月以内に更正の請求をして、本条の適用を受けることができる（相法32①八）。

　また、申告期限から３年以内に財産が分割されなかったことにつき、相続又は遺贈に関し訴えの提起がされたこと等一定のやむを得ない事情があり、税務署長の承認を受けた場合において、その事情がなくなった日の翌日から４か月以内に財産が分割されたときは、これを知った日の翌日から４か月以内に更正の請求をして、本条の適用を受けることができる（相法32①八）。

相続税法基本通達 19 の 2-8（分割の意義）

　法第19条の２第２項に規定する「分割」とは、相続開始後において相続又は包括遺贈により取得した財産を現実に共同相続人又は包括受遺者に分属させることをいい、その分割の方法が現物分割、代償分割若しくは換価分割であるか、またその分割の手続が協議、調停若しくは審判による分割であるかを問わないのであるから留意する。

　ただし、当初の分割により共同相続人又は包括受遺者に分属した財産を分割のやり直しとして再配分した場合には、その再配分により取得した財産は、同項に規定する分割により取得したものとはならないのであるから留意する。

(注)　「代償分割」とは、共同相続人又は包括受遺者のうちの１人又は数人が相続又は包括遺贈により取得した財産の現物を取得し、その現物を取得した者が他の共同相続人又は包括受遺者に対して債務を負担する分割の方法をいい、「換価分割」とは、共同相続人又は包括受遺者のうちの１人又は数人が相続又は包括遺贈により取得した財産の全部又は一部を金銭に換価し、その換価代金を分割する方法をいうのであるから留意する。

解説　例えば、Ａの死亡に伴い、その妻Ｂ並びに子Ｃ及びＤに相続が開始し、Ａの遺産を、Ｂは「甲土地」、Ｃは「乙建物」、Ｄは「丙株式（２万株)」を取得するなどとして、遺産の分割をした後に、分割のやり直しをして、Ｂは「甲土地（持分３分の２）及び丙株式（１万株）」、Ｃは「甲土地（持分３分の１）及び乙建物」、Ｄは「丙株式（１万株）」を取得するなどとして、再配分したとしても、それは贈与又は交換により取得したものとなるから、原則として、贈与税又は所得税の課税対象となる。

相続税法第 55 条（未分割遺産に対する課税）

　相続若しくは包括遺贈により取得した財産に係る相続税について申告書を提出する場合又は当該財産に係る相続税について更正若しくは決定をする場合におい

て、当該相続又は包括遺贈により取得した財産の全部又は一部が共同相続人又は包括受遺者によってまだ分割されていないときは、その分割されていない財産については、各共同相続人又は包括受遺者が民法（第 904 条の 2（寄与分）を除く。）の規定による相続分又は包括遺贈の割合に従って当該財産を取得したものとしてその課税価格を計算するものとする。ただし、その後において当該財産の分割があり、当該共同相続人又は包括受遺者が当該分割により取得した財産に係る課税価格が当該相続分又は包括遺贈の割合に従って計算された課税価格と異なることとなった場合においては、当該分割により取得した財産に係る課税価格を基礎として、納税義務者において申告書を提出し、若しくは第 32 条第 1 項に規定する更正の請求をし、又は税務署長において更正若しくは決定をすることを妨げない。

解説　相続税は、相続等により取得した財産を基礎として課税するものとしているが、申告期限までに遺産分割が行われていない場合においては、便宜、各相続人らの法定相続分に応じて遺産を相続したものとして課税価格及び相続税額を算出し、相続税を課することとし、その後において遺産分割により各相続人らの取得する財産が確定したときは、その際にそれに基づいて申告又は更正の請求をし、あるいは更正・決定をすることができるとしている。したがって、長期間にわたって遺産分割を行わないことにより、相続税の納付義務を免れることはできない[43]。

◆関連事項◆

　遺産である賃貸不動産について遺産分割が確定していない場合、その不動産は各共同相続人の共有に属するものとされ、その不動産から生ずる所得は、各共同相続人にその相続分に応じて帰属するものとなる。その後において分割が確定した場合であっても、その効果は未分割期間中の所得の帰属に影響を及ぼすものではないので[44]、分割の確定を理由とする更正の請求又は修正申告を行うことはできない[45]。

---

[43] 東京地判昭和 45 年 3 月 4 日（行裁例集 21 巻 3 号 423 頁）

[44] 最判平成 17 年 9 月 8 日裁判所 HP 参照（平成 16 年（受）第 1222 号）

[45] 国税庁タックスアンサー「不動産所得の収入計上時期」（No. 1376）

15　相続人の不存在

1　民　法

　相続人の存在が明らかでないときは、亡くなった人（被相続人）の遺産の帰属先が決まらず、これを管理する者もいないことになる。

　そこで、相続財産を法人とみなして、家庭裁判所が、その法人のために「相続財産の管理人」を選任する（民法 951、952）。

　相続財産の管理人は、まず、(1)相続財産の債権者及び受遺者に対して弁済をする（民法 957 ②）。次に、(2)弁済後になお残余がある場合において、特別縁故者（例えば、被相続人の療養看護に努めた者）から請求があったときは、家庭裁判所は、審判に基づいてその者に財産分与をする（民法 958 の 3）。そして、(3)財産分与後になお残余がある場合は、残余の財産は、国庫に帰属する（民法 959）。

　もっとも、相続財産の債権者や受遺者の存在は必ずしも明らかではなく、また、実際には相続人が存在することもあり得るから、これらの一連の手続において、複数回の公告を行うこととされている。

　具体的な手続の流れは、次図の通りである。

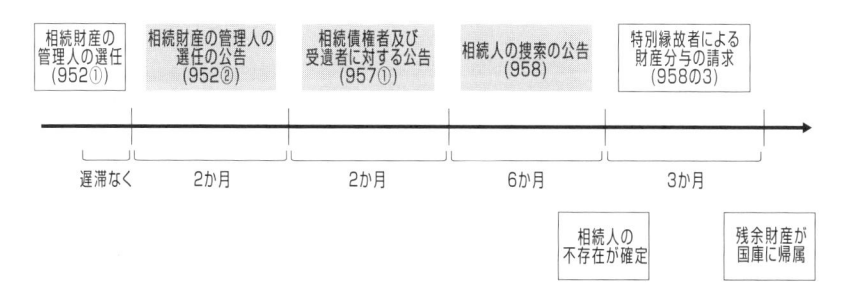

　なお、民法第 255 条は、「共有者の 1 人が・・・死亡して相続人がないときは、その持分は、他の共有者に帰属する」と規定している。

　そうすると、共有者の 1 人が死亡して相続人がないときに、民法第 255 条と

同法第958条の3（特別縁故者に対する相続財産の分与）のいずれが優先して適用されるかが問題となる。

特別縁故者　◀─民法958の3──　死亡した共有者　──民法255─▶　他の共有者
　　　　　　　　　　　　　　　（相続人不存在）

この点については、次の判例がある。

◇　共有者の1人が死亡し、相続人の不存在が確定し、相続債権者や受遺者に対する清算手続が終了したときは、その共有持分は、他の相続財産とともに、民法第958条の3の規定に基づく特別縁故者に対する財産分与の対象となり、上記財産分与がされず、当該共有持分が承継すべき者のないまま相続財産として残存することが確定したときにはじめて、同法第255条により他の共有者に帰属することになると解すべきである[46]。

すなわち、死亡した共有者の持分は、民法第958条の3に基づく特別縁故者に対する財産分与の対象となり、これがされないときに、同法第255条により他の共有者に帰属する。

2 税 法

相続税法第4条（遺贈により取得したものとみなす場合）

　民法第958条の3第1項（特別縁故者に対する相続財産の分与）の規定により同項に規定する相続財産の全部又は一部を与えられた場合においては、その与えられた者が、その与えられた時における当該財産の時価（当該財産の評価について第3章に特別の定めがある場合には、その規定により評価した価額）に相当する金額を当該財産に係る被相続人から遺贈により取得したものとみなす。

解説　相続人の不存在が確定し、特別縁故者に対して相続財産の分与が行われた場合においては、その特別縁故者が、その与えられた時における当該財

---

[46] 最判平成元年11月24日裁判所HP参照（昭和63年（行ツ）第40号）

産の時価に相当する金額を当該財産に係る被相続人から遺贈により取得したものとみなして相続税が課税される。

　なお、特別縁故者に対する相続財産の分与は、個人のほか、(1)人格のない社団若しくは財団又は(2)法人に対しても行われることがあるが、(1)代表者又は管理者の定めのある人格のない社団又は財団に対して相続財産の分与が行われた場合は、その社団又は財団を個人とみなして、(2)持分の定めのない法人に対して相続財産の分与が行われた場合は、遺贈者の親族等の相続税の負担が不当に減少する結果となると認められるときに限り、その法人を個人とみなして、これに相続税を課することとされている（相通4-2、相法66①④）。

相続税法施行令第 16 条の 2 （延納の許可の申請に係る手続に関する期限が延長される事由等）

1　法第 39 条第 22 項第 2 号に規定する政令で定めるやむを得ない事由は、次に掲げる事由とする。
　一　延納の許可の申請に係る手続を行う者が死亡したこと。
　二　延納の許可の申請に対する処分に係る不服申立て又は訴えの提起があったこと。
2　（略）
3　法第 39 条第 22 項第 2 号に規定する政令で定める期間は、次の各号に掲げる場合の区分に応じ当該各号に定める期間とする。
　一　第 1 項第 1 号に掲げる事由に該当する場合　次のイ又はロに掲げる期間のうちいずれか長い期間
　　イ　第 1 項第 1 号の者が死亡した日の翌日から同日以後 10 月を経過する日までの期間
　　ロ　イの者が死亡した日の翌日から当該者の相続財産について民法第 952 条第 2 項（相続財産の管理人の選任）の規定による公告があった日までの期間
　二　第 1 項第 2 号に掲げる事由に該当する場合　同号の処分があった日の翌日から同号の不服申立て又は訴えについての決定若しくは裁決又は判決が確定する日までの期間

解説　納付すべき相続税額又は贈与税額が 10 万円を超え、かつ、納税義務

者について納期限までに、又は納付すべき日に金銭で納付することを困難とする事由がある場合には、原則として、担保を提供して、その納付を困難とする金額の範囲内において、延納の申請をすることができる（相法38①③④）が、(1)災害その他やむを得ない理由が生じた場合又は(2)本条第1項に掲げる事由が生じた場合において、延納の許可の申請に係る手続をその期限までに行うことができない者については、延納の許可の申請に係る手続に関する期限を延長することとされている（相法39㉒）。

本条第1項第1号は、延納の許可の申請に係る手続に関する期限が延長される事由として、延納の許可の申請に係る手続を行う者が死亡したことが掲げられており、この事由に該当する場合は、(1)その者が死亡した日の翌日から同日以後10か月を経過する日までの期間又は(2)その者が死亡した日の翌日からその者の相続財産について民法第952条第2項の規定による公告（相続人のあることが明らかでないときにおける相続財産の管理人の選任の公告）があった日までの期間のうちいずれか長い期間について、延納の許可の申請に係る手続に関する期限が延長される（相法39㉒二）。

相続税法施行令第19条の4（物納の許可の申請に係る手続に関する期限が延長される事由等）

1　法第42条第28項第2号に規定する政令で定めるやむを得ない事由は、次に掲げる事由とする。
　一　物納の許可の申請に係る手続を行う者が死亡したこと。
　二　物納の許可の申請に対する処分に係る不服申立て又は訴えの提起があったこと。
2　（略）
3　法第42条第28項第2号に規定する政令で定める期間は、次の各号に掲げる場合の区分に応じ当該各号に定める期間とする。
　一　第1項第1号に掲げる事由に該当する場合　次のイ又はロに掲げる期間のうちいずれか長い期間
　　イ　第1項第1号の者が死亡した日の翌日から同日以後10月を経過する日までの期間
　　ロ　イの者が死亡した日の翌日から当該者の相続財産について民法第952条第2項（相続財産の管理人の選任）の規定による公告があった日までの期

　　間

二　第1項第2号に掲げる事由に該当する場合　同号の処分があった日の翌日
　　から同号の不服申立て又は訴えについての決定若しくは裁決又は判決が確定
　　する日までの期間

解説　　物納の許可の申請に係る手続をその期限までに行うことができない
者について、相続税法第39条《延納手続》第22項と同様に、その期限を延長
する措置が講じられている（相法42㉘）。

　そして、物納の許可の申請に係る手続に関する期限が延長される事由及びそ
の延長される期間として、相続税法施行令第16条の2《延納の許可の申請に
係る手続に関する期限が延長される事由等》と同様の規定が設けられている。

16 遺 言

1 − 1 民 法（総則）

民法上、遺言でできる事項には次のものがあり、遺言者の死亡の時からその効力を生ずる（民法985①）。

①	認知（民法781②）
②	未成年後見人及び未成年後見監督人の指定（民法839・848）
③	推定相続人の廃除（民法893）
④	推定相続人の廃除の取消し（民法894②）
⑤	相続分の指定及び指定の委託（民法902）
⑥	特別受益者の相続分の指定（民法903③）
⑦	遺産の分割の方法の指定及び指定の委託（民法908）
⑧	遺産の分割の禁止（民法908）
⑨	担保責任の指定（民法914）
⑩	包括遺贈及び特定遺贈（民法964）
⑪	遺言執行者の指定及び指定の委託（民法1006）
⑫	遺贈の減殺方法の指定（民法1034）

ただし、これらの事項を、口頭で伝えたり、パソコンにメモを残したりしておけば足りるというものではない。遺言者の最終意思を明確にしておくため、法律に定める方式に従わない遺言は、その効力を生じないとされている（民法960）。

遺言の方式には、「普通方式」と「特別方式」の2つの方式があり、「普通方式」には、(1)自筆証書遺言、(2)公正証書遺言、(3)秘密証書遺言の3種類が、「特別方式」には、(1)死亡危急者の遺言、(2)伝染病隔離者の遺言、(3)在船者の遺言、(4)船舶遭難者の遺言の4種類がある。

───────── Q&A ─────────

Q：未成年者や成年被後見人は、遺言をすることができるか？

A：できる場合がある。

　　すなわち、未成年者であっても、15 歳に達した者は、遺言をすること
ができ（民法 961）、また、成年被後見人も、事理を弁識する能力を一時
回復した時において、医師 2 人以上の立会いがあれば、遺言をするこ
とができる（民法 973）。

1 － 2　民 法（遺言の方式）

　遺言は、特別方式によることができる場合を除いて、次に掲げる普通方式
（自筆証書、公正証書又は秘密証書）によってしなければならない（民法 967）。

普通方式	自筆証書遺言	遺言者が、その全文、日付（注 1）及び氏名（注 2）を自書（注 3）し、これに印（注 4）を押さなければならない（民法 968 ①）。 （注 1）日付として、「平成○年○月吉日」と記載されたものは、無効である（最判昭 54.5.31）。 （注 2）氏名は、戸籍上のものである必要はなく、遺言者が何人であるかにつき疑いのない程度の表示があれば足りる（大判大 4.7.3）。 （注 3）パソコンで作成したものは、自書とは認められない。 （注 4）押印は、指印をもって足りる（最判平元 .2.16）。
		遺言書の保管者又は遺言書を発見した相続人は、相続の開始を知った後、遅滞なく、家庭裁判所に遺言書の検認を請求しなければならない（民法 1004 ①）。検認の日現在における遺言書の内容を明確にし、事後の偽造・変造を防止するためであるが、遺言の有効・無効を判断するものではない[47]。
	公正証書遺言	次に掲げる方式に従わなければならない（民法 969（注））。 ①　証人 2 人以上の立会いがあること。 ②　遺言者が遺言の趣旨を公証人に口授すること。 ③　公証人が、遺言者の口述を筆記し、これを遺言者及び証人に読み聞かせ、又は閲覧させること。 ④　遺言者及び証人が、筆記の正確なことを承認した後、各自これに署名し、印を押すこと。 ⑤　公証人が、その証書は上記①から④までに掲げる方式に従って作ったものである旨を付記して、これに署名し、印を押すこと。

47）裁判所 HP「遺言書の検認」

普通方式	公正証書遺言	（注）公証人が、他人から聴取した遺言の内容を筆記した上、遺言者に面接し、遺言者及び立会証人に既に公正証書用紙に清書してある上記遺言の内容を読み聞かせたところ、遺言者が、上記遺言の内容と同趣旨を口授し、これを承認して上記書面に自ら署名押印したというのであっても、公正証書による遺言の方式に違反するものではない（最判昭43.12.20）。
		家庭裁判所での検認は、不要である（民法1004②）。
	秘密証書遺言	次に掲げる方式に従わなければならない（民法970）。 ① 遺言者が、その証書（注1）に署名し、印を押すこと。 ② 遺言者が、その証書を封じ、証書に用いた印章をもってこれに封印すること（注2）。 ③ 遺言者が、公証人1人及び証人2人以上の前に封書を提出して、自己の遺言書である旨並びにその筆者の氏名及び住所を申述すること。 ④ 公証人が、その証書を提出した日付及び遺言者の申述を封紙に記載した後、遺言者及び証人とともにこれに署名し、印を押すこと。 （注1）証書は、自書である必要はなく、パソコンで作成しても差し支えない。 （注2）この要件を満たさないものは、秘密証書遺言としては無効であるが、遺言者が、証書の全文、日付及び氏名を自書し、押印していたときは、自筆証書遺言として有効になり得る（民法971）。
		家庭裁判所での検認が、必要である（民法1004①）。

　これら3種類の遺言の方式のメリットとデメリットを比較すると、次の通りである。

	自筆証書遺言	公正証書遺言	秘密証書遺言
メリット	・費用をかけず、最も簡単に作成することができる ・遺言の内容を秘密にすることができる	・原本が公証役場に保管される ・方式不備で無効になるおそれがない ・家庭裁判所での検認は不要である	・遺言の存在を明確にすることができる ・遺言の内容を秘密にすることができる
デメリット	・遺言の存在が必ずしも明確でない ・方式不備で無効になるおそれがある ・家庭裁判所での検認が必要である	・費用（相続人ごとに財産の価額に応じて計算される）がかかる ・公証人と証人2人が遺言の内容を知ることとなる（ただし、公証人には、公証人法第4条が守秘義務を課している	・費用（11,000円）がかかる ・方式不備で無効になるおそれがある ・家庭裁判所での検認が必要である

また、特別方式により遺言をすることができる場面及びその手続は、次の通りである。

特別方式	死亡危急者の遺言（民法 976）	場面	疾病その他の事由によって死亡の危急に迫った者が遺言をしようとするとき
		手続	証人 3 人以上の立会いをもって、その 1 人に遺言の趣旨を口授し、その口授を受けた者が、これを筆記して、遺言者及び他の証人に読み聞かせ、又は閲覧させ、各証人がその筆記の正確なことを承認した後、これに署名し、押印する
	伝染病隔離者の遺言（民法 977）	場面	伝染病のため行政処分によって交通を断たれた場所にあるとき
		手続	警察官 1 人及び証人 1 人以上の立会いをもって遺言書を作る
	在船者の遺言（民法 978）	場面	船舶中にあるとき
		手続	船長又は事務員 1 人及び証人 2 人以上の立会いをもって遺言書を作る
	船舶遭難者の遺言（民法 979）	場面	船舶が遭難した場合において、当該船舶中にあって死亡の危急に迫ったとき
		手続	証人 2 人以上の立会いをもって口頭で遺言をする

なお、特別方式による遺言は、遺言者が普通方式によって遺言をすることができるようになった時から 6 か月間生存するときは、その効力を失う（民法 983）。

1 － 3　民 法（遺言の撤回及び取消し）

遺言者は、いつでも遺言を撤回することができる（民法 1022）。

ただし、撤回は遺言の方式に従ってしなければならない（民法 1022）。遺言者の撤回の意思を明確にしておく必要があるからである。

もっとも、撤回は、元の遺言と同じ方式でしなければならないわけではなく、例えば、公正証書遺言を自筆証書遺言で撤回することもできる。

〈事例〉

次のような2つの遺言が発見された。

① Xが平成20年4月1日に作成した「甲土地はAに遺贈する」という内容の公正証書遺言

② Xが平成30年4月1日に作成した「甲土地はBに遺贈する」という内容の自筆証書遺言

本事例のように、前の遺言が後の遺言と抵触するときは、その抵触する部分については、後の遺言で前の遺言を撤回したものとみなされる（民法1023①）。

すなわち、平成20年4月1日付の公正証書遺言は、「みなし撤回」となり、平成30年4月1日付の自筆証書遺言が遺言者の最終意思として取り扱われることになる。

〈事例〉

Xは、平成20年4月1日、「甲土地はAに遺贈する」という内容の公正証書遺言を作成した。

Xは、平成30年4月1日、甲土地をBに贈与した。

民法第1023条第1項の「みなし撤回」の規定は、遺言が遺言後の生前処分その他の法律行為と抵触する場合について準用することとされている（民法1023②）。

すなわち、平成20年4月1日付の公正証書遺言は、「みなし撤回」となり、平成30年4月1日にした贈与は有効なものとして取り扱われることになる。

2　税　法

相続税法第32条（更正の請求の特則）

1　相続税又は贈与税について申告書を提出した者又は決定を受けた者は、次の各号のいずれかに該当する事由により当該申告又は決定に係る課税価格及び相

続税額又は贈与税額（当該申告書を提出した後又は当該決定を受けた後修正申告書の提出又は更正があった場合には、当該修正申告又は更正に係る課税価格及び相続税額又は贈与税額）が過大となったときは、当該各号に規定する事由が生じたことを知った日の翌日から４月以内に限り、納税地の所轄税務署長に対し、その課税価格及び相続税額又は贈与税額につき更正の請求（国税通則法第23条第１項（更正の請求）の規定による更正の請求をいう。第33条の２において同じ。）をすることができる。

一～三　（略）

四　遺贈に係る遺言書が発見され、又は遺贈の放棄があったこと

五～十　（略）

解説　更正の請求の特則として、遺贈に係る遺言書が発見されたことを原因として、当初の申告に係る税額等が過大となった場合には、その事由が生じたことを知った日の翌日から４か月以内に限り、更正の請求をすることができることが規定されている。

なお、期限後申告の特則として、本条第１項第４号に掲げる事由が生じたため、新たに相続税の申告書を提出すべき要件に該当することとなった者は、期限後申告書を提出することができる旨が相続税法第30条第１項に規定されている。

また、修正申告の特則として、相続税の期限内申告書又は期限後申告書を提出した者は、本条第１項第４号に掲げる事由が生じたため既に確定した相続税額に不足を生じた場合には、修正申告書を提出することができる旨が相続税法第31条第１項に規定されている。

大阪地判平成３年３月15日（税資（１～249号）182号627頁）

民法1006条１項は、遺言によってのみ遺言執行者を指定し、又はその指定を第三者に委託することができるものとしていると解すべきであるから、遺言者が自己の遺言執行者となるべき者との間で遺言の執行を委任する旨の合意をしたとしても、当該受任者は、当該合意に基づいて遺言執行者の地位を取得するものではなく、遺言による指定がある場合において、遺言者の死亡により遺言が効力を生じた後、遺言執行者に就任することを承諾することによってのみ遺言執行者の地位を取得することができるというべきである。

　また、民法1018条1項は、遺言執行者に対する報酬は、遺言者が遺言に報酬に関する定めをしている場合にはそれにより、その他の場合には家庭裁判所が定めるものとしているので、遺言者が自己の遺言執行者となるべき者との間で遺言の執行を委任しこれに対して一定の報酬を支払う旨の合意をしたとしても、受任者は当該合意に基づいて遺言執行者としての報酬請求権を取得することはなく、遺言に基づき、又は家庭裁判所の審判により報酬請求権を取得するものというべきである。

　すなわち、遺言執行者としての地位は、その性質上、遺言に基づいてのみ生じ、遺言執行者としての報酬請求権もまた遺言又は家庭裁判所の審判によってのみ生ずると解するのが相当である。したがって、遺言者との間でなされた本件委任契約は、遺言執行に対する報酬請求権の発生根拠とはなりえないというべきであり、その意味では本件委任契約は効力を有しないことになる。

　したがって、本件委任契約に基づいて支払われた本件報酬は、民法に定める遺言執行者に対する報酬とはいえないから、本件報酬が遺言執行者に対する報酬、すなわち、遺言の執行に関する費用として相続財産の負担となるとの前提の下、取得財産の価額の合計額の算定に際し本件報酬の額を控除すべきであるとの原告らの主張は、その前提を欠くことになるから、その主張自体の当否を判断するまでもなく、失当ということになる。

　また、本件委任契約に基づいて報酬請求権が発生するものではないことは前示のとおりであるから、被相続人政次郎が矢島弁護士に対し本件報酬を支払うべき債務を負担していたとすることはできないから、本件各相続税の課税価格の算定に際し、相続税法13条1項により、本件報酬の額を控除することはできないことになる。

解説　遺言者が、遺言により、弁護士を遺言執行者に指定し、同弁護士との間で、遺言の執行を委任内容とする委任契約を締結しており、同弁護士が、遺言者の死亡後、遺言執行者に就任することを承諾した上、遺言執行者としての職務を遂行し、その報酬として、相続人らから金銭の支払いを受けたとの事実関係の下、本判決は、上記報酬の額は、被相続人がこれを支払うべき債務を負担していたということはできないから、相続税の計算上、債務控除（相法13①）の対象にならないとした。

17 遺　贈

1　民　法

「遺贈」とは、遺言による贈与であるのに対して、「死因贈与」とは、贈与者の死亡によって効力を生じる贈与契約である（民法 554）。

遺贈と死因贈与の主な相違点は、次の通りである。

	遺　　贈	死因贈与
法的性質	単独行為	契　　約
方　　式	遺言の方式に従う必要がある（民法 960）	遺言の方式に従う必要はない（最判昭 32.5.21）
未成年者であっても、有効に行うことができるか	満 15 歳に達した者は、有効に行うことができる（民法 961）	法定代理人の同意を得なければならない（民法 5 ①）
受贈者（受遺者）は、いつでも放棄をすることができるか	特定遺贈については、できる（民法 986 ①）	できない

遺贈には、包括遺贈と特定遺贈がある（民法 964）。

包括遺贈とは、「全財産を妻に与える」というように、遺産の全部を遺贈すること、又は、「財産の○分の 1 を妻に与える」というように、遺産の割合的一部を遺贈することをいう。

これに対して、特定遺贈とは、「甲建物を長男に与える」、「乙株式○株を次男に与える」というように、特定の財産を遺贈することをいう。

特定遺贈については、受遺者は、いつでも放棄をすることができ、その効力は、遺言者の死亡の時にさかのぼる（民法 986）。

もっとも、いつでも放棄をすることができるとすると、遺贈義務者（相続人）その他の利害関係人は、受遺者が承認するのか放棄するのかが分からないという不安定な状態に陥るので、期間を定めて、受遺者に対してどちらにするかを催告して、その期間内に回答がないときは、承認したものとみなすという

制度がある（民法987）。

　これに対して、包括遺贈については、このような制度はない。

　もっとも、包括受遺者は、相続人と同一の権利義務を有するものとされ（民法990）、自己のために相続の開始があったことを知った時から3か月以内に、遺贈の承認又は放棄をしなければならないものと解される（民法915参照）。

② 税 法

相続税法第1条の3（相続税の納税義務者）

　次の各号のいずれかに掲げる者は、この法律により、相続税を納める義務がある。

　一　相続又は遺贈（贈与をした者の死亡により効力を生ずる贈与を含む。以下同じ。）により財産を取得した次に掲げる者であって、当該財産を取得した時においてこの法律の施行地に住所を有するもの

　　イ　一時居住者でない個人

　　ロ　一時居住者である個人（当該相続又は遺贈に係る被相続人（遺贈をした者を含む。以下同じ。）が一時居住被相続人又は非居住被相続人である場合を除く。）

　二　相続又は遺贈により財産を取得した次に掲げる者であって、当該財産を取得した時においてこの法律の施行地に住所を有しないもの

　　イ　日本国籍を有する個人であって次に掲げるもの

　　　(1)　当該相続又は遺贈に係る相続の開始前10年以内のいずれかの時においてこの法律の施行地に住所を有していたことがあるもの

　　　(2)　当該相続又は遺贈に係る相続の開始前10年以内のいずれの時においてもこの法律の施行地に住所を有していたことがないもの（当該相続又は遺贈に係る被相続人が一時居住被相続人又は非居住被相続人である場合を除く。）

　　ロ　日本国籍を有しない個人（当該相続又は遺贈に係る被相続人が一時居住被相続人又は非居住被相続人である場合を除く。）

　三　相続又は遺贈によりこの法律の施行地にある財産を取得した個人で当該財産を取得した時においてこの法律の施行地に住所を有するもの（第1号に掲げる者を除く。）

　四　相続又は遺贈によりこの法律の施行地にある財産を取得した個人で当該財
　　　産を取得した時においてこの法律の施行地に住所を有しないもの（第2号に
　　　掲げる者を除く。）

　五　贈与（贈与をした者の死亡により効力を生ずる贈与を除く。以下同じ。）に
　　　より第21条の9第3項の規定の適用を受ける財産を取得した個人（前各号に
　　　掲げる者を除く。）

2・3　（略）

解説　遺贈により財産を取得した個人は、本条の要件の下、相続税を納め
る義務がある。また、民法上、死因贈与については、その性質に反しない限
り、遺贈に関する規定を準用するとされているところ（民法554）、相続税法上
も、死因贈与は遺贈に含めて、これにより取得した財産について、相続税を納
める義務があるとしている。

相続税法第66条（人格のない社団又は財団等に対する課税）

1　代表者又は管理者の定めのある人格のない社団又は財団に対し財産の贈与又
　は遺贈があった場合においては、当該社団又は財団を個人とみなして、これに
　贈与税又は相続税を課する。この場合においては、贈与により取得した財産に
　ついて、当該贈与をした者の異なるごとに、当該贈与をした者の各1人のみか
　ら財産を取得したものとみなして算出した場合の贈与税額の合計額をもって当
　該社団又は財団の納付すべき贈与税額とする。

2・3　（略）

4　前3項の規定は、持分の定めのない法人に対し財産の贈与又は遺贈があった
　場合において、当該贈与又は遺贈により当該贈与又は遺贈をした者の親族その
　他これらの者と第64条第1項に規定する特別の関係がある者の相続税又は贈与
　税の負担が不当に減少する結果となると認められるときについて準用する。こ
　の場合において、第1項中「代表者又は管理者の定めのある人格のない社団又
　は財団」とあるのは「持分の定めのない法人」と、「当該社団又は財団」とある
　のは「当該法人」と、第2項及び第3項中「社団又は財団」とあるのは「持分
　の定めのない法人」と読み替えるものとする。

5・6　（略）

解説　⑴代表者又は管理者の定めのある人格のない社団又は財団に対して

遺贈があった場合は、その社団又は財団を個人とみなして、(2)持分の定めのない法人に対して遺贈があった場合において、遺贈者の親族等の相続税の負担が不当に減少する結果となると認められるときは、その法人を個人とみなして、これに相続税を課することとされている（相法66①④）。

【参考】

　相続税法第66条第4項の規定は、持分の定めのない法人に対する財産の贈与又は当該法人を設立するための財産の提供（以下「贈与等」という。）により贈与等をした者又はこれらの者の親族等が当該法人の施設又は余裕金を私的に利用するなど当該法人から特別の利益を受けているような場合には、実質的には、当該贈与等をした者が当該贈与等に係る財産を有し、又は特別の利益を受ける者に当該特別の利益を贈与したのと同じこととなり、したがって当該贈与等をした者について相続が開始した場合には、当該財産は遺産となって相続税が課され、又は特別の利益を受ける者に対し贈与税が課されるのにかかわらず、法人に対し財産の贈与等をすることによりこれらの課税を免れることとなることに顧み、当該法人に対する財産の贈与等があった際に当該法人に贈与税を課することとしているものである[48]。

　また、本条第4項に規定する「相続税又は贈与税の負担が不当に減少する結果となると認められるとき」かどうかの判定は、原則として、次の規定に掲げる要件を満たしているかどうかにより行う[49]。

> **相続税法施行令**
> **（人格のない社団又は財団等に課される贈与税等の額の計算の方法等）**
> 第33条　（略）
> 2　（略）
> 3　贈与又は遺贈により財産を取得した法第65条第1項に規定する持分の定めのない法人が、次に掲げる要件を満たすときは、法第66条第4項の相続税又は贈与税の負担が不当に減少する結果となると認められないものとする。
> 一　その運営組織が適正であるとともに、その寄附行為、定款又は規則に

---

[48] 昭和39年6月9日付直審（資）24ほか1課共同「贈与税の非課税財産（公益を目的とする事業の用に供する財産に関する部分）及び持分の定めのない法人に対して財産の贈与等があった場合の取扱いについて」（法令解釈通達）12

[49] 昭和39年6月9日付直審（資）24ほか1課共同「贈与税の非課税財産（公益を目的とする事業の用に供する財産に関する部分）及び持分の定めのない法人に対して財産の贈与等があった場合の取扱いについて」（法令解釈通達）14

おいて、その役員等のうち親族関係を有する者及びこれらと次に掲げる
特殊の関係がある者（次号において「親族等」という。）の数がそれぞれ
の役員等の数のうちに占める割合は、いずれも3分の1以下とする旨の
定めがあること。

イ　当該親族関係を有する役員等と婚姻の届出をしていないが事実上婚
姻関係と同様の事情にある者

ロ　当該親族関係を有する役員等の使用人及び使用人以外の者で当該役
員等から受ける金銭その他の財産によって生計を維持しているもの

ハ　イ又はロに掲げる者の親族でこれらの者と生計を一にしているもの

ニ　当該親族関係を有する役員等及びイからハまでに掲げる者のほか、
次に掲げる法人の法人税法第2条第15号（定義）に規定する役員（(1)
において「会社役員」という。）又は使用人である者

　(1)　当該親族関係を有する役員等が会社役員となっている他の法人

　(2)　当該親族関係を有する役員等及びイからハまでに掲げる者並びに
これらの者と法人税法第2条第10号に規定する政令で定める特殊の
関係のある法人を判定の基礎にした場合に同号に規定する同族会社
に該当する他の法人

二　当該法人に財産の贈与若しくは遺贈をした者、当該法人の設立者、社
員若しくは役員等又はこれらの者の親族等に対し、施設の利用、余裕金
の運用、解散した場合における財産の帰属、金銭の貸付け、資産の譲渡、
給与の支給、役員等の選任その他財産の運用及び事業の運営に関して特
別の利益を与えないこと。

三　その寄附行為、定款又は規則において、当該法人が解散した場合にそ
の残余財産が国若しくは地方公共団体又は公益社団法人若しくは公益財
団法人その他の公益を目的とする事業を行う法人（持分の定めのないも
のに限る。）に帰属する旨の定めがあること。

四　当該法人につき法令に違反する事実、その帳簿書類に取引の全部又は
一部を隠蔽し、又は仮装して記録又は記載をしている事実その他公益に
反する事実がないこと。

4　（略）

18 遺留分

1 - 1 民 法

〈事例〉

　Aは、平成30年4月1日に死亡した。

　Xは、Aからの遺贈によりA所有の甲土地（1,200万円）及び乙建物（600万円）を取得した。

　Aの相続人は、Aの子であるBのみであり、Aの遺産は、甲土地及び乙建物以外になかった。

　Aは、自分の財産を自由に処分できるのが原則であるが、Bは、Aの財産を当てにしていたのも事実であろう。

　そこで、民法は、Bに、Aの財産の一定割合を保障している。

　このように、亡くなった人（被相続人）が財産の処分（遺贈、贈与、相続分の指定）をしたとしても、相続人に保障される財産の一定割合のことを「遺留分」という。

　ただし、兄弟姉妹に遺留分はない。例えば、弟が、兄の財産を当てにしていたとしても、弟には何も保障されないということである。

　したがって、遺留分を持つ可能性があるのは、兄弟姉妹以外の相続人、具体的には、配偶者、子（代襲相続人を含む。）、直系尊属（父母、祖父母など）である。

　ここで、遺留分の割合は、次の通りである（民法1028）。

(1)	直系尊属（父母、祖父母など）のみが相続人である場合	被相続人の財産の「3分の1」
(2)	上記(1)以外の場合	被相続人の財産の「2分の1」

　本事例では、Aの相続人は、Aの子であるBのみであり、上記(2)の場合に当たるから、被相続人Aの財産の「2分の1」が、Bに保障される。

　すなわち、Bの遺留分の額は、次の通りである。

$$（甲土地 1,200 万円 + 乙建物 600 万円）\times \frac{1}{2} = 900 万円$$

　しかし、Aは、全財産（甲土地及び乙建物）をXに遺贈してしまい、Bが相続により取得する財産はなく、その遺留分が侵害されている状況にある。

　そこで、Bは、Xに対して、遺留分（900万円分）を保全するのに必要な限度で、遺贈の減殺を請求することができ（民法1031）、Xからその範囲で財産を返還させることができる。これを「遺留分減殺請求権」という。

〈事例〉

　Aは、平成30年4月1日に死亡した。

　Xは、Aからの遺贈によりA所有の甲土地（1,200万円）及び乙建物（600万円）を取得した。

　Aの相続人は、Aの妻であるBとAの子であるC及びDの3人であり、Aの遺産は、甲土地及び乙建物以外になかった。

　本事例では、Aの相続人は、Aの妻であるBとAの子であるC及びDの3人であり、次表の(2)の場合に当たるから、被相続人Aの財産の「2分の1」が、B、C及びDに保障される。

(1)	直系尊属（父母、祖父母など）のみが相続人である場合	被相続人の財産の「3分の1」
(2)	上記(1)以外の場合	被相続人の財産の「2分の1」

　すなわち、B、C及びDの遺留分の合計額は、次の通りである。

$$（甲土地 1,200 万円 + 乙建物 600 万円）\times \frac{1}{2} = 900 万円$$

　そして、本事例のように、相続人が複数いる場合は、それを法定相続分の割合で分け合うことになる（民法1044・900）。

　したがって、各相続人の遺留分は、それぞれ次の通りとなる。

妻B・・・900万円×$\frac{1}{2}$ = 450万円

子C・・・900万円×$\frac{1}{4}$ = 225万円

子D・・・900万円×$\frac{1}{4}$ = 225万円

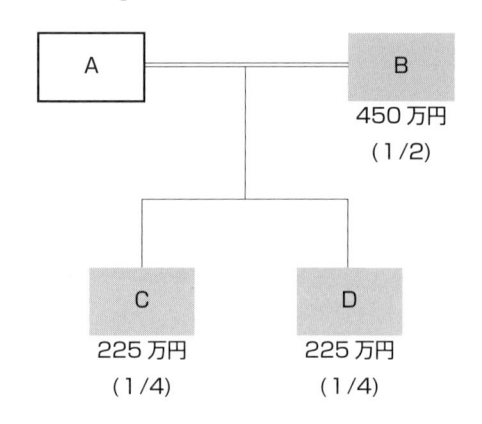

なお、各相続人は、相続開始後は自由に遺留分を放棄することができるが、相続人の1人のした遺留分の放棄は、他の相続人の遺留分に影響を及ぼさない（民法1043②）。

例えば、Bが遺留分を放棄したからといって、その分だけ、CとDの遺留分が増えるということにはならない。

〈事例〉

Aは、平成30年2月1日、Xに対して、自己の所有する甲土地（1,200万円）を贈与した。

Aは、平成30年4月1日に死亡した。

Yは、Aからの遺贈によりA所有の乙建物（600万円）を取得した。

Aの相続人は、Aの子であるBのみであり、Aの遺産は、乙建物以外になかった。

　前記の通り、被相続人が財産の処分（遺贈、贈与、相続分の指定）をしたとしても、相続人に財産の一定割合を保障するのが、遺留分の制度である。

　すなわち、贈与についても、遺留分減殺請求の対象になるのであるが、5年も10年も前の贈与まで遺留分減殺請求の対象となるものではない。

　この点について、民法第1030条は、次の通り規定している。

民法第1030条

　贈与は、相続開始前の1年間にしたものに限り、前条の規定によりその価額を算入する。当事者双方が遺留分権利者に損害を加えることを知って贈与をしたときは、1年前の日より前にしたものについても、同様とする。

　一方で、民法第1030条の要件を満たさないものであっても、同法第903条第1項の定める相続人に対する贈与（特別受益）は、特段の事情がない限り、遺留分減殺請求の対象となるとするのが判例である。

◇　民法第903条第1項の定める相続人に対する贈与は、その贈与が相続開始よりも相当以前にされたものであって、その後の時の経過に伴う社会経済事情や相続人など関係人の個人的事情の変化をも考慮するとき、減殺請求を認めることが上記相続人に酷であるなどの特段の事情のない限り、民法第1030条の定める要件を満たさないものであっても、遺留分減殺の対象となるものと解するのが相当である[50]。

　以上によれば、遺留分減殺請求の対象となる贈与の範囲は、次図の(1)、(2)及び(3)に示される贈与である。

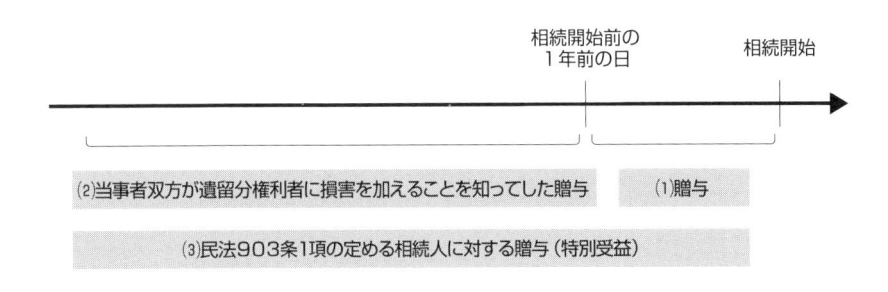

---

[50] 最判平成10年3月24日裁判所HP参照（平成9年（オ）第2117号）

　本事例では、Xに対してした甲建物の贈与は、図の(1)の贈与に当たるので、これも遺留分減殺の対象となる。

　したがって、Bの遺留分の額は、次の通りである。

　　（甲土地 1,200 万円 + 乙建物 600 万円）× $\frac{1}{2}$ = 900 万円

〈事例〉

　Aは、平成 30 年 4 月 1 日に死亡した。

　Aは、遺言で、Bの相続分を 3 分の 2、Cの相続分を 3 分の 1 と定めた。

　Aの相続人は、Aの妻であるBとAの子であるC及びDの 3 人であり、Aの遺産は、甲土地（1,200 万円）及び乙建物（600 万円）以外になかった。

　本事例において、B、C及びDの遺留分の合計額は、次の通りである。

　　（甲土地 1,200 万円 + 乙建物 600 万円）× $\frac{1}{2}$ = 900 万円

　したがって、各相続人の遺留分は、それぞれ次の通りとなる。

　　妻B・・・900 万円 × $\frac{1}{2}$ = 450 万円

　　子C・・・900 万円 × $\frac{1}{4}$ = 225 万円

　　子D・・・900 万円 × $\frac{1}{4}$ = 225 万円

　ここで、本事例において、各相続人の指定相続分と遺留分を比較すると、次の通りである（なお、比較のため、遺留分の割合は、遺産全体（1,800 万円）に対する割合を記載している。）。

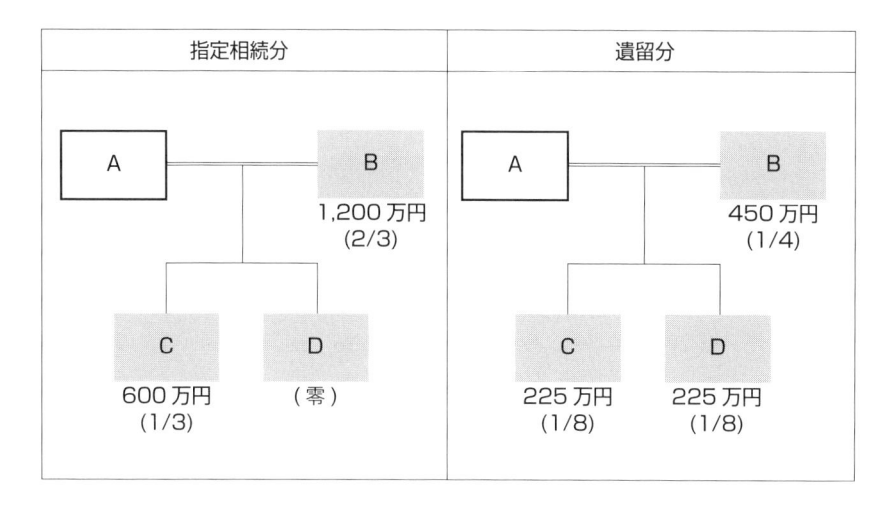

　すなわち、Dは、225万円（8分の1）の遺留分を持っているにもかかわらず、相続分の指定を受けることができなかったのである。

　この点、このような相続分の指定は、民法第902条第1項但書の「遺留分に関する規定に違反することができない」との文言に反し、無効になるとも考えられる。

民法第902条（遺言による相続分の指定）
1　被相続人は、前二条の規定にかかわらず、遺言で、共同相続人の相続分を定め、又はこれを定めることを第三者に委託することができる。ただし、被相続人又は第三者は、遺留分に関する規定に違反することができない。
2　（略）

　しかし、このような相続分の指定であっても、それは当然に無効とはならず、遺留分の減殺請求がされたときに、それに服するにすぎないとするのが通説である。

─────────────── Q&A ───────────────

　Q：相続の開始後、遺留分の減殺請求はいつでもすることができるか？
　A：遺留分減殺請求権は、消滅時効に服する。

すなわち、減殺の請求権は、遺留分権利者が、相続の開始及び減殺すべき贈与又は遺贈があったことを知った時から1年間行使しないときは、時効によって消滅する（民法1042前段）。相続開始の時から10年を経過したときも、同様である（民法1042後段）。

1 − 2 民法の特例

現経営者（例えば、父）が、生前贈与や遺言によって後継者（例えば、長男）に自社株式を集中し、事業を承継しようとしても、相続人が複数いる場合、遺留分を侵害された相続人から遺留分に相当する財産の返還を求められると、自社株式が分散してしまうなどの問題がある。

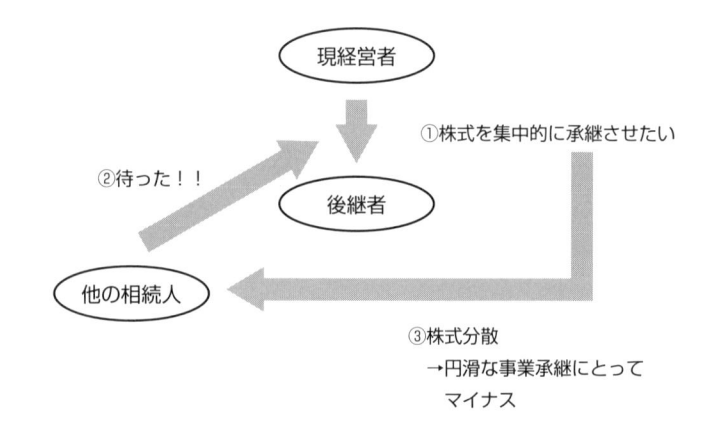

（出典：中小企業庁（1頁））

このような問題に対処するため、「中小企業における経営の承継の円滑化に関する法律」は、「遺留分に関する民法の特例」を規定している[51]。

概略を述べると、旧代表者（上図では「現経営者」）の推定相続人及び後継者は、一定の要件の下、その全員の合意をもって、書面により、後継者が旧代表者からの贈与等により取得した自社株式等の全部又は一部について、(1)その価

---

[51] 中小企業庁（1−2頁）

額を遺留分を算定するための財産の価額に算入しないこと（除外合意）、(2)遺留分を算定するための財産の価額に算入すべき価額を当該合意の時における価額に固定すること（固定合意）を内容とする定めをすることができる（円滑化法4①）。

　(1)除外合意によって、自社株式等が分散することを防止することができ、(2)固定合意によって、その後、後継者の貢献によって自社株式等の価値が増加しても、後継者以外の相続人の遺留分の額が増加することを防止することができる。

中小企業における経営の承継の円滑化に関する法律第4条（後継者が取得した株式等に関する遺留分の算定に係る合意等）

1　旧代表者の推定相続人及び後継者は、その全員の合意をもって、書面により、次に掲げる内容の定めをすることができる。ただし、当該後継者が所有する当該特例中小企業者の株式等のうち当該定めに係るものを除いたものに係る議決権の数が総株主又は総社員の議決権の100分の50を超える数となる場合は、この限りでない。

　一　当該後継者が当該旧代表者からの贈与又は当該特定受贈者からの相続、遺贈若しくは贈与により取得した当該特例中小企業者の株式等の全部又は一部について、その価額を遺留分を算定するための財産の価額に算入しないこと。

　二　前号に規定する株式等の全部又は一部について、遺留分を算定するための財産の価額に算入すべき価額を当該合意の時における価額（弁護士、弁護士法人、公認会計士（公認会計士法（昭和23年法律第103号）第16条の2第5項に規定する外国公認会計士を含む。）、監査法人、税理士又は税理士法人がその時における相当な価額として証明をしたものに限る。）とすること。

2・3　（略）

　なお、本特例の対象となる会社は、中小企業者のうち、3年以上継続して事業を行っている非上場会社である（円滑化法3①、円滑化規2）。

中小企業における経営の承継の円滑化に関する法律第3条（定義）

1　この章において「特例中小企業者」とは、中小企業者のうち、一定期間以上継続して事業を行っているものとして経済産業省令で定める要件に該当する会社（金融商品取引法（昭和23年法律第25号）第2条第16項に規定する金融商

品取引所に上場されている株式又は同法第67条の11第1項の店頭売買有価証券登録原簿に登録されている株式を発行している株式会社を除く。）をいう。

2　この章において「旧代表者」とは、特例中小企業者の代表者であった者（代表者である者を含む。）であって、他の者に対して当該特例中小企業者の株式等（株式（株主総会において決議をすることができる事項の全部につき議決権を行使することができない株式を除く。）又は持分をいう。以下同じ。）の贈与をしたものをいう。

3　この章において「後継者」とは、旧代表者から当該特例中小企業者の株式等の贈与を受けた者（以下「特定受贈者」という。）又は当該特定受贈者から当該株式等を相続、遺贈若しくは贈与により取得した者であって、当該特例中小企業者の総株主（株主総会において決議をすることができる事項の全部につき議決権を行使することができない株主を除く。以下同じ。）又は総社員の議決権の過半数を有し、かつ、当該特例中小企業者の代表者であるものをいう。

4　この章において「推定相続人」とは、相続が開始した場合に相続人となるべき者のうち、被相続人の兄弟姉妹及びこれらの者の子以外のものをいう。

　また、上記の合意は、後継者が、合意をした日から1か月以内に、経済産業大臣に申請し、その確認を受け（円滑化法7①②）、さらに、確認を受けた日から1か月以内に家庭裁判所に申立てをし、その許可を受けたときに限り、その効力を生ずることとされている（円滑化法8①）。

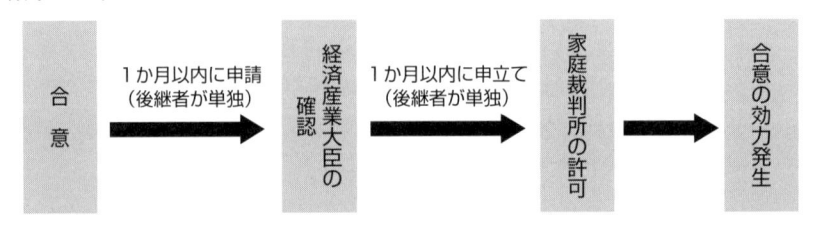

（出典：中小企業庁（7頁））

2　税法

相続税法第32条（更正の請求の特則）
1　相続税又は贈与税について申告書を提出した者又は決定を受けた者は、次の

各号のいずれかに該当する事由により当該申告又は決定に係る課税価格及び相
続税額又は贈与税額（当該申告書を提出した後又は当該決定を受けた後修正申
告書の提出又は更正があった場合には、当該修正申告又は更正に係る課税価格
及び相続税額又は贈与税額）が過大となったときは、当該各号に規定する事由
が生じたことを知った日の翌日から4月以内に限り、納税地の所轄税務署長に
対し、その課税価格及び相続税額又は贈与税額につき更正の請求（国税通則法
第23条第1項（更正の請求）の規定による更正の請求をいう。第33条の2に
おいて同じ。）をすることができる。

一・二　（略）

三　遺留分による減殺の請求に基づき返還すべき、又は弁償すべき額が確定し
　　たこと。

四～十　（略）

解説　　更正の請求の特則として、遺留分による減殺の請求に基づき返還す
べき、又は弁償すべき額が確定したことを原因として、当初の申告に係る税額
等が過大となった場合には、その事由が生じたことを知った日の翌日から4か
月以内に限り、更正の請求をすることができることが規定されている。

　なお、期限後申告の特則として、本条第1項第3号に掲げる事由が生じたた
め、新たに相続税の申告書を提出すべき要件に該当することとなった者は、期
限後申告書を提出することができる旨が相続税法第30条第1項に規定されて
いる。

　また、修正申告の特則として、相続税の期限内申告書又は期限後申告書を提
出した者は、本条第1項第3号に掲げる事由が生じたため既に確定した相続税
額に不足を生じた場合には、修正申告書を提出することができる旨が相続税法
第31条第1項に規定されている。

東裁（諸）平 25-27 審判所 HP 参照（裁決事例集 No.92）

　・・・（民法第1041条に規定する遺留分権利者への価額弁償金は、遺産の現物
の取得者からその現物に代わるものとして遺留分権利者が受けるものであり、経
済的実質から見た場合に遺産分割におけるいわゆる代償分割と同じ性質を有する
ものであるから）・・・民法第1041条に規定する遺留分権利者に価額弁償金の支
払があった場合の相続税の計算は、代償分割が行われた場合と同様に扱うのが相

当であることからすると、遺留分権利者が取得した価額弁償金の相続開始の時における金額は、①価額弁償の対象となった財産が明らかにされ、かつ、②当該財産の価額弁償の時における通常の取引価額を基に価額弁償金の金額が決定されているときには、相続税通達11の2-10(2)で定める計算方法に準じて計算した価額によるのが相当である。

ところで、遺留分減殺請求訴訟において、受贈者又は受遺者が遺留分権利者に対し事実審口頭弁論終結前に裁判所が定めた価額により民法第1041条の規定による遺留分の価額の弁償をなすべき旨の意思表示をした場合、判決の言渡し後に価額弁償が行われるのが通常であるから、価額弁償金の金額は、価額弁償が行われるまさしくその時点における価額弁償対象財産に係る通常の取引価額によって決められているものではない。そこで、判決によって価額弁償金の金額が決定された場合における上記②にいう「価額弁償の時」とはどの時点を指すと解するべきかについて検討する。

そもそも、遺留分減殺請求が行われた場合の侵害された遺留分の回復方法としては、遺留分を侵害する限度において、遺留分減殺請求の対象となった目的物を返還すべきというものであるが、民法第1041条の規定が、目的物の価額を弁償することによって目的物返還義務を免れうるとして、目的物を返還するか、価額を弁償するかを受贈者又は受遺者の決するところに委ねたのは、価額の弁償を認めても遺留分権利者の生活保障上支障をきたすことにはならず、一方これを認めることによって、被相続人の意思を尊重しつつ、既に目的物の上に利害関係を生じた受贈者又は受遺者と遺留分権利者との利益の調和をも図ることができるとの理由に基づくものと解されるが、それ以上に、受贈者又は受遺者に経済的な利益を与えることを目的とするものと解すべき理由はないから、遺留分権利者の地位を考慮するときは、価額弁償は目的物の返還に代わるものとして、これと等価であるべきことが当然に前提とされているものと解される。

このようなところからすると、遺留分権利者が受けた価額弁償における価額算定の基準日は、現実に弁償がされる時であり、遺留分権利者において当該価額弁償を請求する訴訟にあっては現実に弁償がされる時に最も接着した時点としての事実審口頭弁論終結の時であると解するのが相当である（最高裁昭和51年8月30日第二小法廷判決・民集30巻第7号768頁、最高裁平成9年2月25日第三小法廷判決・民集51巻第2号448頁参照）。

さらに、受贈者又は受遺者が、当該訴訟手続において、事実審口頭弁論終結前に、裁判所が定めた価額により民法第1041条の規定による価額の弁償をなすべき旨の意思表示をした場合には、裁判所は、当該訴訟の事実審口頭弁論終結の時を

算定の基準時として弁償すべき額を定めた上、受贈者又は受遺者が当該価額を支払わなかったことを条件として、遺留分権利者の目的物返還請求を認容すべきものと解するのが相当である（最高裁平成9年2月25日第三小法廷判決・民集51巻第2号448頁参照）。

　そして、民事訴訟法第253条第1項第4号が判決書に口頭弁論終結の日を記載しなければならない旨規定しているのは、時間の経過により変動又は消滅の可能性のある私人間の権利関係について、判決によって確定する場合の基準時を明らかにする必要があるところ、民事訴訟における弁論主義の原則によって、当事者が事実の主張と証拠の提出ができるのは、事実審の最終口頭弁論終結の時であるから、裁判所の判断資料もこの時点によって画され、裁判所による権利関係の存否の判断もこの時点を基準とすることになるからである。

　これらのことからすると、裁判所が判決の主文において、受贈者又は受遺者が価額弁償の額を支払わなかったことを条件として、遺留分権利者の目的物返還請求を認容する旨判示している場合には、「事実審口頭弁論終結の時」を価額弁償における価額の算定の基準日として判断していると認められる。

　したがって、遺留分減殺請求訴訟において、受贈者又は受遺者が遺留分権利者に対し事実審口頭弁論終結前に裁判所が定めた価額により民法第1041条の規定による遺留分の価額の弁償をなすべき旨の意思表示をした場合、相続税通達11の2-10⑵の算式で定めるBの「代償債務の額の決定の基となった代償分割の対象となった財産の代償分割の時における価額」を準用する際に用いる上記②の基準時たる「価額弁償の時」とは、「事実審口頭弁論終結の時」と解するのが相当である。

解説　本件は、審査請求人らが、亡父の遺言によりその全財産を取得した兄に対して遺留分減殺請求訴訟（以下「本件訴訟」という。）を提起し、「兄は、審査請求人らに対しそれぞれ、価額弁償金を支払わないときは、審査請求人らに対しそれぞれ、亡父の保有していた各不動産（以下「本件各不動産」という。）のうち特定の不動産（以下「本件分割対象不動産」という。）の各所有権（持分）一部移転登記手続をせよ」との判決（以下「本件確定判決」という。）を得て、兄から各遺留分（各6分の1）相当額の価額弁償をそれぞれ受けたことから、審査請求人らの亡父の相続に係る相続税のうち、審査請求人らの納付すべき税額は当該相続税の総額の各6分の1であるべきだとして、その旨記載した相続税の申告書により当該相続税をそれぞれ期限後申告したのに対し、原処分庁

が、当該相続税の税額配分の計算誤りを理由とする各更正処分を行ったことから、審査請求人らが、当該各更正処分の全部の取消しを求めた事案であり、争点は、相続税の税額の計算上、審査請求人らの課税価格に算入する価額弁償金の額は、価額弁償金そのままの額によるべきか、それとも、価額弁償金の額の算定の基礎とされた本件各不動産の価額に対する本件各不動産の相続税評価額の割合による圧縮計算をした額によるべきかである。

　本件において、原処分庁は、本件確定判決において、⑴本件分割対象不動産は特定されているが、⑵価額弁償金の額は、価額弁償の時ではなく、相続開始日における本件分割対象不動産の通常の取引価額を基に決定されていることから、相続税法基本通達11の2-10⑵で定める計算方法に準じて計算した価額によることはできない旨主張した。

　これに対して、国税不服審判所は、遺留分減殺請求訴訟において、受贈者又は受遺者が遺留分権利者に対し事実審口頭弁論終結前に裁判所が定めた価額により遺留分の価額の弁償をなすべき旨の意思表示をした場合、相続税法基本通達11の2-10⑵を準用する際に用いる上記⑵の「価額弁償の時」とは、「事実審口頭弁論終結の時」と解されるところ、本件確定判決において、本件分割対象不動産の価額につき、「この価額は、請求人提出の相続開始日を価格時点とする不動産鑑定評価書等における価額であり、現時点で、同価額と異なる証拠はないことから、同証拠により価額を認定する」旨判示されていることからすると、本件確定判決において認定された「現時点」の価額は、本件訴訟の控訴審の口頭弁論終結の時を基準日とする価額であると認められ、また、その価額は、その基準日における通常の取引価額であると認められるとした上で、本件確定判決は、価額弁償の対象となった財産の価額弁償の時における通常の取引価額を基に価額弁償金の金額を決定しているということができるから、相続税法基本通達11の2-10⑵で定める計算方法に準じて計算した価額によることが相当であるとして、原処分庁の主張を排斥した。

> **相続税法基本通達**
> **（代償財産の価額）**
> **11の2-10**　11の2-9の⑴及び⑵の代償財産の価額は、代償分割の対象となった財産を現物で取得した者が他の共同相続人又は包括受遺者に対して

負担した債務（以下「代償債務」という。）の額の相続開始の時における金額によるものとする。

　ただし、次に掲げる場合に該当するときは、当該代償財産の価額はそれぞれ次に掲げるところによるものとする。

(1)　共同相続人及び包括受遺者の全員の協議に基づいて代償財産の額を次の(2)に掲げる算式に準じて又は合理的と認められる方法によって計算して申告があった場合　当該申告があった金額

(2)　(1)以外の場合で、代償債務の額が、代償分割の対象となった財産が特定され、かつ、当該財産の代償分割の時における通常の取引価額を基として決定されているとき　次の算式により計算した金額

$$A \times \frac{C}{B}$$

　(注)　算式中の符号は、次の通りである。

　　　Aは、代償債務の額

　　　Bは、代償債務の額の決定の基となった代償分割の対象となった財産の代償分割の時における価額

　　　Cは、代償分割の対象となった財産の相続開始の時における価額（評価基本通達の定めにより評価した価額をいう。）

民法（相続関係）改正法

1 配偶者の居住の権利

1 配偶者居住権

　この制度は、配偶者に居住建物の使用を認め、処分権限のない権利を創設することによって、遺産分割の際に、配偶者が居住建物の所有権を取得する場合よりも低廉な価額で居住権を確保することができるようにすることを意図したものである[52]。

　具体的には、被相続人の配偶者（以下、単に「配偶者」という。）は、被相続人の財産に属した建物に相続開始の時に居住していた場合において、次の(1)又は(2)のいずれかに該当するときは、原則として、その居住していた建物（以下「居住建物」という。）の全部について無償で使用及び収益をする権利（以下「配偶者居住権」という。）を取得するものとされている（改正相続法1028①）。

> (1)　遺産の分割によって配偶者居住権を取得するものとされたとき。
> (2)　配偶者居住権が遺贈の目的とされたとき。

　配偶者居住権の存続期間は、原則として、配偶者の終身の間とされ（改正相続法1030）、居住建物の所有者は、配偶者居住権を取得した配偶者に対し、配偶者居住権の設定の登記を備えさせる義務を負う（改正相続法1031①）。そして、民法第605条の規定は、配偶者居住権について準用される（改正相続法1031②）。

---

[52] 補足説明（9頁）

改正法	現行法
（不動産賃貸借の対抗力）	（不動産賃貸借の対抗力）
第605条　不動産の賃貸借は、これを登記したときは、その不動産について物権を取得した者その他の第三者に対抗することができる。	第605条　不動産の賃貸借は、これを登記したときは、その後その不動産について物権を取得した者に対しても、その効力を生ずる。

　一方、配偶者居住権を取得した配偶者は、原則として、従前の用法に従い、善良な管理者の注意をもって、居住建物の使用及び収益をしなければならず（改正相続法1032①）、(1)配偶者居住権を譲渡することはできない（改正相続法1032②）、(2)居住建物の所有者の承諾を得なければ、居住建物の改築若しくは増築をし、又は第三者に居住建物の使用若しくは収益をさせることができない（改正相続法1032③）といった制限に服する。

　なお、法務省ホームページ「法制審議会民法（相続関係）部会資料19-2」では、配偶者居住権の簡易な評価方法について検討が行われており、建物の評価方法は、次の通りとされている（ただし、簡易な評価方法を用いることについて当事者間の合意を得ていることが前提であり、これが得られない場合には、専門家の鑑定評価によることとなる。）。

【計算式】

① 建物の価額（固定資産税評価額）

　＝②配偶者居住権付所有権の価額＋③配偶者居住権の価額

② 配偶者居住権付所有権の価額（注1）

　＝①固定資産税評価額×$\dfrac{\text{法定耐用年数}-（\text{経過年数}+\text{存続年数（注3）}）}{\text{法定耐用年数（注2）}-\text{経過年数}}$

　×ライプニッツ係数（注4）

③ 配偶者居住権の価額

　＝①固定資産税評価額－②配偶者居住権付所有権の価額

（注1）計算結果がマイナスとなる場合には、0円とする。

（注2）法定耐用年数は、減価償却資産の耐用年数等に関する省令（昭和40年3月31日大蔵省令第15号）において構造・用途ごとに規定されている。

（注3）配偶者居住権の存続期間が終身である場合には、簡易生命表記載の平均余命の値を使用するものとする。

（注4）ライプニッツ係数は以下の通りとなる（小数第4位以下四捨五入）。

	改正法（3 %）	現行法（5 %）
5 年	0.863	0.784
10 年	0.744	0.614
15 年	0.642	0.481
20 年	0.554	0.377
25 年	0.478	0.295
30 年	0.412	0.231

2　配偶者短期居住権

相続に伴う配偶者の居住権の保護に関しては、判例[53]は、相続人の1人が被相続人の許諾を得て被相続人所有の建物に同居していた場合には、特段の事情のない限り、被相続人とその相続人との間で、相続開始時を始期とし、遺産分割時を終期とする使用貸借契約が成立していたものと推認されるとの判断を示したが、あくまでも当事者間の合理的意思解釈に基づくものであるため、被相続人が明確にこれとは異なる意思を表示していた場合等には、配偶者の居住権が短期的にも保護されない事態が生じ得る[54]。

そこで、改正相続法は、配偶者は、被相続人の財産に属した建物に相続開始の時に無償で居住していた場合には、次の(1)又は(2)に掲げる区分に応じてそれぞれ(1)又は(2)に定める日までの間、その居住していた建物（以下「居住建物」という。）の所有権を相続又は遺贈により取得した者（以下「居住建物取得者」という。）に対し、原則として、居住建物について無償で使用する権利（居住建物の一部のみを無償で使用していた場合にあっては、その部分について無償で使用する権利。以下「配偶者短期居住権」という。）を有するものとしている（改正相続法1037①）。

---

(1)　居住建物について配偶者を含む共同相続人間で遺産の分割をすべき場合
　　遺産の分割により居住建物の帰属が確定した日又は相続開始の時から6か月を経過する日のいずれか遅い日
(2)　(1)に掲げる場合以外の場合

---

[53] 最判平成8年12月17日裁判所 HP 参照（平成5年（オ）第1946号）
[54] 補足説明（2-3頁）

> 居住建物取得者による配偶者短期居住権の消滅の申入れの日から6か月を経過する日

　配偶者が、配偶者短期居住権を有する場合には、居住建物取得者は、第三者に対する居住建物の譲渡その他の方法により配偶者の居住建物の使用を妨げてはならないこととされている（改正相続法1037②）。

　一方、配偶者短期居住権を有する配偶者は、従前の用法に従い、善良な管理者の注意をもって、居住建物の使用をしなければならず（改正相続法1038①）、(1)配偶者短期居住権を譲渡することはできない（改正相続法1041、1032②）、(2)居住建物取得者の承諾を得なければ、第三者に居住建物の使用をさせることができない（改正相続法1038②）といった制限に服する。

② 遺産分割等に関する見直し

1　婚姻期間が20年以上の夫婦間における居住用不動産の遺贈又は贈与

　高齢化社会の進展等の社会情勢に鑑み、配偶者の死亡により残された他方配偶者の生活保障の必要性が高まっていることから、「民法（相続関係）等の改正に関する中間試案」においては、配偶者の相続分を一定の条件で引き上げるという考え方が提示されたが、パブリックコメントにおいてはこれに反対する意見が多数を占めた[55]。

　ところで、配偶者に対する贈与に対して特別な配慮をしているものとして相続税法上の贈与税の特例という制度があるが、民法上も、配偶者に対して行われた一定の贈与等について一定の措置を講ずることは、贈与税の特例とあいまって配偶者の生活保障をより厚くするものといえる[56]。

　そこで、改正相続法は、婚姻期間が20年以上の夫婦の一方である被相続人が、他の一方に対し、その居住の用に供する建物又はその敷地（居住用不動産）について遺贈又は贈与をしたときは、当該被相続人は、その遺贈又は贈与につ

---

[55] 追加説明（4頁）
[56] 追加説明（5頁）

いて民法第903条《特別受益者の相続分》第1項の規定を適用しない旨の意思を表示したものと推定する（被相続人が異なる意思を表示していない限り、遺産分割において、当該居住用不動産の価額を特別受益として扱わずに計算をすることができる[57]。）としている（改正相続法903④）。

2 遺産の分割前における預貯金債権の行使

平成28年12月19日最高裁大法廷決定（平成27年（許）第11号）は、従前の判例を変更し、預貯金債権が遺産分割の対象に含まれるとの判断を示した。これにより、被相続人が有していた預貯金を遺産分割前に払い戻す必要があるにもかかわらず、共同相続人全員の同意を得ることができない等のために、払い戻すことができないという不都合が生ずるおそれがあることとなった[58]。

そこで、改正相続法は、各共同相続人は、遺産に属する預貯金債権のうち相続開始の時の債権額の3分の1に当該共同相続人の法定相続分を乗じた額（標準的な当面の必要生計費、平均的な葬式の費用の額その他の事情を勘案して金融機関ごとに定める一定の額を限度とする。）については、単独でその権利を行使することができるものとしている（改正相続法909の2）。

なお、預貯金債権については、家事事件手続法においても、同法第200条第2項の仮分割の仮処分の要件（急迫の危険を防止するため必要があるとき）を緩和する改正、すなわち、同項の次に、次の1項を加える改正が行われている。

---

3 前項に規定するもののほか、家庭裁判所は、遺産の分割の審判又は調停の申立てがあった場合において、相続財産に属する債務の弁済、相続人の生活費の支弁その他の事情により遺産に属する預貯金債権（民法第466条の5第1項に規定する預貯金債権をいう。以下この項において同じ。）を当該申立てをした者又は相手方が行使する必要があると認めるときは、その申立てにより、遺産に属する特定の預貯金債権の全部又は一部をその者に仮に取得させることができる。ただし、他の共同相続人の利益を害するときは、この限りでない。

---

[57] 追加説明（7頁）
[58] 追加説明（12頁）

3　遺産の一部分割

　実務上、遺産分割を一回的に行うことに支障があるなど一部分割の必要性があり、民法第906条《遺産の分割の基準》に定める基準に基づき最終的に遺産の全部について公平な分配を実現することができる場合には、審判、調停又は協議のいずれにおいても、遺産の一部を除外して分割することができると解されているが、どのような場合に一部分割が可能であるかは、条文上必ずしも明らかでない[59]。

　そこで、改正相続法は、共同相続人は、民法第908条《遺産の分割の方法の指定及び遺産の分割の禁止》の規定により被相続人が遺言で禁じた場合を除き、いつでも、その協議で、遺産の全部又は一部の分割をすることができ（改正相続法907①）、遺産の分割について、共同相続人間に協議が調わないとき、又は協議をすることができないときは、各共同相続人は、その全部又は一部の分割を家庭裁判所に請求することができる（ただし、遺産の一部分割により他の共同相続人の利益を害するおそれがあるときは、家庭裁判所は、その請求を却下しなければならないものと解される[60]。）としている（改正相続法907②）。

4　遺産の分割前に遺産に属する財産が処分された場合の遺産の範囲

　共同相続された相続財産については、原則として遺産共有（相続人全員の共有状態）となるところ（民法898）、現行法上、遺産共有となった遺産については、共同相続人がその共有持分を処分することは禁じられていないが、処分がされた場合に遺産分割においてどのように処理すべきかについては明文の規定はなく、また、明確にこれに言及した判例も見当たらない[61]。

　そこで、改正相続法は、遺産の分割前に遺産に属する財産が処分された場合であっても、共同相続人は、その全員（共同相続人の1人又は数人が当該処分をしたときは、その者を除く。）の同意により、当該処分された財産が遺産の分割

59）補足説明（33頁）
60）追加説明（27頁）
61）追加説明（31頁）

時に遺産に属するものとみなして、遺産分割を行うことができるとしている（改正相続法906の2）。

3 遺言制度に関する見直し

1 自筆証書遺言の方式の緩和

現行法の下では、自筆証書遺言は「全文、日付及び氏名」をすべて自書しなければならないとされている（民法968①）が、高齢者等にとって全文を自書することはかなりの労力を伴うものであり、この点が自筆証書遺言の利用を妨げる要因になっているとの指摘がされている[62]。

そこで、改正相続法は、民法第968条《自筆証書遺言》第1項の規定にかかわらず、自筆証書にこれと一体のものとして相続財産の全部又は一部の目録を添付する場合には、その目録については、自書することを要しない（ただし、遺言者は、その目録の毎葉に署名し、印を押さなければならない）ものとしている（改正相続法968②）。

なお、法務省ホームページ「法制審議会民法（相続関係）部会第23回会議（平成29年7月18日）開催」の参考資料「財産の特定に必要な事項について自書によらない加除訂正を認める場合の例」では、別紙として添付していた財産目録を削除し、修正した財産目録を添付する方法で自筆証書の加除訂正を行う場面を想定し、旧財産目録を新財産目録の通り訂正する旨の文言を自書し、かつ、新財産目録に遺言者が署名押印をしている例が示されている（本セクション末の「参考資料」参照）。

【参考】

自筆証書遺言の保管制度が創設されており、同制度の下、遺言保管機関に保管されている遺言書については、遺言書の検認の適用除外が認められている。

---

[62] 補足説明（37頁）

2　遺贈義務者の引渡義務等

　贈与の瑕疵担保責任について、現行法第551条第1項は、贈与の無償性を考慮して贈与者の責任を軽減することとしているが、改正法では、契約に適合したものの移転等をすることが贈与者の債務の内容となることを基本的な前提とした上で、贈与者の意思を推定する規定としている[63]。

改正法	現行法
（贈与者の引渡義務等） 第551条　贈与者は、贈与の目的である物又は権利を、贈与の目的として特定した時の状態で引き渡し、又は移転することを約したものと推定する。 2　（略）	（贈与者の担保責任） 第551条　贈与者は、贈与の目的である物又は権利の瑕疵又は不存在について、その責任を負わない。ただし、贈与者がその瑕疵又は不存在を知りながら受贈者に告げなかったときは、この限りでない。 2　（同左）

　このことを踏まえ、改正相続法では、遺贈義務者は、遺贈の目的である物又は権利を、原則として、相続開始の時の状態で引き渡し、又は移転する義務を負うものとされる一方（改正相続法998）、不特定物を遺贈の目的とした場合について、遺贈義務者の担保責任を定めた現行の民法第998条は削除されている[64]。

④　遺留分制度の見直し

1　遺留分を算定するための財産の価額に算入する贈与の範囲

　判例[65]及び実務は、相続人に対して生前贈与がされた場合には、その時期を

---

[63] 部会資料81B（19頁）
[64] 補足説明（42頁）
[65] 最判平成10年3月24日裁判所HP参照（平成9年（オ）第2117号）

問わず原則としてそのすべてが遺留分算定の基礎となる財産の価額に算入されるとの考え方に立っているが、このような考え方によると、被相続人が相続開始時の何十年も前にした相続人に対する贈与の存在によって、第三者である受遺者又は受贈者が受ける減殺の範囲が大きく変わることになり得る[66]。

　そこで、改正相続法は、相続人に対する贈与は、相続開始前の10年間にしたものに限り、その価額（婚姻若しくは養子縁組のため又は生計の資本として受けた贈与の価額に限る。）を遺留分を算定するための財産の価額に算入するものとしている（改正相続法1044③・①前段）。

　もっとも、当事者双方が遺留分権利者に損害を加えることを知って贈与をしたときは、10年前の日より前にしたものについても、同様とされている（改正相続法1044③・①後段）。

2　遺留分侵害額の請求

　現行法上は、減殺請求により当然に物権的効果が生ずることとされているため、減殺請求の結果、遺贈又は贈与の目的財産は受遺者又は受贈者と遺留分権利者との共有になることが多いが、このような帰結は、円滑な事業承継を困難にするものであり、また、共有関係の解消をめぐって新たな紛争を生じさせることになるとの指摘がされている[67]。

　そこで、改正相続法は、遺留分権利者及びその承継人は、受遺者又は受贈者（以下「受遺者等」という。）に対し、遺留分侵害額に相当する「金銭」の支払いを請求することができるものとしている（改正相続法1046②）。

　なお、金銭請求を受けた受遺者等が直ちに金銭を準備することができない場合の受遺者等の保護として、裁判所は、受遺者等の請求により、その負担する債務の全部又は一部の支払いにつき相当の期限を許与することができることとされている（改正相続法1047⑤）。

---

[66]　補足説明（62頁）
[67]　補足説明（55頁）

5　特別の寄与

　この制度は、相続の場面において、相続人以外の者の貢献を考慮するための方策として、設けられるものである[68]。

　具体的には、被相続人に対して無償で療養看護その他の労務の提供をしたことにより被相続人の財産の維持又は増加について特別の寄与をした被相続人の親族（相続人、相続の放棄をした者及び民法第891条《相続人の欠格事由》の規定に該当し又は廃除によってその相続権を失った者を除く。以下「特別寄与者」という。）は、相続の開始後、相続人に対し、特別寄与者の寄与に応じた額の金銭（以下「特別寄与料」という。）の支払いを請求することができ（改正相続法1050①）、その支払いについて、当事者間に協議が調わないとき、又は協議をすることができないときは、特別寄与者は、一定期間、家庭裁判所に対して協議に代わる処分を請求することができるものとされている（改正相続法1050②）。

　なお、特別寄与料の額は、被相続人が相続開始の時において有した財産の価額から遺贈の価額を控除した残額を超えることができず（改正相続法1050④）、また、相続人が数人ある場合には、各相続人は、特別寄与料の額に当該相続人の相続分を乗じた額を負担するものとされている（改正相続法1050⑤）。

---

[68] 補足説明（80頁）

民法（相続関係）部会　｜　参考資料

参考資料：財産の特定に必要な事項について自書によらない加除訂正を認める場合の例[69]

遺　言　書

第一条　私は，私の所有する別紙記載の土地を，長男法務一郎（昭和三十年一月一日生）に相続させる。

第二条　私は，私の名義の全ての預貯金を，次男法務次郎（昭和三十三年六月一日生）に相続させる。

第三条　私は，この遺言の遺言執行者として，次の者を指定する。
　　住　　所　　東京都千代田区九段南一丁目一番十五号
　　職　　業　　弁護士
　　氏　　名　　東京　花子
　　生年月日　　昭和五十年八月一日

平成二十九年七月十八日
　　　　住所　東京都千代田区霞が関1丁目1番1号

　　　　　　　　　法　務　五　郎　㊞

　　上記本文中の「別紙記載の土地」を「別紙二記載の建物」と改める。
　　　　　　法　務　五　郎

69）法務省HP「法制審議会民法（相続関係）部会第23回会議（平成29年7月18日）開催」参考資料

別紙

様式例・1

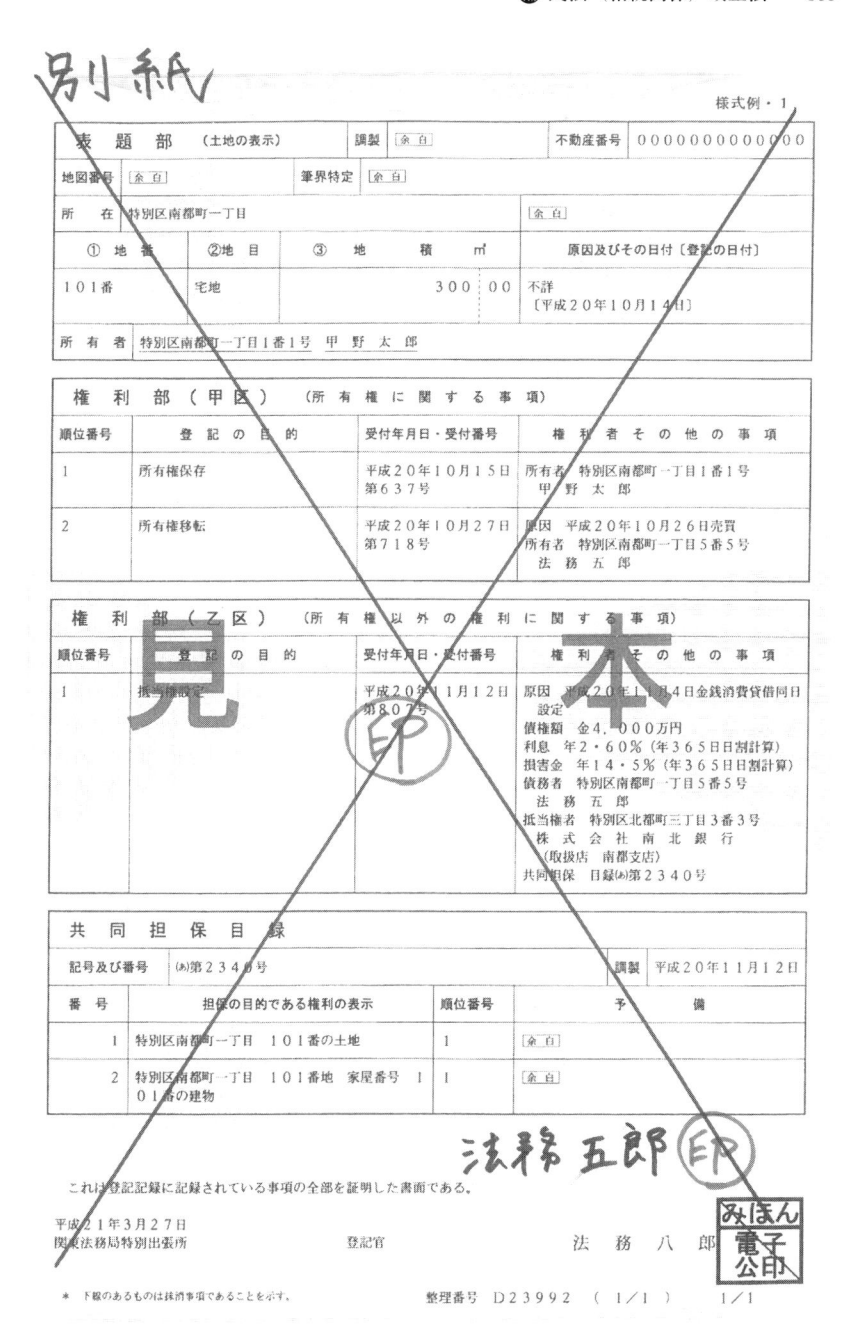

| 表 題 部 （土地の表示） | | 調製 | 余白 | | 不動産番号 | 0000000000000 |

| 地図番号 | 余白 | | 筆界特定 | 余白 |

所　在　特別区南都町一丁目　　　　　余白

| ① 地　番 | ② 地　目 | ③ 地　積 ㎡ | | 原因及びその日付〔登記の日付〕 |
| 101番 | 宅地 | 300 | 00 | 不詳〔平成20年10月14日〕 |

所 有 者　特別区南都町一丁目1番1号　甲 野 太 郎

権 利 部 （ 甲 区 ）	（ 所 有 権 に 関 す る 事 項 ）		
順位番号	登 記 の 目 的	受付年月日・受付番号	権 利 者 そ の 他 の 事 項
1	所有権保存	平成20年10月15日第637号	所有者　特別区南都町一丁目1番1号甲 野 太 郎
2	所有権移転	平成20年10月27日第718号	原因　平成20年10月26日売買所有者　特別区南都町一丁目5番5号法 務 五 郎

権 利 部 （ 乙 区 ）	（ 所 有 権 以 外 の 権 利 に 関 す る 事 項 ）		
順位番号	登 記 の 目 的	受付年月日・受付番号	権 利 者 そ の 他 の 事 項
1	抵当権設定	平成20年11月12日第807号	原因　平成20年11月4日金銭消費貸借同日設定債権額　金4,000万円利息　年2・60％（年365日日割計算）損害金　年14・5％（年365日日割計算）債務者　特別区南都町一丁目5番5号法 務 五 郎抵当権者　特別区北都町三丁目3番3号株 式 会 社 南 北 銀 行（取扱店　南都支店）共同担保　目録㈱第2340号

共 同 担 保 目 録			
記号及び番号	㈱第2340号		調製　平成20年11月12日
番　号	担保の目的である権利の表示	順位番号	予　備
1	特別区南都町一丁目　101番の土地	1	余白
2	特別区南都町一丁目　101番地　家屋番号101番の建物	1	余白

法務 五郎 ㊞

これは登記記録に記録されている事項の全部を証明した書面である。

平成21年3月27日
関東法務局特別出張所　　　　　　　登記官　　　　　法 務 八 郎

＊　下線のあるものは抹消事項であることを示す。　　　整理番号　D23992　（1/1）　　1/1

別紙二

様式例・2

表 題 部 （主である建物の表示）	調製 余白	不動産番号	0000000000000

所在図番号	余白		

所 在	特別区南都町一丁目 １０１番地	余白

家屋番号	１０１番	余白

① 種 類	② 構 造	③ 床 面 積 ㎡	原因及びその日付〔登記の日付〕
居宅	木造かわらぶき2階建	1階 80：00 2階 70：00	平成２０年１１月１日新築 〔平成２０年１１月１２日〕

表 題 部 （附属建物の表示）			

符 号	①種 類	② 構 造	③ 床 面 積 ㎡	原因及びその日付〔登記の日付〕
1	物置	木造かわらぶき平家建	30：00	〔平成２０年１１月１２日〕

所 有 者	特別区南都町一丁目5番5号 法 務 五 郎

権 利 部 （甲区） （所 有 権 に 関 す る 事 項）			

順位番号	登 記 の 目 的	受付年月日・受付番号	権 利 者 そ の 他 の 事 項
1	所有権保存	平成２０年１１月１２日 第８０６号	所有者 特別区南都町一丁目5番5号 法 務 五 郎

権 利 部 （乙区） （所 有 権 以 外 の 権 利 に 関 す る 事 項）			

順位番号	登 記 の 目 的	受付年月日・受付番号	権 利 者 そ の 他 の 事 項
1	抵当権設定	平成２０年１１月１２日 第８０７号	原因 平成２０年１１月４日金銭消費貸借同日 設定 債権額 金４，０００万円 利息 年２・６０％（年３６５日日割計算） 損害金 年１４・５％（年３６５日日割計算） 債務者 特別区南都町一丁目5番5号 　　法 務 五 郎 抵当権者 特別区北都町三丁目3番3号 　　株 式 会 社 南 北 銀 行 　　（取扱店 南都支店） 共同担保 目録㈱第２３４０号

共 同 担 保 目 録			

記号及び番号	㈱第２３４０号		調製	平成２０年１１月１２日

番 号	担保の目的である権利の表示	順位番号	予 備
1	特別区南都町一丁目 １０１番の土地	1	余白
2	特別区南都町一丁目 １０１番地 家屋番号 １０１番の建物	1	余白

法務五郎 ㊞

＊ 下線のあるものは抹消事項であることを示す。　　　整理番号 Ｄ２３９９０　（2／2）　　1／2

民法の一部を改正する法律の施行に伴う関係法律の整備等に関する法律（抄）

〈新旧対照条文〉

○　相続税法

改　正　後	改　正　前
（贈与税についての更正、決定等の期間制限の特則）	（贈与税についての更正、決定等の期間制限の特則）
第36条　（略）	第36条　（同左）
2・3　（略）	2・3　（同左）
4　第1項の場合において、贈与税に係る国税通則法第72条第1項に規定する国税の徴収権の時効は、同法第73条第3項（時効の完成猶予及び更新）の規定の適用がある場合を除き、当該贈与税の申告書の提出期限から1年間は、進行しない。	4　第1項の場合において、贈与税に係る国税通則法第72条第1項に規定する国税の徴収権の時効は、同法第73条第3項（時効の中断及び停止）の規定の適用がある場合を除き、当該贈与税の申告書の提出期限から1年間は、進行しない。
5　（略）	5　（同左）

（注）法律案の国会提出時（平成27年3月31日）における法令の内容を前提にしている。
　　　以下同様である。

○ 関税法

改　正　後	改　正　前
（徴収権の消滅時効） 第14条の2　（略） 2　国税通則法第72条第2項（国税の徴収権の消滅時効）及び第73条（第3項第4号を除く。）（時効の完成猶予及び更新）の規定は、関税の徴収権の時効について準用する。この場合において、同条第1項中「部分の国税」とあるのは「部分の関税」と、同項第1号中「国税」とあるのは「関税」と、「第35条第2項第2号（更正又は決定による納付）」とあるのは「関税法第9条第2項（申告納税方式による関税等の納付）」と、同項第2号中「重加算税（第68条第1項又は第2項（申告納税方式による国税の重加算税）の規定によるものに限る。）」とあるのは「重加算税」と、「これらの国税」とあるのは「これらの関税」と、「第35条第3項」とあるのは「関税法第9条第3項又は第4項」と、同条第3項各号列記以外の部分中「国税」とあるのは「関税」と、「若しくはその全部若しくは一部の税額の還付を受けた」とあるのは「又は関税を納付すべき貨物について関税を納付しないで輸入した場合における当該貨物に係る」と、「又は国外転出等特例の適用がある場合の所得税に係る」とあるのは「に係る」と、「法定納期限」とあるのは「関税法第14条第5項（更正、決定等の期間制限）に規定する法定納期限等（同条第2項又は第4項の規定による更正又は賦課決定により納付すべきものについては、当該更正があった日）」と、同項第1号中「納税申告書」とあるのは「納税申告（関税法第7条の14第1項第1号（修正申告）に規定する納税申告をいう。）に係る書面」と、「当該申告書」とあるのは「当該	（徴収権の消滅時効） 第14条の2　（同左） 2　国税通則法第72条第2項（国税の徴収権の消滅時効）及び第73条（第3項第4号を除く。）（時効の中断及び停止）の規定は、関税の徴収権の時効について準用する。この場合において、同条第1項中「部分の国税」とあるのは「部分の関税」と、同項第1号中「国税」とあるのは「関税」と、「第35条第2項第2号（更正又は決定による納付）」とあるのは「関税法第9条第2項（申告納税方式による関税等の納付）」と、同項第2号中「重加算税（第68条第1項又は第2項（申告納税方式による国税の重加算税）の規定によるものに限る。）」とあるのは「重加算税」と、「これらの国税」とあるのは「これらの関税」と、「第35条第3項」とあるのは「関税法第9条第3項又は第4項」と、同条第3項各号列記以外の部分中「国税」とあるのは「関税」と、「若しくはその全部若しくは一部の税額の還付を受けた」とあるのは「又は関税を納付すべき貨物について関税を納付しないで輸入した場合における当該貨物に係る」と、「又は国外転出等特例の適用がある場合の所得税に係る」とあるのは「に係る」と、「法定納期限」とあるのは「関税法第14条第5項（更正、決定等の期間制限）に規定する法定納期限等（同条第2項又は第4項の規定による更正又は賦課決定により納付すべきものについては、当該更正があった日）」と、同項第1号中「納税申告書」とあるのは「納税申告（関税法第7条の14第1項第1号（修正申告）に規定する納税申告をいう。）に係る書面」と、「当該申告書」とあるのは「当該納税申告

納税申告に係る書面」と、同項第2号中「更正決定等（加算税に係る賦課決定を除く。）」とあるのは「更正若しくは関税法第7条の16第2項（更正及び決定）の規定による決定又は賦課決定（過少申告加算税、無申告加算税又は重加算税に係る賦課決定を除く。以下この号において「更正決定等」という。）」と、同項第3号中「国税」とあるのは「関税」と、同条第4項中「延納、納税の猶予」とあるのは「延納」と、「部分の国税」とあるのは「部分の関税」と、「延滞税及び利子税」とあるのは「延滞税」と、同条第5項及び第6項中「国税（附帯税、過怠税及び国税」とあるのは「関税（附帯税及び関税」と、「国税に係る延滞税又は利子税についての国税」とあるのは「関税に係る延滞税についての関税」と読み替えるものとする。

3　（略）

に係る書面」と、同項第2号中「更正決定等（加算税に係る賦課決定を除く。）」とあるのは「更正若しくは関税法第7条の16第2項（更正及び決定）の規定による決定又は賦課決定（過少申告加算税、無申告加算税又は重加算税に係る賦課決定を除く。以下この号において「更正決定等」という。）」と、同項第3号中「国税」とあるのは「関税」と、同条第4項中「延納、納税の猶予」とあるのは「延納」と、「部分の国税」とあるのは「部分の関税」と、「延滞税及び利子税」とあるのは「延滞税」と、同条第5項中「国税（附帯税、過怠税及び国税」とあるのは「関税（附帯税及び関税」と、「当該国税」とあるのは「当該関税」と、「国税に係る延滞税又は利子税についての国税」とあるのは「関税に係る延滞税についての関税」と読み替えるものとする。

3　（同左）

○　租税特別措置法

改　正　後	改　正　前
（特別還付金の支給）	（特別還付金の支給）
第 97 条の 2　（略）	第 97 条の 2　（同左）
2 ～ 23　（略）	2 ～ 23　（同左）
24　第 3 項（第 4 項において準用する場合を含む。）の特別還付金請求書の提出、第 6 項の決定、第 7 項及び第 8 項の通知、第 7 項及び第 16 項の特別還付金の支払、第 10 項の加算金、第 12 項（第 13 項において準用する場合を含む。）の変更決定請求書の提出、第 14 項及び第 16 項の通知、第 15 項の決定、第 20 項の特別還付金の納付、第 21 項の延滞金の納付、第 22 項の延滞金の額、前項の時効その他特別還付金、加算金及び延滞金の端数計算については、国税通則法（第 5 条、第 21 条、第 22 条、第 27 条から第 30 条まで、第 3 章（第 34 条の 2、第 35 条、第 36 条、第 39 条及び第 44 条を除く。）、第 4 章、第 56 条、第 57 条、第 58 条第 2 項及び第 3 項、第 60 条第 3 項及び第 4 項、第 62 条、第 63 条、第 71 条第 1 項（第 3 号を除く。）、第 72 条第 2 項及び第 3 項（同法第 74 条第 2 項において準用する場合を含む。）、第 73 条（第 3 項を除く。）、第 74 条の 14 第 2 項、第 105 条、第 117 条、第 119 条並びに第 120 条の規定に限る。）の規定及び国税徴収法（第 2 章（第 11 条を除く。）、第 3 章（第 32 条、第 35 条及び第 39 条に限る。）、第 5 章、第 6 章（第 158 条を除く。）、第 8 章及び第 9 章の規定に限る。）の規定を準用する。この場合において、次の表の上欄に掲げる国税通則法の規定中同表の中欄に掲げる字句は、それぞれ同表の下欄に掲げる字句に読み替えるものとする。	24　第 3 項（第 4 項において準用する場合を含む。）の特別還付金請求書の提出、第 6 項の決定、第 7 項及び第 8 項の通知、第 7 項及び第 16 項の特別還付金の支払、第 10 項の加算金、第 12 項（第 13 項において準用する場合を含む。）の変更決定請求書の提出、第 14 項及び第 16 項の通知、第 15 項の決定、第 20 項の特別還付金の納付、第 21 項の延滞金の納付、第 22 項の延滞金の額、前項の時効その他特別還付金、加算金及び延滞金の端数計算については、国税通則法（第 5 条、第 21 条、第 22 条、第 27 条から第 30 条まで、第 3 章（第 34 条の 2、第 35 条、第 36 条、第 39 条及び第 44 条を除く。）、第 4 章、第 56 条、第 57 条、第 58 条第 2 項及び第 3 項、第 60 条第 3 項及び第 4 項、第 62 条、第 63 条、第 71 条第 1 項（第 3 号を除く。）、第 72 条第 2 項及び第 3 項（同法第 74 条第 2 項において準用する場合を含む。）、第 73 条（第 3 項を除く。）、第 74 条の 14 第 2 項、第 105 条、第 117 条、第 119 条並びに第 120 条の規定に限る。）の規定及び国税徴収法（第 2 章（第 11 条を除く。）、第 3 章（第 32 条、第 35 条及び第 39 条に限る。）、第 5 章、第 6 章（第 158 条を除く。）、第 8 章及び第 9 章の規定に限る。）の規定を準用する。この場合において、次の表の上欄に掲げる国税通則法の規定中同表の中欄に掲げる字句は、それぞれ同表の下欄に掲げる字句に読み替えるものとする。

（略）	（略）	（略）	（略）	（略）	（略）
第 73 条第5項	国税（	特別還付金（	第 73 条第5項	国税（	特別還付金（
	国税の徴収権	特別還付金を徴収する権利		国税の徴収権	特別還付金を徴収する権利
	国税に	特別還付金に		国税が	特別還付金が
				国税に	特別還付金に
第 73 条第6項	国税（	特別還付金（	（新設）	（新設）	（新設）
	国税に	特別還付金に		（新設）	（新設）
	国税の徴収権	特別還付金を徴収する権利		（新設）	（新設）
（略）	（略）	（略）	（略）	（略）	（略）
25〜31　（略）			25〜31　（同左）		

○ 国税徴収法

改　正　後	改　正　前
（譲渡担保権者の物的納税責任）	（譲渡担保権者の物的納税責任）
第24条　（略）	第24条　（同左）
2～4　（略）	2～4　（同左）
5　税務署長は、前項の規定により滞納処分を続行する場合において、譲渡担保財産が次の各号に掲げる財産であるときは、当該各号に定める者に対し、納税者の財産としてした差押えを第3項の規定による差押えとして滞納処分を続行する旨を通知しなければならない。	5　税務署長は、前項の規定により滞納処分を続行する場合において、譲渡担保財産が次の各号に掲げる財産であるときは、当該各号に定める者に対し、納税者の財産としてした差押えを第3項の規定による差押えとして滞納処分を続行する旨を通知しなければならない。
一　第三者が占有する動産（第70条（船舶又は航空機の差押え）又は第71条（自動車、建設機械又は小型船舶の差押え）の規定の適用を受ける財産を除く。以下同じ。）又は有価証券　動産又は有価証券を占有する第三者	一　第三者が占有する動産（第70条（船舶又は航空機の差押え）又は第71条（自動車、建設機械又は小型船舶の差押え）の規定の適用を受ける財産及び無記名債権を除く。以下同じ。）又は有価証券　動産又は有価証券を占有する第三者
二　（略）	二　（同左）
6～9　（略）	6～9　（同左）
（担保責任等）	（担保責任）
第126条　民法第568条（競売における担保責任等）の規定は、差押財産の換価の場合について準用する。	第126条　民法第568条（強制競売における担保責任）の規定は、差押財産の換価の場合について準用する。

○ 国税通則法

改 正 後	改 正 前
（国税の連帯納付義務についての民法の準用） 第8条　国税に関する法律の規定により国税を連帯して納付する義務については、民法<u>第436条、第437条及び第441条から第445条まで</u>（連帯債務の効力等）の規定を準用する。	（国税の連帯納付義務についての民法の準用） 第8条　国税に関する法律の規定により国税を連帯して納付する義務については、民法<u>第432条から第434条まで、第437条及び第439条から第444条まで</u>（連帯債務の効力等）の規定を準用する。
（債権者代位権及び詐害行為取消権） 第42条　民法<u>第3編第1章第2節第2款</u>（債権者代位権）及び<u>第3款</u>（詐害行為取消権）の規定は、国税の徴収に関して準用する。	（債権者代位権及び詐害行為取消権） 第42条　民法<u>第423条</u>（債権者代位権）及び<u>第424条</u>（詐害行為取消権）の規定は、国税の徴収に関して準用する。
<u>（時効の完成猶予及び更新）</u> 第73条　国税の徴収権の時効は、次の各号に掲げる処分に係る部分の国税については、<u>当該各号に定める期間は完成せず、その期間を経過した時から新たにその進行を始める。</u> 一～五　（略） 2　前項第5号の<u>交付要求に係る強制換価手続が取り消された場合においても、同項の規定による時効の完成猶予及び更新は、その効力を妨げられない。</u> 3・4　（略） 5　国税（附帯税、過怠税及び国税の滞納処分費を除く。）についての国税の徴収権の時効が<u>完成せず、又は新たにその進行を始めるときは、その完成せず、又は新たにその進行を始める部分の国税に係る</u>延滞税又は利子税についての国税の徴収権の時効は、<u>完成せず、又は新たにその進行を始める。</u> <u>6　国税（附帯税、過怠税及び国税の滞納処分費を除く。）が納付されたときは、その納付された部分の国税に係る延滞税又</u>	<u>（時効の中断及び停止）</u> 第73条　国税の徴収権の時効は、次の各号に掲げる処分に係る部分の国税については、<u>その処分の効力が生じた時に中断し、当該各号に掲げる期間を経過した時から更に進行する。</u> 一～五　（同左） 2　前項第5号の<u>規定により時効が中断された場合には、その交付要求に係る強制換価手続が取り消されたときにおいても、その時効中断の効力は、失われない。</u> 3・4　（同左） 5　国税（附帯税、過怠税及び国税の滞納処分費を除く。）についての国税の徴収権の時効が<u>中断し、又は当該国税が納付されたときは、その中断し、又は納付された部分の国税に係る</u>延滞税又は利子税についての国税の徴収権<u>につき、その時効が中断する。</u> （新設）

は利子税についての国税の徴収権の時効
は、その納付の時から新たにその進行を
始める。

○ 所得税法

改　正　後	改　正　前
（定義）	（定義）
第2条　（略）	第2条　（同左）
一～十五　（略）	一～十五　（同左）
十五の二　公社債等運用投資信託 証券投資信託以外の投資信託のうち、信託財産として受け入れた金銭を公社債等（公社債、手形その他の政令で定める資産をいう。）に対して運用するものとして政令で定めるものをいう。	十五の二　公社債等運用投資信託 証券投資信託以外の投資信託のうち、信託財産として受け入れた金銭を公社債等（公社債、手形、<u>指名金銭債権（指名債権であって金銭の支払を目的とするものをいう。）</u>その他の政令で定める資産をいう。）に対して運用するものとして政令で定めるものをいう。
十五の三～四十八　（略）	十五の三～四十八　（同左）
2　（略）	2　（同左）

○ 租税条約等の実施に伴う所得税法、法人税法及び地方税法の特例等に関する法律

改　正　後	改　正　前
（国税の徴収の共助）	（国税の徴収の共助）
第11条の2　我が国が租税条約等の規定に基づき当該租税条約等の相手国等に当該租税条約等に規定する租税債権（当該租税条約等の規定により徴収の共助又は徴収のための財産の保全の共助の対象となる我が国の租税債権に限る。以下この条において「共助対象国税」という。）の徴収の共助又は徴収のための財産の保全の共助を要請した場合において、当該相手国等の行った行為（当該相手国等の法令により当該相手国等の租税の徴収を目的とする当該相手国等の権利の時効が<u>完成せず、若しくは新たにその進行を始め、</u>若しくは進行しないこととなるもの又は国税通則法第72条第3項において準用する民法（明治29年法律第89号）の規定若しくは国税通則法第73条の規定により国税の徴収を目的とする我が国の権利（以下この項において「国税の徴収権」という。）の時効が<u>完成せず、若しくは新たにその進行を始め、</u>若しくは進行しないこととなるものに相当するものに限る。）により当該租税条約等の規定に基づき国税の徴収権の時効が<u>完成せず、若しくは新たにその進行を始め、</u>又は進行しないこととなるときは、当該共助対象国税に係る国税の徴収権の時効は、同条の規定により<u>完成せず、若しくは新たにその進行を始め、</u>又は進行しないものとみなす。	第11条の2　我が国が租税条約等の規定に基づき当該租税条約等の相手国等に当該租税条約等に規定する租税債権（当該租税条約等の規定により徴収の共助又は徴収のための財産の保全の共助の対象となる我が国の租税債権に限る。以下この条において「共助対象国税」という。）の徴収の共助又は徴収のための財産の保全の共助を要請した場合において、当該相手国等の行った行為（当該相手国等の法令により当該相手国等の租税の徴収を目的とする当該相手国等の権利の時効が<u>中断し、</u>若しくは進行しないこととなるもの又は国税通則法第72条第3項において準用する民法（明治29年法律第89号）の規定若しくは国税通則法第73条の規定により国税の徴収を目的とする我が国の権利（以下この項において「国税の徴収権」という。）の時効が<u>中断し、</u>若しくは進行しないこととなるものに相当するものに限る。）により当該租税条約等の規定に基づき国税の徴収権の時効が<u>中断し、</u>又は進行しないこととなるときは、当該共助対象国税に係る国税の徴収権の時効は、同条の規定により<u>中断し、</u>又は進行しないものとみなす。
2〜7　（略）	2〜7　（同左）

民法及び家事事件手続法の一部を改正する法律（抄）
〈新旧対照条文〉

○ 民 法

改　正　案	改　正　前
（相続財産に関する費用） 第 885 条　（略） （削る）	（相続財産に関する費用） 第 885 条　（同左） 2　前項の費用は、遺留分権利者が贈与の減殺によって得た財産をもって支弁することを要しない。
第 899 条　（略）	第 899 条　（同左）
（共同相続における権利の承継の対抗要件） 第 899 条の 2　相続による権利の承継は、遺産の分割によるものかどうかにかかわらず、次条及び第 901 条の規定により算定した相続分を超える部分については、登記、登録その他の対抗要件を備えなければ、第三者に対抗することができない。 2　前項の権利が債権である場合において、次条及び第 901 条の規定により算定した相続分を超えて当該債権を承継した共同相続人が当該債権に係る遺言の内容（遺産の分割により当該債権を承継した場合にあっては、当該債権に係る遺産の分割の内容）を明らかにして債務者にその承継の通知をしたときは、共同相続人の全員が債務者に通知をしたものとみなして、同項の規定を適用する。	（新設）
（遺言による相続分の指定） 第 902 条　被相続人は、前二条の規定にかかわらず、遺言で、共同相続人の相続分を定め、又はこれを定めることを第三者に委託することができる。	（遺言による相続分の指定） 第 902 条　被相続人は、前二条の規定にかかわらず、遺言で、共同相続人の相続分を定め、又はこれを定めることを第三者に委託することができる。ただし、被相続人又は第三者は、遺留分に関する規定に違反することができない。
2　（略）	2　（同左）
（相続分の指定がある場合の債権者の権利の行使）	

<u>第 902 条の 2　被相続人が相続開始の時に</u> <u>おいて有した債務の債権者は、前条の規</u> <u>定による相続分の指定がされた場合で</u> <u>あっても、各共同相続人に対し、第 900</u> <u>条及び第 901 条の規定により算定した相</u> <u>続分に応じてその権利を行使することが</u> <u>できる。ただし、その債権者が共同相続</u> <u>人の 1 人に対してその指定された相続分</u> <u>に応じた債務の承継を承認したときは、</u> <u>この限りでない。</u>	（新設）
（特別受益者の相続分） 第 903 条　共同相続人中に、被相続人から、 　遺贈を受け、又は婚姻若しくは養子縁組 　のため若しくは生計の資本として贈与を 　受けた者があるときは、被相続人が相続 　開始の時において有した財産の価額にそ 　の贈与の価額を加えたものを相続財産と 　みなし、<u>第 900 条から第 902 条までの規</u> <u>　定により算定した相続分</u>の中からその遺 　贈又は贈与の価額を控除した残額をもっ 　てその者の相続分とする。	（特別受益者の相続分） 第 903 条　共同相続人中に、被相続人から、 　遺贈を受け、又は婚姻若しくは養子縁組 　のため若しくは生計の資本として贈与を 　受けた者があるときは、被相続人が相続 　開始の時において有した財産の価額にそ 　の贈与の価額を加えたものを相続財産と 　みなし、<u>前三条の規定により算定した相</u> <u>　続分</u>の中からその遺贈又は贈与の価額を 　控除した残額をもってその者の相続分と 　する。
2　（略）	2　（同左）
3　被相続人が前二項の規定と異なった意 　思を表示したときは、<u>その意思に従う。</u>	3　被相続人が前二項の規定と異なった意 　思を表示したときは、その意思表示は、 <u>　遺留分に関する規定に違反しない範囲内</u> <u>　で、その効力を有する。</u>
<u>4　婚姻期間が 20 年以上の夫婦の一方であ</u> <u>　る被相続人が、他の一方に対し、その居</u> <u>　住の用に供する建物又はその敷地につい</u> <u>　て遺贈又は贈与をしたときは、当該被相</u> <u>　続人は、その遺贈又は贈与について第 1</u> <u>　項の規定を適用しない旨の意思を表示し</u> <u>　たものと推定する。</u>	（新設）
（遺産の分割の基準） 第 906 条　（略）	（遺産の分割の基準） 第 906 条　（同左）
<u>（遺産の分割前に遺産に属する財産が処分さ</u> <u>れた場合の遺産の範囲）</u>	

第906条の2　遺産の分割前に遺産に属する財産が処分された場合であっても、共同相続人は、その全員の同意により、当該処分された財産が遺産の分割時に遺産として存在するものとみなすことができる。

2　前項の規定にかかわらず、共同相続人の1人又は数人により同項の財産が処分されたときは、当該共同相続人については、同項の同意を得ることを要しない。

（遺産の分割の協議又は審判等）

第907条　共同相続人は、次条の規定により被相続人が遺言で禁じた場合を除き、いつでも、その協議で、遺産の全部又は一部の分割をすることができる。

2　遺産の分割について、共同相続人間に協議が調わないとき、又は協議をすることができないときは、各共同相続人は、その全部又は一部の分割を家庭裁判所に請求することができる。ただし、遺産の一部を分割することにより他の共同相続人の利益を害するおそれがある場合におけるその一部の分割については、この限りでない。

3　前項本文の場合において特別の事由があるときは、家庭裁判所は、期間を定めて、遺産の全部又は一部について、その分割を禁ずることができる。

第909条　（略）

（遺産の分割前における預貯金債権の行使）

第909条の2　各共同相続人は、遺産に属する預貯金債権のうち相続開始の時の債権額の3分の1に第900条及び第901条の規定により算定した当該共同相続人の相続分を乗じた額（標準的な当面の必要生計費、平均的な葬式の費用の額その他の事情を勘案して預貯金債権の債務者ご

（新設）

（遺産の分割の協議又は審判等）

第907条　共同相続人は、次条の規定により被相続人が遺言で禁じた場合を除き、いつでも、その協議で、遺産の分割をすることができる。

2　遺産の分割について、共同相続人間に協議が調わないとき、又は協議をすることができないときは、各共同相続人は、その分割を家庭裁判所に請求することができる。

3　前項の場合において特別の事由があるときは、家庭裁判所は、期間を定めて、遺産の全部又は一部について、その分割を禁ずることができる。

第909条　（同左）

（新設）

とに法務省令で定める額を限度とする。)
については、単独でその権利を行使する
ことができる。この場合において、当該
権利の行使をした預貯金債権については、
当該共同相続人が遺産の一部の分割によ
りこれを取得したものとみなす。

（包括遺贈及び特定遺贈）
第 964 条　遺言者は、包括又は特定の名義
で、その財産の全部又は一部を処分する
ことができる。

（自筆証書遺言）
第 968 条　自筆証書によって遺言をするに
は、遺言者が、その全文、日付及び氏名
を自書し、これに印を押さなければなら
ない。

2　前項の規定にかかわらず、自筆証書に
これと一体のものとして相続財産（第
997 条第 1 項に規定する場合における同
項に規定する権利を含む。）の全部又は一
部の目録を添付する場合には、その目録
については、自書することを要しない。
この場合において、遺言者は、その目録
の毎葉（自書によらない記載がその両面
にある場合にあっては、その両面）に署
名し、印を押さなければならない。

3　自筆証書（前項の目録を含む。）中の加
除その他の変更は、遺言者が、その場所
を指示し、これを変更した旨を付記して
特にこれに署名し、かつ、その変更の場
所に印を押さなければ、その効力を生じ
ない。

（秘密証書遺言）
第 970 条　（略）

2　第 968 条第 3 項の規定は、秘密証書に
よる遺言について準用する。

（包括遺贈及び特定遺贈）
第 964 条　遺言者は、包括又は特定の名義
で、その財産の全部又は一部を処分する
ことができる。ただし、遺留分に関する
規定に違反することができない。

（自筆証書遺言）
第 968 条　（同左）

（新設）

2　自筆証書中の加除その他の変更は、遺
言者が、その場所を指示し、これを変更
した旨を付記して特にこれに署名し、か
つ、その変更の場所に印を押さなければ、
その効力を生じない。

（秘密証書遺言）
第 970 条　（同左）

2　第 968 条第 2 項の規定は、秘密証書に
よる遺言について準用する。

（普通の方式による遺言の規定の準用）	（普通の方式による遺言の規定の準用）
第982条　第968条第3項及び第973条から第975条までの規定は、第976条から前条までの規定による遺言について準用する。	第982条　第968条第2項及び第973条から第975条までの規定は、第976条から前条までの規定による遺言について準用する。
（遺贈義務者の引渡義務）	（不特定物の遺贈義務者の担保責任）
第998条　遺贈義務者は、遺贈の目的である物又は権利を、相続開始の時（その後に当該物又は権利について遺贈の目的として特定した場合にあっては、その特定した時）の状態で引き渡し、又は移転する義務を負う。ただし、遺言者がその遺言に別段の意思を表示したときは、その意思に従う。	第998条　不特定物を遺贈の目的とした場合において、受遺者がこれにつき第三者から追奪を受けたときは、遺贈義務者は、これに対して、売主と同じく、担保の責任を負う。 2　不特定物を遺贈の目的とした場合において、物に瑕疵があったときは、遺贈義務者は、瑕疵のない物をもってこれに代えなければならない。
	（第三者の権利の目的である財産の遺贈）
第1000条　削除	第1000条　遺贈の目的である物又は権利が遺言者の死亡の時において第三者の権利の目的であるときは、受遺者は、遺贈義務者に対しその権利を消滅させるべき旨を請求することができない。ただし、遺言者がその遺言に反対の意思を表示したときは、この限りでない。
（遺言執行者の任務の開始）	（遺言執行者の任務の開始）
第1007条　（略） 2　遺言執行者は、その任務を開始したときは、遅滞なく、遺言の内容を相続人に通知しなければならない。	第1007条　（同左） （新設）
（遺言執行者の権利義務）	（遺言執行者の権利義務）
第1012条　遺言執行者は、遺言の内容を実現するため、相続財産の管理その他遺言の執行に必要な一切の行為をする権利義務を有する。 2　遺言執行者がある場合には、遺贈の履行は、遺言執行者のみが行うことができる。	第1012条　遺言執行者は、相続財産の管理その他遺言の執行に必要な一切の行為をする権利義務を有する。 （新設）

3　（略）	2　（同左）
（遺言の執行の妨害行為の禁止）	（遺言の執行の妨害行為の禁止）
第1013条　（略）	第1013条　（同左）
2　前項の規定に違反してした行為は、無効とする。ただし、これをもって善意の第三者に対抗することができない。	（新設）
3　前二項の規定は、相続人の債権者（相続債権者を含む。）が相続財産についてその権利を行使することを妨げない。	（新設）
（特定財産に関する遺言の執行）	（特定財産に関する遺言の執行）
第1014条　（略）	第1014条　（同左）
2　遺産の分割の方法の指定として遺産に属する特定の財産を共同相続人の1人又は数人に承継させる旨の遺言（以下「特定財産承継遺言」という。）があったときは、遺言執行者は、当該共同相続人が第899条の2第1項に規定する対抗要件を備えるために必要な行為をすることができる。	（新設）
3　前項の財産が預貯金債権である場合には、遺言執行者は、同項に規定する行為のほか、その預金又は貯金の払戻しの請求及びその預金又は貯金に係る契約の解約の申入れをすることができる。ただし、解約の申入れについては、その預貯金債権の全部が特定財産承継遺言の目的である場合に限る。	（新設）
4　前二項の規定にかかわらず、被相続人が遺言で別段の意思を表示したときは、その意思に従う。	（新設）
（遺言執行者の行為の効果）	（遺言執行者の地位）
第1015条　遺言執行者がその権限内において遺言執行者であることを示してした行為は、相続人に対して直接にその効力を生ずる。	第1015条　遺言執行者は、相続人の代理人とみなす。
（遺言執行者の復任権）	（遺言執行者の復任権）

第1016条　遺言執行者は、自己の責任で第三者にその任務を行わせることができる。ただし、遺言者がその遺言に別段の意思を表示したときは、その意思に従う。

2　前項本文の場合において、第三者に任務を行わせることについてやむを得ない事由があるときは、遺言執行者は、相続人に対してその選任及び監督についての責任のみを負う。

第5節　（略）
（撤回された遺言の効力）
第1025条　前三条の規定により撤回された遺言は、その撤回の行為が、撤回され、取り消され、又は効力を生じなくなるに至ったときであっても、その効力を回復しない。ただし、その行為が錯誤、詐欺又は強迫による場合は、この限りでない。

第1027条　（略）

第8章　配偶者の居住の権利
第1節　配偶者居住権
（配偶者居住権）
第1028条　被相続人の配偶者（以下この章において単に「配偶者」という。）は、被相続人の財産に属した建物に相続開始の時に居住していた場合において、次の各号のいずれかに該当するときは、その居住していた建物（以下この節において「居住建物」という。）の全部について無償で使用及び収益をする権利（以下この章において「配偶者居住権」という。）を取得する。ただし、被相続人が相続開始の時に居住建物を配偶者以外の者と共有していた場合にあっては、この限りでない。
一　遺産の分割によって配偶者居住権を取得するものとされたとき。

第1016条　遺言執行者は、やむを得ない事由がなければ、第三者にその任務を行わせることができない。ただし、遺言者がその遺言に反対の意思を表示したときは、この限りでない。

2　遺言執行者が前項ただし書の規定により第三者にその任務を行わせる場合には、相続人に対して、第百五条に規定する責任を負う。

第5節　（同左）
（撤回された遺言の効力）
第1025条　前三条の規定により撤回された遺言は、その撤回の行為が、撤回され、取り消され、又は効力を生じなくなるに至ったときであっても、その効力を回復しない。ただし、その行為が詐欺又は強迫による場合は、この限りでない。

第1027条　（同左）

（新設）

　二　配偶者居住権が遺贈の目的とされた
　　とき。
2　居住建物が配偶者の財産に属すること
　となった場合であっても、他の者がその
　共有持分を有するときは、配偶者居住権
　は、消滅しない。
3　第903条第4項の規定は、配偶者居住
　権の遺贈について準用する。

（審判による配偶者居住権の取得）
第1029条　遺産の分割の請求を受けた家庭
　裁判所は、次に掲げる場合に限り、配偶
　者が配偶者居住権を取得する旨を定める
　ことができる。
　一　共同相続人間に配偶者が配偶者居住
　　権を取得することについて合意が成立
　　しているとき。
　二　配偶者が家庭裁判所に対して配偶者
　　居住権の取得を希望する旨を申し出た
　　場合において、居住建物の所有者の受
　　ける不利益の程度を考慮してもなお配
　　偶者の生活を維持するために特に必要
　　があると認めるとき（前号に掲げる場
　　合を除く。）。

（配偶者居住権の存続期間）
第1030条　配偶者居住権の存続期間は、配
　偶者の終身の間とする。ただし、遺産の
　分割の協議若しくは遺言に別段の定めが
　あるとき、又は家庭裁判所が遺産の分割
　の審判において別段の定めをしたときは、
　その定めるところによる。

（配偶者居住権の登記等）
第1031条　居住建物の所有者は、配偶者
　（配偶者居住権を取得した配偶者に限る。
　以下この節において同じ。）に対し、配偶
　者居住権の設定の登記を備えさせる義務
　を負う。
2　第605条の規定は配偶者居住権につい

て、第605条の4の規定は配偶者居住権の設定の登記を備えた場合について準用する。

(配偶者による使用及び収益)

第1032条　配偶者は、従前の用法に従い、善良な管理者の注意をもって、居住建物の使用及び収益をしなければならない。ただし、従前居住の用に供していなかった部分について、これを居住の用に供することを妨げない。

2　配偶者居住権は、譲渡することができない。

3　配偶者は、居住建物の所有者の承諾を得なければ、居住建物の改築若しくは増築をし、又は第三者に居住建物の使用若しくは収益をさせることができない。

4　配偶者が第1項又は前項の規定に違反した場合において、居住建物の所有者が相当の期間を定めてその是正の催告をし、その期間内に是正がされないときは、居住建物の所有者は、当該配偶者に対する意思表示によって配偶者居住権を消滅させることができる。

(居住建物の修繕等)

第1033条　配偶者は、居住建物の使用及び収益に必要な修繕をすることができる。

2　居住建物の修繕が必要である場合において、配偶者が相当の期間内に必要な修繕をしないときは、居住建物の所有者は、その修繕をすることができる。

3　居住建物が修繕を要するとき（第1項の規定により配偶者が自らその修繕をするときを除く。）又は居住建物について権利を主張する者があるときは、配偶者は、居住建物の所有者に対し、遅滞なくその旨を通知しなければならない。ただし、居住建物の所有者が既にこれを知っているときは、この限りでない。

（居住建物の費用の負担）

第1034条　配偶者は、居住建物の通常の必要費を負担する。

2　第583条第2項の規定は、前項の通常の必要費以外の費用について準用する。

（居住建物の返還等）

第1035条　配偶者は、配偶者居住権が消滅したときは、居住建物の返還をしなければならない。ただし、配偶者が居住建物について共有持分を有する場合は、居住建物の所有者は、配偶者居住権が消滅したことを理由としては、居住建物の返還を求めることができない。

2　第599条第1項及び第2項並びに第621条の規定は、前項本文の規定により配偶者が相続の開始後に附属させた物がある居住建物又は相続の開始後に生じた損傷がある居住建物の返還をする場合について準用する。

（使用貸借及び賃貸借の規定の準用）

第1036条　第597条第1項及び第3項、第600条、第613条並びに第616条の2の規定は、配偶者居住権について準用する。

第2節　配偶者短期居住権

（配偶者短期居住権）

第1037条　配偶者は、被相続人の財産に属した建物に相続開始の時に無償で居住していた場合には、次の各号に掲げる区分に応じてそれぞれ当該各号に定める日までの間、その居住していた建物（以下この節において「居住建物」という。）の所有権を相続又は遺贈により取得した者（以下この節において「居住建物取得者」という。）に対し、居住建物について無償で使用する権利（居住建物の一部のみを無償で使用していた場合にあっては、そ

の部分について無償で使用する権利。以下この節において「配偶者短期居住権」という。）を有する。ただし、配偶者が、相続開始の時において居住建物に係る配偶者居住権を取得したとき、又は第891条の規定に該当し若しくは廃除によってその相続権を失ったときは、この限りでない。

一　居住建物について配偶者を含む共同相続人間で遺産の分割をすべき場合　遺産の分割により居住建物の帰属が確定した日又は相続開始の時から6箇月を経過する日のいずれか遅い日

二　前号に掲げる場合以外の場合　第3項の申入れの日から6箇月を経過する日

2　前項本文の場合においては、居住建物取得者は、第三者に対する居住建物の譲渡その他の方法により配偶者の居住建物の使用を妨げてはならない。

3　居住建物取得者は、第1項第1号に掲げる場合を除くほか、いつでも配偶者短期居住権の消滅の申入れをすることができる。

（配偶者による使用）

第1038条　配偶者（配偶者短期居住権を有する配偶者に限る。以下この節において同じ。）は、従前の用法に従い、善良な管理者の注意をもって、居住建物の使用をしなければならない。

2　配偶者は、居住建物取得者の承諾を得なければ、第三者に居住建物の使用をさせることができない。

3　配偶者が前二項の規定に違反したときは、居住建物取得者は、当該配偶者に対する意思表示によって配偶者短期居住権を消滅させることができる。

（配偶者居住権の取得による配偶者短期居住

権の消滅）
第1039条　配偶者が居住建物に係る配偶者
　居住権を取得したときは、配偶者短期居
　住権は、消滅する。

（居住建物の返還等）
第1040条　配偶者は、前条に規定する場合
　を除き、配偶者短期居住権が消滅したと
　きは、居住建物の返還をしなければなら
　ない。ただし、配偶者が居住建物につい
　て共有持分を有する場合は、居住建物取
　得者は、配偶者短期居住権が消滅したこ
　とを理由としては、居住建物の返還を求
　めることができない。
2　第599条第1項及び第2項並びに第
　621条の規定は、前項本文の規定により
　配偶者が相続の開始後に附属させた物が
　ある居住建物又は相続の開始後に生じた
　損傷がある居住建物の返還をする場合に
　ついて準用する。

（使用貸借等の規定の準用）
第1041条　第597条第3項、第600条、第
　616条の2、第1032条第2項、第1033
　条及び第1034条の規定は、配偶者短期居
　住権について準用する。

　　第9章　遺留分
（遺留分の帰属及びその割合）
第1042条　兄弟姉妹以外の相続人は、遺留
　分として、次条第1項に規定する遺留分
　を算定するための財産の価額に、次の各
　号に掲げる区分に応じてそれぞれ当該各
　号に定める割合を乗じた額を受ける。
　一　直系尊属のみが相続人である場合
　　3分の1
　二　前号に掲げる場合以外の場合　2分
　　の1
2　相続人が数人ある場合には、前項各号
　に定める割合は、これらに第900条及び

　　第8章　（同左）
（遺留分の帰属及びその割合）
第1028条　兄弟姉妹以外の相続人は、遺留
　分として、次の各号に掲げる区分に応じ
　てそれぞれ当該各号に定める割合に相当
　する額を受ける。

　一　直系尊属のみが相続人である場合
　　被相続人の財産の3分の1
　二　前号に掲げる場合以外の場合　被相
　　続人の財産の2分の1
（新設）

第901条の規定により算定したその各自
の相続分を乗じた割合とする。

（遺留分を算定するための財産の価額）

第1043条　遺留分を算定するための財産の
　価額は、被相続人が相続開始の時におい
　て有した財産の価額にその贈与した財産
　の価額を加えた額から債務の全額を控除
　した額とする。

2　（略）

第1044条　贈与は、相続開始前の1年間に
　したものに限り、前条の規定によりその
　価額を算入する。当事者双方が遺留分権
　利者に損害を加えることを知って贈与を
　したときは、1年前の日より前にしたも
　のについても、同様とする。

2　第904条の規定は、前項に規定する贈
　与の価額について準用する。

3　相続人に対する贈与についての第1項
　の規定の適用については、同項中「1年」
　とあるのは「10年」と、「価額」とある
　のは「価額（婚姻若しくは養子縁組のた
　め又は生計の資本として受けた贈与の価
　額に限る。）」とする。

（削る）

（削る）

（遺留分の算定）

第1029条　遺留分は、被相続人が相続開始
　の時において有した財産の価額にその贈
　与した財産の価額を加えた額から債務の
　全額を控除して、これを算定する。

2　（同左）

第1030条　贈与は、相続開始前の1年間に
　したものに限り、前条の規定によりその
　価額を算入する。当事者双方が遺留分権
　利者に損害を加えることを知って贈与を
　したときは、1年前の日より前にしたも
　のについても、同様とする。

（新設）

（新設）

（遺贈又は贈与の減殺請求）

第1031条　遺留分権利者及びその承継人
　は、遺留分を保全するのに必要な限度で、
　遺贈及び前条に規定する贈与の減殺を請
　求することができる。

（条件付権利等の贈与又は遺贈の一部の減
殺）

第1032条　条件付きの権利又は存続期間の
　不確定な権利を贈与又は遺贈の目的とし
　た場合において、その贈与又は遺贈の一
　部を減殺すべきときは、遺留分権利者は、
　第1029条第2項の規定により定めた価格
　に従い、直ちにその残部の価額を受贈者

	又は受遺者に給付しなければならない。
	（贈与と遺贈の減殺の順序）
（削る）	第1033条　贈与は、遺贈を減殺した後でなければ、減殺することができない。
	（遺贈の減殺の割合）
（削る）	第1034条　遺贈は、その目的の価額の割合に応じて減殺する。ただし、遺言者がその遺言に別段の意思を表示したときは、その意思に従う。
	（贈与の減殺の順序）
（削る）	第1035条　贈与の減殺は、後の贈与から順次前の贈与に対してする。
	（受贈者による果実の返還）
（削る）	第1036条　受贈者は、その返還すべき財産のほか、減殺の請求があった日以後の果実を返還しなければならない。
	（受贈者の無資力による損失の負担）
（削る）	第1037条　減殺を受けるべき受贈者の無資力によって生じた損失は、遺留分権利者の負担に帰する。
	（負担付贈与の減殺請求）
（削る）	第1038条　負担付贈与は、その目的の価額から負担の価額を控除したものについて、その減殺を請求することができる。
	（不相当な対価による有償行為）
第1045条　負担付贈与がされた場合における第1043条第1項に規定する贈与した財産の価額は、その目的の価額から負担の価額を控除した額とする。	第1039条　（新設）
2　不相当な対価をもってした有償行為は、当事者双方が遺留分権利者に損害を加えることを知ってしたものに限り、当該対価を負担の価額とする負担付贈与とみな	不相当な対価をもってした有償行為は、当事者双方が遺留分権利者に損害を加えることを知ってしたものに限り、これを贈与とみなす。この場合において、遺留

す。

分権利者がその減殺を請求するときは、その対価を償還しなければならない。

（遺留分侵害額の請求）

第 1046 条　遺留分権利者及びその承継人は、受遺者（特定財産承継遺言により財産を承継し又は相続分の指定を受けた相続人を含む。以下この章において同じ。）又は受贈者に対し、遺留分侵害額に相当する金銭の支払を請求することができる。

2　遺留分侵害額は、第1042条の規定による遺留分から第1号及び第2号に掲げる額を控除し、これに第3号に掲げる額を加算して算定する。

一　遺留分権利者が受けた遺贈又は第903条第1項に規定する贈与の価額

二　第900条から第902条まで、第903条及び第904条の規定により算定した相続分に応じて遺留分権利者が取得すべき遺産の価額

三　被相続人が相続開始の時において有した債務のうち、第899条の規定により遺留分権利者が承継する債務（次条第3項において「遺留分権利者承継債務」という。）の額

（新設）

（受遺者又は受贈者の負担額）

第 1047 条　受遺者又は受贈者は、次の各号の定めるところに従い、遺贈（特定財産承継遺言による財産の承継又は相続分の指定による遺産の取得を含む。以下この章において同じ。）又は贈与（遺留分を算定するための財産の価額に算入されるものに限る。以下この章において同じ。）の目的の価額（受遺者又は受贈者が相続人である場合にあっては、当該価額から第1042条の規定による遺留分として当該相続人が受けるべき額を控除した額）を限度として、遺留分侵害額を負担する。

一　受遺者と受贈者とがあるときは、受

（新設）

　　　遺者が先に負担する。

二　受遺者が複数あるとき、又は受贈者
　が複数ある場合においてその贈与が同
　時にされたものであるときは、受遺者
　又は受贈者がその目的の価額の割合に
　応じて負担する。ただし、遺言者がそ
　の遺言に別段の意思を表示したときは、
　その意思に従う。

三　受贈者が複数あるとき（前号に規定
　する場合を除く。）は、後の贈与に係る
　受贈者から順次前の贈与に係る受贈者
　が負担する。

2　第 904 条、第 1043 条第 2 項及び第
　1045 条の規定は、前項に規定する遺贈又
　は贈与の目的の価額について準用する。

3　前条第 1 項の請求を受けた受遺者又は
　受贈者は、遺留分権利者承継債務につい
　て弁済その他の債務を消滅させる行為を
　したときは、消滅した債務の額の限度に
　おいて、遺留分権利者に対する意思表示
　によって第 1 項の規定により負担する債
　務を消滅させることができる。この場合
　において、当該行為によって遺留分権利
　者に対して取得した求償権は、消滅した
　当該債務の額の限度において消滅する。

4　受遺者又は受贈者の無資力によって生
　じた損失は、遺留分権利者の負担に帰す
　る。

5　裁判所は、受遺者又は受贈者の請求に
　より、第 1 項の規定により負担する債務
　の全部又は一部の支払につき相当の期限
　を許与することができる。

（削る）

（受贈者が贈与の目的を譲渡した場合等）

第 1040 条　減殺を受けるべき受贈者が贈与
　の目的を他人に譲り渡したときは、遺留
　分権利者にその価額を弁償しなければな
　らない。ただし、譲受人が譲渡の時にお
　いて遺留分権利者に損害を加えることを
　知っていたときは、遺留分権利者は、こ

	れに対しても減殺を請求することができる。 2　前項の規定は、受贈者が贈与の目的につき権利を設定した場合について準用する。
（削る）	（遺留分権利者に対する価額による弁償） 第 1041 条　受贈者及び受遺者は、減殺を受けるべき限度において、贈与又は遺贈の目的の価額を遺留分権利者に弁償して返還の義務を免れることができる。 2　前項の規定は、前条第 1 項ただし書の場合について準用する。
（遺留分侵害額請求権の期間の制限） 第 1048 条　遺留分侵害額の請求権は、遺留分権利者が、相続の開始及び遺留分を侵害する贈与又は遺贈があったことを知った時から 1 年間行使しないときは、時効によって消滅する。相続開始の時から 10 年を経過したときも、同様とする。	（減殺請求権の期間の制限） 第 1042 条　減殺の請求権は、遺留分権利者が、相続の開始及び減殺すべき贈与又は遺贈があったことを知った時から 1 年間行使しないときは、時効によって消滅する。相続開始の時から 10 年を経過したときも、同様とする。
（遺留分の放棄） 第 1049 条　（略）	（遺留分の放棄） 第 1043 条　（同左）
（削る）	（代襲相続及び相続分の規定の準用） 第 1044 条　第 887 条第 2 項及び第 3 項、第 900 条、第 901 条、第 903 条並びに第 904 条の規定は、遺留分について準用する。
第 10 章　特別の寄与 第 1050 条　被相続人に対して無償で療養看護その他の労務の提供をしたことにより被相続人の財産の維持又は増加について特別の寄与をした被相続人の親族（相続人、相続の放棄をした者及び第 891 条の規定に該当し又は廃除によってその相続権を失った者を除く。以下この条において「特別寄与者」という。）は、相続の開始後、相続人に対し、特別寄与者の寄与	（新設）

に応じた額の金銭（以下この条において「特別寄与料」という。）の支払を請求することができる。

2 　前項の規定による特別寄与料の支払について、当事者間に協議が調わないとき、又は協議をすることができないときは、特別寄与者は、家庭裁判所に対して協議に代わる処分を請求することができる。ただし、特別寄与者が相続の開始及び相続人を知った時から6箇月を経過したとき、又は相続開始の時から1年を経過したときは、この限りでない。

3 　前項本文の場合には、家庭裁判所は、寄与の時期、方法及び程度、相続財産の額その他一切の事情を考慮して、特別寄与料の額を定める。

4 　特別寄与料の額は、被相続人が相続開始の時において有した財産の価額から遺贈の価額を控除した残額を超えることができない。

5 　相続人が数人ある場合には、各相続人は、特別寄与料の額に第900条から第902条までの規定により算定した当該相続人の相続分を乗じた額を負担する。

《著者紹介》

梅本　淳久 （うめもと　あつひさ）

デロイト　トーマツ税理士法人　テクニカルセンター　マネジャー
公認会計士・米国公認会計士
司法書士試験合格（2017 年）

税理士法人トーマツ（現　デロイト　トーマツ税理士法人）に入社後、税務申告業務、国際税務コンサルティング業務を経験し、現在は、税務訴訟研究を通じて教育研修業務等に従事している。民間専門家として、国税審判官（特定任期付職員）に登用され、国際課税事件のほか、国税通則法、所得税法、法人税法及び相続税法の各税法関係の事件の調査・審理を行った経験を有する。

著書に『詳解　タックス・ヘイブン対策税制』（清文社・共著）、税務専門誌への寄稿記事に「過年度遡及会計基準の影響は？　決算修正の税務　会計方針・表示方法の変更」税務弘報 59 巻 8 号（中央経済社・共著）、「疑問相談　国税通則法　登録免許税法 31 条 2 項に基づく請求に対する拒否通知」国税速報第 6509 号（大蔵財務協会）などがある。

《執筆協力者紹介》

稲見　誠一 （いなみ　せいいち）

デロイト　トーマツ税理士法人　テクニカルセンター　シニアアドバイザー
税理士

サンワ東京丸の内事務所（現　有限責任監査法人トーマツ）に入社後、勝島敏明税理士事務所（現　デロイト　トーマツ税理士法人）に転籍し、パートナーとして、事業承継部門長、テクニカルセンター長、審理室長、東京事務所長、副理事長を歴任し、2016 年 12 月 1 日よりテクニカルセンターのシニアアドバイザーとして、税務訴訟研究を通じて教育研修業務に従事している。また、外部委員として、東京都債権処理審査会委員、事業再生研究機構・税務問題委員会副委員長に就任している。

主な著書に、『Q&A　事業承継をめぐる非上場株式の評価と相続税対策』（清文社・共著）、『制度別逐条解説　企業組織再編の税務』（清文社・共著）、『詳解　連結納税 Q&A』（清文社・共著）、『組織再編における株主課税の実務 Q&A』（中央経済社・共著）、『「純資産の部」の会計と税務』（清文社・共著）、『私的整理ガイドラインの実務』（金融財政事情研究会・共著）、『ケース別にわかる企業再生の税務』（中央経済社・共著）、『実務詳解組織再編・資本取引の税務 Q&A』（中央経済社・共著）、『グループ法人税制・連結納税制

度における組織再編の税務詳解』（清文社・共著）がある。

北村　豊 （きたむら　ゆたか）

デロイト トーマツ税理士法人　グローバル タックス サービス　ディレクター
弁護士・ニューヨーク州弁護士・税理士

長島・大野・常松法律事務所（2000〜2009年）、金融庁総務企画局政策課金融税制室課長
補佐（2009〜2012年）、京都大学法科大学院非常勤講師（税法事例演習）（2010〜2015
年）、EY税理士法人・EY弁護士法人（2012〜2017年）を経て、2017年6月からデロイ
ト トーマツ税理士法人に入社し、税務係争解決チームに参画。グローバルな税務係争リ
スク管理をサポートする、税務係争解決サービスを提供している。

「一時的に多額の株式譲渡益が発生した場合のCFC税制の事業基準」『国税速報』6502号
（2018）、「最近の税務判例の傾向と対策〜CFC税制の経済活動基準」『租税研究』2018年
1月号（2018）、「同族会社の行為計算否認―グループ法人税制外しと認定された事例」
『ジュリスト』1503号（2017）など、多数の論考を発表している。

デロイト トーマツ税理士法人

デロイト トーマツ税理士法人は、日本最大級のビジネスプロフェショナル集団「デロイト
トーマツ グループ」の一員であると同時に、「デロイト トウシュ トーマツ リミテッド」と
いう世界四大会計事務所のメンバーファームの一員でもあります。「トーマツ」ブランドが
培ってきた信頼と高い専門性に加え、全世界150を超える国・地域で展開する「デロイト」
ブランドの国際ネットワークを生かし、プロフェッショナルとしてクライアントのビジネス
発展に貢献していきます。
私たちの最大の強みは、デロイト トーマツ グループの総合力です。国内外での豊富な実績
を誇る税務サービスだけにとどまらず、監査・コンサルティング・ファイナンシャルアドバ
イザリー・法務の領域でもグループ内の連携を図り、組織や専門分野の枠を超えた総合的な
サービスを提供しています。特にデロイト トーマツ税理士法人は、日本の大手税理士法人の
中でも最大級の国内16都市に拠点を設けており、全国規模で多様化するクライアントの
ニーズにこたえています。詳細はデロイト トーマツ税理士法人Webサイト
（www.deloitte.com/jp/tax）をご覧ください。

事例と条文で読み解く
税務のための 民法講義

発行日　2018 年 8 月 30 日
著　者　梅本 淳久
発行者　橋詰 守
発行所　株式会社 ロギカ書房
　　　　〒 101-0052
　　　　東京都千代田区神田小川町 2 丁目 8 番地
　　　　進盛ビル 303
　　　　Tel 03 (5244) 5143
　　　　Fax 03 (5244) 5144
　　　　http://logicashobo.co.jp/

印刷・製本　　亜細亜印刷株式会社
978-4-909090-11-9　C2034

会社の持続的成長と
不正防止に導く
会計リテラリシーがここに
ある！

**好評
発売中！**

経営会計

**経営者に必要な
本物の「会計力」。**

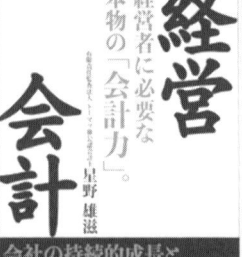

有限責任監査法人トーマツ・公認会計士
星野 雄滋
A5版・240頁・並製
予価：2,600円+税

数多くの企業を見てきた著者による、渾身の1冊‼

法人税減税、
課税ベース拡大・・・、
財務当局との駆引き、
経済界との調整は
どのように
行われたのか？

好評発売中！

内側から見た 30 年間を紐解く！！

法人税制

1980 年代から現在までの変遷

阿部　泰久 日本経営者団体連合会 参与
A5 版・320 頁・並製
定価：3,000 円+税

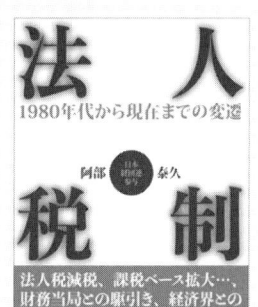

法人
1980年代から現在までの変遷
阿部　　泰久
税　　制
法人税減税、課税ベース拡大…、
財務当局との駆引き、経済界との
調整はどのように行われたのか？
内側から見た30年間を紐解く!!

サイモン・ベニンガの
名著(第4版)を

完訳!!

モンテカルロ法、期間構造モデル、
ブラック・リッターマンモデル等、
最新の情報を大幅増補!!

金融機関、企業の財務・事業計画・M&Aの担当者、
公認会計士、ファイナンスを学ぶ学生 **必携!**

ファイナンシャル
モデリング 第**4**版

Uses EXCEL （エクセルワークシートはロギカ書房HPよりダウンロードできます）

Financial
Modeling
fourth edition

ファイナンシャル
モデリング

Uses EXCEL

Simon Benninga
サイモン・ベニンガ

中央大学大学院教授 大野 薫●監訳

モンテカルロ法、期間構造モデル、ブラックリッターマン・モデル等、
最新の情報を大幅増補!!
サイモン・ベニンガの名著
第4版 完訳!!
EXCEL を使い、重要なファイナンス・モデルの数値的な解き方、
シミュレートの仕方を提供する、ファイナンスの"クック・ブック"!!

企業財務・事業計画・M&A 担当者、金融機関、公認会計士必携!!

ロギカ書房　　定価 **本体11,000円** + 税

EXCELを使って
ファイナンス・モデルを解析しシミュレートする、
画期的な本!!

世界中のファイナンスを学ぶ学生・研究者・実務家がファイ
ナンス・モデルを実行するための「クックブック」として、
理論とビジネスを埋める最も実践的な本!!

【主要目次】
- Ⅰ コーポレート・ファイナンスとバリュエーション
- Ⅱ ポートフォリオ・モデル
- Ⅲ オプションの評価
- Ⅳ 債券の評価
- Ⅴ モンテカルロ法
- Ⅵ Excel に関するテクニック
- Ⅶ ビジュアル・ベーシック・フォー・アプリケーション (VBA)

サイモン・ベニンガ●著　中央大学大学院教授 大野 薫●監訳
A5 判・1152 頁・上製
価格：本体 11,000 円 + 税